1848年革命

[法] 伊伯特·圣阿曼德 著
华静 译

席卷法兰西的大风暴

图书在版编目（CIP）数据

1848年革命：席卷法兰西的大风暴 /（法）伊伯特·圣阿曼德著；华静译. -- 北京：华文出版社，2020.4

（华文全球史）

ISBN 978-7-5075-5274-4

Ⅰ.①1… Ⅱ.①伊… ②华… Ⅲ.①法国1848年2月革命—史料 Ⅳ.①K565.41

中国版本图书馆CIP数据核字(2020)第026999号

1848年革命：席卷法兰西的大风暴

作　　者：	[法] 伊伯特·圣阿曼德
译　　者：	华静
选题策划：	华盛章也
插图供应：	029—85504182
责任编辑：	楼淑敏
出版发行：	华文出版社
社　　址：	北京市西城区广外大街305号8区2号楼
邮政编码：	100055
网　　址：	http://www.hwcbs.com.cn
电　　话：	总编室010—58336239
	发行部010—58336212
经　　销：	新华书店
印　　刷：	三河市国英印务有限公司
开　　本：	710×1000　1/16
印　　张：	24.5
字　　数：	350千字
版　　次：	2020年4月第1版
印　　次：	2020年4月第1次印刷
标准书号：	ISBN 978-7-5075-5274-4
定　　价：	100.00元

版权所有　侵权必究

出版前言

随着中国开放的大门越开越大,关注世界各国尤其是西方国家文明的源流、发展和未来已经成为当下世界史研究的一个热点。为了成系统地推出一套强调"史源性"且在现有世界史出版物中具有拾遗补阙价值的作品,我们经过认真论证,推出了"华文全球史"系列,首次出版约为一百个品种。

"华文全球史"系列从书目选择到译者的确定,从书稿中图片的采用到人名地名的规范,都有比较严格的遴选规定、编审要求和成稿检查,目的就是要奉献给读者一套具有学术性、权威性和高质量的世界史系列图书。

书目的选择。本系列图书重视世界史学科建设,视角宽阔,层级明晰,数量均衡,有所突出。计划出版的华文全球史中,既有通史,也有专题史,还有回忆录,基本上是世界历史著作中的上乘之作,填补了国内同类作品出版的空白。

人名地名规范。本系列图书中人名地名,翻译规范,重视专业性。同时,在人名翻译方面,我们坚持"姓名皆全"的原则,加大考据力度,从而实现了有姓必有名,有名必有姓,方便了读者的使用。另外,在注释方面,书中既有原书注,完整地保留了原著中的注释;也有译者注,体现了译者的研究性成果。

书中的插图。本系列图书的一个重要特点是书中都有功能性插图，这些插图全方位、多层次、宽视角反映当时重大历史事件，或与事件的场景密切相关，涉及政治、军事、经济、社会、外交、人物、地理、民俗、生活等方面的绘画作品与摄影作品。功能性插图与文字结合，赋予文字视觉的艺术，增加了文字的内涵。

译者的确定。本系列图书的翻译主要凭借的是一个以大学教师为主的翻译团队，团队中不乏知名教授和相关领域的资深人士。他们治学严谨，译笔优美，为确保质量奉献良多。

"华文全球史"系列作为一套具有较高学术价值的优秀的世界历史丛书，对增加读者的知识，开阔读者的视野，具有积极的意义。同时要看到，一方面很多西方历史学家的观点符合事实，另一方面不少西方历史学家的观点是错误的，对于这些，我们希望读者不要不加分析地全盘接受或全盘否定，而是要批判地吸收外国文化中有益的东西。

华文出版社
2019年8月

目 录

001　第 1 章
　　　1848 年年初的法兰西王室

013　第 2 章
　　　奥尔良公主的葬礼与七月王朝的噩运

021　第 3 章
　　　蒙塔朗贝尔伯爵的演说

031　第 4 章
　　　法兰西上议院的激烈辩论

043　第 5 章
　　　基佐与路易 – 腓力一世

057　第 6 章
　　　法兰西下议院争权夺利

071　第 7 章
　　　托克维尔子爵亚历克西斯·夏尔 – 亨利 – 莫里斯·克莱尔

079	**第 8 章**	
	茹安维尔亲王离开法兰西	

091	**第 9 章**	
	革命的催化剂	

099	**第 10 章**	
	两项修正案	

107	**第 11 章**	
	宴会计划	

115	**第 12 章**	
	反对派与内阁的谈判	

121	**第 13 章**	
	游行计划	

129	**第 14 章**	
	1848 年 2 月 21 日白天	

141	**第 15 章**	
	1848 年 2 月 21 日夜晚	

149	**第 16 章**	
	1848 年 2 月 22 日白天	

157	**第 17 章**	
	1848 年 2 月 22 日夜晚	

163	**第 18 章**	
	1848 年 2 月 23 日早晨	

171	第 19 章 内阁倒台
181	第 20 章 嘉布遣大道的暴乱
189	第 21 章 1848 年 2 月 23 日夜晚
199	第 22 章 1848 年 2 月 24 日早晨
215	第 23 章 路易-腓力一世最后一次阅兵
221	第 24 章 路易-腓力一世退位
237	第 25 章 内穆尔公爵路易·夏尔·菲利普·拉斐尔
247	第 26 章 奥尔良公爵夫人海伦·路易丝·伊丽莎白
265	第 27 章 暴乱分子闯入下议院
273	第 28 章 临时政府
281	第 29 章 洗劫杜伊勒里宫

| 293 | **第 30 章**
1848 年 2 月 24 日夜晚 |

| 303 | **第 31 章**
路易 – 腓力一世逃到杜勒克斯 |

| 311 | **第 32 章**
路易 – 腓力一世逃到翁弗勒尔 |

| 317 | **第 33 章**
玛丽·阿梅莉王后 |

| 323 | **第 34 章**
路易 – 腓力一世逃到特鲁维尔 |

| 329 | **第 35 章**
路易 – 腓力一世经勒阿弗尔流亡英国 |

| 335 | **第 36 章**
奥尔良公爵夫人海伦·路易丝·伊丽莎白告别法兰西 |

| 345 | **第 37 章**
蒙庞西耶公爵夫人西班牙的玛丽亚·路易莎·费尔南达告别法兰西 |

| 355 | **第 38 章**
二月革命与七月革命的异同 |

| 365 | 译名对照表 |

第1章
1848年年初的法兰西王室

1848年新年伊始，悲伤便笼罩了整个法兰西。

1848年1月1日，《通报》头版发表了一则讣告："国王之妹、高贵显赫的奥尔良公主路易丝·玛丽·阿德莱德·欧仁妮·德·奥尔良、尊贵的奥尔良公爵路易-菲利普二世与波旁公主路易丝·玛丽·阿德莱德·德·波旁-彭蒂埃之女，1777年8月23日出生于巴黎，1847年12月31日3时去世于杜伊勒里宫。"奥尔良公主路易丝·玛丽·阿德莱德·欧仁妮·德·奥尔良的遗体被安置在弗洛拉馆的礼拜堂里。往常元旦时热闹无比的城堡变得沉寂和阴森。黎明时分，不仅军乐和欢乐的小夜曲没有奏响，而且官方没有发表新年贺词！从1847年12月31日开始，在整整两个月的时间里，法兰西国王路易-腓力一世及王室成员都在哀悼。法兰西国王路易-腓力一世起先是为自己离世的妹妹，即奥尔良公主路易丝·玛丽·阿德莱德·欧仁妮·德·奥尔良，不久后则是为王室体制的结束而哀悼。法兰西国王路易-腓力一世因痛失至亲而备受打击，悲泣不已。法兰西国王路易-腓力一世的妻子，即玛丽·阿梅莉王后也十分疼爱奥尔良公主路易丝·玛丽·阿德莱德·欧仁妮·德·奥尔良这位小姑子，导致她的悲伤之情丝毫不逊于法兰西国王路易-腓力一世。新年里的杜伊勒里宫显得十分阴郁。傍晚时分，杜伊勒里宫出现了一丝亮色——奥马勒公

奥尔良公爵路易-菲利普二世

波旁公主路易丝·玛丽·阿德莱德·德·波旁-彭蒂埃

奥尔良公主路易丝·玛丽·阿德莱德·欧仁妮·德·奥尔良

玛丽·阿梅莉王后

爵亨利·欧仁·菲利普·路易·德·奥尔良的侍从武官，即夏尔-玛利-拿破仑·德·德波弗特·德·豪特布尔上校，从阿尔及利亚带来了阿尔及利亚埃米尔阿卜杜卡迪尔·伊本·穆希丁投降的好消息。夏尔-玛利-拿破仑·德·德波弗特·德·豪特布尔上校受奥马勒公爵亨利·欧仁·菲利普·路易·德·奥尔良委派去接受了阿尔及利亚埃米尔阿卜杜卡迪尔·伊本·穆希丁的降书，受命护送阿尔及利亚埃米尔阿卜杜卡迪尔·伊本·穆希丁从阿尔及利亚的奥兰去法兰西的土伦并且妥善安置。一到杜伊勒里宫，夏尔-玛利-拿破仑·德·德波弗特·德·豪特布尔上校就立

奥马勒公爵亨利·欧仁·菲利普·路易·德·奥尔良

刻受到了法兰西国王路易-腓力一世和诸位亲王的接见。夏尔-玛利-拿破仑·德·德波弗特·德·豪特布尔上校将阿尔及利亚埃米尔阿卜杜卡迪尔·伊本·穆希丁的手枪和宝剑分别献给了法兰西国王路易-腓力一世和克里斯托夫·莱昂·路易·朱绍·德·拉摩里西尔将军的妻子玛丽-阿梅莉·加亚尔·德·费雷·德·奥贝尔维尔。玛丽·阿梅莉王后认为，夏尔-玛利-拿破仑·德·德波弗特·德·豪特布尔上校的到来是一个喜兆——1848年的灾难过后，法兰西将迎来繁荣的一年，而厄运终将结束。

克里斯托夫·莱昂·路易·朱绍·德·拉摩里西尔

实际上，有人可能认为，征服阿尔及利亚这一普天同庆的盛事会成为议会中的纠纷的一大转机。然而，事与愿违，这次事件恰恰重蹈了1830年的覆辙。

在自己生动的爱国主义巨作《旧时记忆》一书中，茹安维尔亲王弗朗索瓦-斐迪南-腓力-路易-玛利·德·奥尔良写道："王宫庆祝不久后，攻占阿尔及尔这件弘扬国家实力的功绩、彰显英勇并且影响深远的成就和战功本应该发挥激发民众热情，强化国家与国王的联系，以及缓和国民与旧体制的矛盾的作用。然而，实际上，攻占阿尔及尔一事没有起到丝毫作用。对法兰西人民来说，攻占阿尔及尔只是一则普通的新闻，而他们对三色国旗的痛恨一如既往的强烈。法兰西人民的这种表现是《辩论杂志》[①]等新闻媒体宣传导致的。新闻媒体是近代社会中最强有力的破坏工具。没

茹安维尔亲王弗朗索瓦－斐迪南－腓力－路易－玛利·德·奥尔良

---

① 《辩论杂志》，一份在1789年至1944年间发行的法兰西报纸，曾多次改变刊名，是19世纪的法兰西的著名廉价报纸之一。——译者注（本书中除原注外，均为译者注，不再另行说明）

有人抱怨和反对运作时日不多的政府，而无论对内还是对外，当时的政权都是自1789年以来上台掌权的最佳政权。为了维护法兰西的福祉和宏伟的未来，政府也曾企盼实现家长式统治并且以其抵制为谋一己之利而操纵政府的新贵阶级染指权力。然而，政府的这一企盼已然梦碎——在过去的百年间，一切皆被摧毁。所有的政府形式均被以律法和道义的名义消灭，而所有的社会形态则都将难以付诸实践。'你方唱罢我登场'的历史时刻即将到来——这才是革命的真实意图。"

1830年7月9日，海军上将盖伊-维克托·迪佩雷派人送急报至巴黎，宣布他已经攻克了阿尔及尔。1830年7月月底，查理十世被推翻。1848年

查理十世

的情形与1830年何其相似！1848年1月1日，阿尔及利亚埃米尔阿卜杜卡迪尔·伊本·穆希丁投降的消息传到巴黎，而在1848年2月24日之前，七月王朝①已经摇摇欲坠。

　　法兰西人民对长、幼两支波旁王朝②毫无感恩之情。无论是在波旁王朝复辟时期，还是在法兰西国王路易-腓力一世统治的时代，总有法兰西民众毫无爱国之情，没有因海外战事大获全胜而欢欣雀跃，担心胜利会加固波旁王朝的统治——这是他们十分憎恶的。

　　1848年1月3日，法兰西各家报纸大篇幅报道了奥马勒公爵亨利·欧仁·菲利普·路易·德·奥尔良和克里斯托夫·莱昂·路易·朱绍·德·拉摩里西尔将军及与其相关的阿尔及利亚埃米尔阿卜杜卡迪尔·伊本·穆希丁投降一事。虽然法兰西各家报纸本以为人们会因海外的胜利而备受鼓舞，但居心叵测的评论扑面而来，纷纷争论谁才是最大的功臣。年轻的奥马勒公爵亨利·欧仁·菲利普·路易·德·奥尔良因辉煌的战功而备受嫉妒。在阿尔及利亚，胜利引起了法兰西军队和殖民主义者热烈反响。然而，左派报纸想方设法削弱海外的胜利的影响力，想将其伪装成一桩意外之喜，认为政府无权居功自傲。对当局表示将无罪释放阿尔及利亚埃米尔阿卜杜卡迪尔·伊本·穆希丁这一承诺，左派报纸也表示谴责。然而，对克里斯托夫·莱昂·路易·朱绍·德·拉摩里西尔将军，左派报纸表现得非常恭敬——克里斯托夫·莱昂·路易·朱绍·德·拉摩里西尔将军是左派势力的代表人物。虽然奥马勒公爵亨利·欧仁·菲利普·路易·德·奥尔良的行为无可指

---

① 七月王朝是法兰西国王路易-腓力一世统治下的法兰西自由主义君主立宪政体，始于1830年的七月革命，结束于1848年的二月革命。
② 波旁王朝：卡佩王朝的一个分支，起源于法兰西的欧洲王室。16世纪，波旁王朝统治了法兰西和纳瓦拉。到了18世纪后，西班牙的波旁王朝先后统治了西班牙、那不勒斯、西西里岛和帕尔马。波旁王朝在法兰西的统治始于1589年。17世纪中叶，法兰西的波旁王朝分出长幼两支——长支的统治君主分别为路易十四、路易十五、路易十六、路易十八和查理十世，而幼支则被称为奥尔良王朝或七月王朝。

阿卜杜卡迪尔·伊本·穆希丁向法军投降

责,但左派报纸仍然对他持抨击态度。从批准克里斯托夫·莱昂·路易·朱绍·德·拉摩里西尔将军与阿尔及利亚埃米尔阿卜杜卡迪尔·伊本·穆希丁签订和约的那一刻起,年轻的奥马勒公爵亨利·欧仁·菲利普·路易·德·奥尔良已经预见了自己会遭受不公正的指责。当时,路易-欧仁·卡芬雅克将军劝谏奥马勒公爵亨利·欧仁·菲利普·路易·德·奥尔良道:"您肯定明白,你的功劳将会给您招来许多抨击。请您注意,功劳越高的人越容易受到贬低。不怀好意的人甚至会以您的

路易-欧仁·卡芬雅克

功劳来刁难您。""哦,我倒感觉无妨,"奥马勒公爵亨利·欧仁·菲利普·路易·德·奥尔良微笑着说道,"克里斯托夫·莱昂·路易·朱绍·德·拉摩里西尔将军是左派人士的代表,而在共和党中,你也不是孤立无援。因此,你们二位定能够免受责难。"国民的性格早已因政治而变得扭曲不堪。获知对法兰西来说可谓是头等盛事,即海外的胜利的佳音后,反对派不仅漠不关心,而且甚至产生了敌意。

虽然反对派的表现不是个好征兆,但政府不以为然。1848年1月月初,在一封家书中,布罗伊公爵阿希尔-莱昂斯-维克托-夏尔写道:"目

布罗伊公爵阿希尔－莱昂斯－维克托－夏尔

前的局势虽然不是十分乐观,但尚算稳定。虽然法兰西仍然存在某些问题,但大多数国民十分团结。去年的那些事件激起的波澜没有淡去。感觉根基稳固时,许多人又开始再次梦想着改革,并且试图利用小事去搞破坏。由于钱包空空如也和积蓄业已见底,信用与信心的恢复之路变得艰难又漫长。作为首相的弗朗索瓦·皮埃尔·纪尧姆·基佐和往常一样春风得意、自信满满。夏尔·玛利·塔内吉·迪沙泰尔伯爵①虽然神采奕奕,但算不上热情高涨。其他大臣看上去也是满怀信心、悠然自得。"与此同时,政界没有任何焦虑的气氛。

---

① 夏尔·玛利·塔内吉·迪沙泰尔伯爵(1803—1867),法兰西政治家,弗朗索瓦·皮埃尔·纪尧姆·基佐的内阁的大臣,在1848年的二月革命中失去了职位。

第 2 章

奥尔良公主的葬礼与七月王朝的噩运

1848年举行的第一个仪式便是奥尔良公主路易丝·玛丽·阿德莱德·欧仁妮·德·奥尔良的葬礼。路易丝·玛丽·阿德莱德·欧仁妮·德·奥尔良的葬礼在1848年1月5日于德勒①举行。葬礼前一日，即1848年1月4日15时，在安置着奥尔良公主路易丝·玛丽·阿德莱德·欧仁妮·德·奥尔良遗体的弗洛拉馆的礼拜堂里，巴黎大主教、圣日耳曼奥塞尔教堂教士和巴黎各大教区的本堂神父一起背诵着祷文。1848年1月5日4时，葬礼车出发驶往德勒，而随行人员包括内穆尔公爵路易·夏尔·菲利普·拉斐尔、茹安维尔亲王弗朗索瓦-斐迪南-腓力-路易-玛利·德·奥尔良和蒙庞西耶公爵安托万·玛利·菲利普·路易·德·奥尔良。

奥尔良公主路易丝·玛丽·阿德莱德·欧仁妮·德·奥尔良曾留下遗愿，即希望一切丧仪安排和将遗体运往德勒等事宜均由诸位亲王执行，以免法兰西国王路易-腓力一世伤心过度。然而，法兰西国王路易-腓力一世没有遵从奥尔良公主路易丝·玛丽·阿德莱德·欧仁妮·德·奥尔良的遗愿。1848年1月4日13时，在玛丽·阿梅莉王后、奥

---

① 德勒，今法国北部的厄尔-卢瓦尔省的一个市镇。

奥尔良公爵夫人海伦·路易丝·伊丽莎白

尔良公爵夫人海伦·路易丝·伊丽莎白、内穆尔公爵路易·夏尔·菲利普·拉斐尔的妻子维多利亚·弗兰齐斯卡·安东妮娅·朱利安·路易丝、萨克森-科堡-哥达亲王夫人玛丽·克莱芒蒂娜·莱奥波尔迪娜·卡罗琳·克洛蒂尔德·德·奥尔良及其丈夫,即萨克森-科堡-哥达亲王奥古斯特·维克托·路德维希的陪同下,法兰西国王路易-腓力一世离开了杜伊勒里宫。1848年1月4日20时,法兰西国王路易-腓力一世一行抵达德勒。1848年1月5日,法兰西国王路易-腓力一世与比利时国王利奥波德一世及其妻子,即路易丝-玛丽王后一同出席了奥尔良公主路易丝·玛丽·阿德莱德·欧仁妮·德·奥尔良的葬礼。

旧王朝覆灭前，路易十六曾从法兰西国王路易-腓力一世的外祖父彭蒂埃公爵路易·让·玛利·德·波旁手里买下了朗布依埃，而彭蒂埃公爵路易·让·玛利·德·波旁的父母，即图卢兹伯爵路易·亚历山大·德·波旁夫妇的遗体原本就安葬在朗布依埃。彭蒂埃公爵路易·让·玛利·德·波旁将父母的遗体迁到了德勒城堡的墓地中。去世后的彭蒂埃公爵路易·让·玛利·德·波旁也安葬于德勒城堡的墓地中。正如作家雅克-贝尼涅·波舒哀描述的，"彭蒂埃公爵路易·让·玛利·德·波旁在墓地里尚未安息多久"，法国大革命就毁掉了德勒城堡

彭蒂埃公爵路易·让·玛利·德·波旁

及其墓地。随后，彭蒂埃公爵路易·让·玛利·德·波旁之女，即奥尔良公爵路易-菲利普二世的妻子路易丝·玛丽·阿德莱德·德·波旁-彭蒂埃与路易十八返回法兰西后的头等大事便是将德勒城堡的墓地修复如初。1821年，奥尔良公爵路易-菲利普二世的妻子路易丝·玛丽·阿德莱德·德·波旁-彭蒂埃也安葬于德勒。此后，德勒城堡便成了奥尔良家族的家族墓地。法兰西国王路易-腓力一世命人将德勒城堡进行了修缮并且将其作为临时行宫和虔奉宗教的驿站。在德勒城堡的废墟中，法兰西国王

路易十八

路易-腓力一世还重建了一座此前在法国大革命中被毁坏的小教堂。在德勒城堡，法兰西国王路易-腓力一世度过了1848年1月4日的夜晚。

1848年1月5日中午，在身着全黑制服的侍从引领下，用八匹大马拉着的葬礼车到达了德勒。紧随着葬礼车的是三位亲王。到了城门口，三位亲王各自下了马车，随着队伍步行入城。尊贵的奥尔良公主路易丝·玛丽·阿德莱德·欧仁妮·德·奥尔良的遗体被护送到达那天，整个德勒都笼罩在一片前所未有的凄婉和哀伤中。

来自邻国的成千上万的民众从四面八方蜂拥而至。所有人都翘首以盼，希望能瞻仰奥尔良公主路易丝·玛丽·阿德莱德·欧仁妮·德·奥尔良的遗容。来自沙特尔和埃夫勒两大主教教区的两百名身着白色罩袍的神父跟在葬礼车后。而紧随其后的是两列由贫民组成的长队。这些贫民奉法兰西国王路易-腓力一世之令，手捧着蜡烛。送丧的队伍缓缓地行进在通往德勒城堡的上坡路上。到达德勒城堡正门时，送丧的队伍暂停前进，准备接受法兰西国王路易-腓力一世的召见。法兰西国王路易-腓力一世没有头戴黑帽，只是身着丧服，早已泪流满面，生平第一次似乎要被沉痛的悲伤压垮。然而，法兰西国王路易-腓力一世没有让人搀扶自己，坚持独自走在送丧的队伍的最前方，而他的三个儿子紧随其后，同样面露悲伤。逝者的丧仪由迦克墩的大主教主持，前后持续了两小时。法兰西国王路易-腓力一世希望能陪着奥尔良公主路易丝·玛丽·阿德莱德·欧仁妮·德·奥尔良的遗体一道进入墓地。奥尔良公主路易丝·玛丽·阿德莱德·欧仁妮·德·奥尔良的墓两旁摆放着两排蜡烛。大开的墓口虽然正等待着奥尔良公主路易丝·玛丽·阿德莱德·欧仁妮·德·奥尔良的到来，但随后将合上并且永不开启。只有少数人有资格陪着法兰西国王路易-腓力一世送奥尔良公主路易丝·玛丽·阿德莱德·欧仁妮·德·奥尔良走完最后一程。《哀悼经》念诵完毕后，赞美诗开始在墓室内飘荡，仿佛是奥尔良公主路易丝·玛丽·阿德莱德·欧仁妮·德·奥尔良生前的余音萦绕在耳。法兰西国王路易-腓力一世走到墓旁，首先将圣水洒在棺木上，然后收敛心绪，跪倒在石阶上做了最后的告别，最后潸然泪下。

此行是法兰西国王路易-腓力一世八年来第三次带着送丧队伍来到德勒——他曾于1839年1月和1842年8月4日分别送走了他的一个女儿和一个儿子，即玛丽·克里斯蒂娜·卡罗琳·阿德莱德·弗朗索瓦丝·莱奥波尔迪内·德·奥尔良公主和奥尔良公爵斐迪南·菲利普·路易·夏

玛丽·克里斯蒂娜·卡罗琳·阿德莱德·弗朗索瓦·莱奥波尔迪内·德·奥尔良公主（图中的小孩）

尔·埃里克·罗萨利诺·德·奥尔良。1848年1月5日的葬礼无疑给法兰西国王路易-腓力一世伤痕累累的心口又添上了一道新的伤痕。

玛丽·阿梅莉王后颤颤巍巍地又来到了这座埋葬着王室曾经的希望的小教堂。玛丽·阿梅莉王后的另外两位夭折的子女，即玛丽亚·克里斯蒂娜·卡罗琳·阿德莱德·弗朗索瓦·莱奥波尔迪内·德·奥尔良公主和奥尔良公爵斐迪南·菲利普·路易·夏尔·埃里克·罗萨利诺·德·奥尔良也埋在这片墓地中。在这片墓地中，法兰西国王路易-腓力一世和玛丽·阿梅莉王后的陵早已建好。玛丽·阿梅莉王后由衷地希望这是她去世前最后一次来到这片墓地。虽然1848年2月25日，噩梦再次降临，但笔者先不做预告。

奥尔良公主路易丝·玛丽·阿德莱德·欧仁妮·德·奥尔良的葬礼结束一小时后，法兰西国王路易-腓力一世和王室成员离开了德勒。回到杜伊勒里宫后，郁郁寡欢的法兰西国王路易-腓力一世备感煎熬。一想到再也无法见到奥尔良公主路易丝·玛丽·阿德莱德·欧仁妮·德·奥尔良，法兰西国王路易-腓力一世便觉得难以忍受，总是目不转睛地盯着门口——每天早晨，法兰西国王路易-腓力一世都会从自己的房间经过这扇门，到他一生中最忠实的伴侣，即奥尔良公主路易丝·玛丽·阿德莱德·欧仁妮·德·奥尔良那里去。对法兰西国王路易-腓力一世而言，奥尔良公主路易丝·玛丽·阿德莱德·欧仁妮·德·奥尔良就像是他的守护神。然而，恰恰在法兰西国王路易-腓力一世最需要有人出谋划策的时候，奥尔良公主路易丝·玛丽·阿德莱德·欧仁妮·德·奥尔良离开了人世。

法兰西国王路易-腓力一世虽然十分痛苦，但仍然以一贯的热忱履行着他的职责。似乎没有什么能击倒法兰西国王路易-腓力一世这位年届七十四岁的老人。法兰西国王路易-腓力一世总是那般兢兢业业、不知倦怠。法兰西国王路易-腓力一世虽然在私底下悲痛不已，但在公众场合，作为一国之君，从未示弱于人前。内心沉痛阴郁的法兰西国王路易-腓力一世总是对政治局势持乐观态度，认为各大省区骚乱已经结束，不会从巴黎再次开始。法兰西国王路易-腓力一世虽然意识到自己上次演讲提到的"敌对或盲目热情引起了骚动"这一说法引起了反对派的愤怒，但确信所有喧闹与愤怒就像一堆即将燃尽的稻草，很快就会熄灭。看到自己推行的内务与外交政策得到了议会多数成员坚定有力的支持，法兰西国王路易-腓力一世下定决心将永不抛弃自己的支持者——这些支持者是他的力量之源。针对法兰西国王路易-腓力一世的议会辩论，下议院指定成立了一个委员会，而当选的九名委员均是内阁的坚定支持者。因此，法兰西国王路易-腓力一世认为议会必胜，满怀信心，盼望着下一场议会辩论的到来。法兰西国王路易-腓力一世曾告诫自己，他经历过人生的风风雨雨，而只要他手握舵柄，那么法兰西这艘轮船就将无畏风雨，一往直前。

第 3 章

蒙塔朗贝尔伯爵的演说

1848年1月10日,上议院就法兰西国王路易-腓力一世即将发表的演讲展开辩论,而蒙塔朗贝尔伯爵夏尔·福布斯·勒内·德·蒙塔朗贝尔大展口才,导致这场辩论成了法兰西国王路易-腓力一世统治期间最伟大的演讲之一。

蒙塔朗贝尔伯爵夏尔·福布斯·勒内·德·蒙塔朗贝尔

1810年3月10日，蒙塔朗贝尔伯爵夏尔·福布斯·勒内·德·蒙塔朗贝尔出生于伦敦。蒙塔朗贝尔伯爵夏尔·福布斯·勒内·德·蒙塔朗贝尔的母亲是英国人，而他的父亲则是流亡的法兰西贵族。在查理十世统治时期，蒙塔朗贝尔伯爵夏尔·福布斯·勒内·德·蒙塔朗贝尔的父亲曾服过兵役，并且曾先后担任上议院议员和法兰西王国驻瑞典大使。早在1831年，蒙塔朗贝尔伯爵夏尔·福布斯·勒内·德·蒙塔朗贝尔已经成为上议院议员。在尚未达到可以参与投票表决的法定年龄时，蒙塔朗贝尔伯爵夏尔·福布斯·勒内·德·蒙塔朗贝尔与让-巴蒂斯特·亨利-多米尼克·拉科代尔神父共同创办了一所自由大学。蒙塔朗贝尔伯

让-巴蒂斯特·亨利-多米尼克·拉科代尔神父

爵夏尔·福布斯·勒内·德·蒙塔朗贝尔因创办这所大学而遭人起诉。在向上议院上诉请求裁决的过程中，蒙塔朗贝尔伯爵夏尔·福布斯·勒内·德·蒙塔朗贝尔虽然发表了一番雄辩，但仍然被罚款一百法郎。因此，蒙塔朗贝尔伯爵夏尔·福布斯·勒内·德·蒙塔朗贝尔发誓自己会永远抵制大学教育的垄断行为，而教育自由则成了他一生追求的事业。后来，蒙塔朗贝尔伯爵夏尔·福布斯·勒内·德·蒙塔朗贝尔也成为所谓的天主教党的首脑，不仅将教会置于一切形式的政府之上，而且认为一切利益都应当服从宗教利益。蒙塔朗贝尔伯爵夏尔·福布斯·勒内·德·蒙塔朗贝尔表示："法兰西的天主教教徒人数众多，虽然经济富裕、受人爱戴，但缺乏勇气……他们习惯于依赖外物而非自身……自由非但没有获得接纳，反倒已经被征服了。"蒙塔朗贝尔伯爵夏尔·福布斯·勒内·德·蒙塔朗贝尔不仅是贵族，而且是群众领袖。作为宗教自由和受难的国民的英勇护卫者，蒙塔朗贝尔伯爵夏尔·福布斯·勒内·德·蒙塔朗贝尔以信徒的热忱和信念坚守着自己的理想。

蒙塔朗贝尔伯爵夏尔·福布斯·勒内·德·蒙塔朗贝尔与玛丽·阿梅莉王后英雄所见略同。和蒙塔朗贝尔伯爵夏尔·福布斯·勒内·德·蒙塔朗贝尔一样，玛丽·阿梅莉王后也习惯从宗教角度判断问题，并且深信只有教会才能挽救法兰西社会。然而，与蒙塔朗贝尔伯爵夏尔·福布斯·勒内·德·蒙塔朗贝尔这位急躁的雄辩家相比，玛丽·阿梅莉王后不仅显然更加稳重、冷静、谨慎，而且会温和低调地表达自己的见解。

1848年新年伊始，瑞士的天主教教徒惨遭激进党派迫害，导致蒙塔朗贝尔伯爵夏尔·福布斯·勒内·德·蒙塔朗贝尔勃然大怒，而这场争端的起因是瑞士的独立联盟战争。瑞士独立联盟是天主教控制的七个瑞士的州，即弗里堡、卢塞恩、施维茨、翁特瓦尔登、乌里、楚格和瓦莱，于1848年成立的组织，而其目的是为了对抗下令驱逐耶稣会会士、至圣救主会会员和其他宗教教众的瑞士的激进党派。瑞士独立联盟虽然得到了四个大州的拥护,但仍然逃不过失败的命运。在英国的秘密支持下,瑞士的激进党派反倒轻而易举地获胜了。总之,瑞士独立联盟和瑞士的激进党派二者的实力简直是霄壤之别。由七大州组成的独立联盟仅有三十九点四万人口,而这些人几乎都是贫民。瑞士的激进党派统治着约一百八十六点七万人,而这些人都比较富裕。瑞士的激进党派的军队由杜福尔将军指挥,有五万名前线士兵、三万名预备士兵和一百七十二门大炮。瑞士独立联盟军队仅有两万五千名战斗人员。1847年11月24日,经过数次小规模战斗后,瑞士独立联盟的要塞卢塞恩州失守。瑞士的激进党派大获全胜、势不可当。1848年1月13日,在上议院,布罗伊公爵阿希尔-莱昂斯-维克托-夏尔评论道:"这是上帝的旨意。六十年后,我们会再度看到革命政府冷酷无情地征服当地百姓、贪得无厌地侵占他人财物、亵渎圣殿、破坏圣物、横征暴敛的行为。革命政府会挥舞着刺刀,以律法之名,轮番上演审讯与迫害的戏码,以期获得民众的喝彩。"

蒙塔朗贝尔伯爵夏尔·福布斯·勒内·德·蒙塔朗贝尔在上议院发表的那篇演讲的第七段中提道:"法兰西的忠实盟友瑞士因其国内的纷争而动荡不定。令人遗憾的是,法兰西的友好调解也无法阻止瑞士的内战。我们期望瑞士的内战不会造成毁灭性灾难,希望各方权利皆能得到尊重。海尔维第共和国①会认识到,条约保证的局势和情形符合所有历史传统,不仅将确保局势稳定,而且是休战的基础和给予邻国的安全保障。"蒙塔朗贝尔伯爵夏尔·福布斯·勒内·德·蒙塔朗贝尔的这场演讲俨然是一场痛心疾首、义愤填膺的呐喊。蒙塔朗贝尔伯爵夏尔·福布斯·勒内·德·蒙塔朗贝尔说道:"瑞士汝拉州的问题不是耶稣会会士造成的,也不是国家主权问题,而是欧洲的秩序与和平问题,是法兰西乃至全世界

---

① 海尔维第共和国,在瑞士历史上,海尔维第共和国代表了瑞士实行中央集权的早期尝试。海尔维第共和国出现前,瑞士由松散的自治州和一些附属领土组成。

瑞士独立联盟战争中的伦恩战役

的安全问题。打着国内冲突、战争和社会动乱的旗号的瑞士人跨过阿尔卑斯山脉和汝拉州来到我们的家门口和边境,践踏着我们稳定的秩序,破坏了我们的和平与安全。因此,我不是为战败方辩护,而是想提醒我们,新的野蛮入侵推翻了瑞士的社会秩序、宗教秩序与自由秩序,而整个欧洲的社会秩序、宗教秩序和自由秩序都将因此而面临巨大的威胁。"

听到蒙塔朗贝尔伯爵夏尔·福布斯·勒内·德·蒙塔朗贝尔谈及瑞士的激进党派大获全胜的消息时,在场的人都感到不寒而栗。蒙塔朗贝尔伯爵夏尔·福布斯·勒内·德·蒙塔朗贝尔说道:"诸位可知,取得胜利后,激进党派成员做了什么事?激进党派成员竟然敢用沾满血腥的笔,以圣文森特·德·保罗的名义,撰写驱逐修女会的法令。激进党派成员怎么敢下令驱逐被世人奉为神明的修女会?激进党派成员甚至强制修女们在三天内离开,并且没有给予修女们退休金或任何赔偿。如此厚颜无耻的行径与野兽别无二致。圣洁的修女们是圣文森特·德·保罗之女啊!激进党派成员的恶行远不只这一桩。"说到这里时,蒙塔朗贝尔伯爵夏尔·福布斯·勒内·德·蒙塔朗贝尔将目光转向同僚,哽咽道:"诸位可看到了,这些武装分子正纵列前进,准备登上你们多数人曾爬过的阿尔卑斯山脉。数百年来,无数满怀敬意与感恩之情的基督徒、异乡客和游人都曾走上阿尔卑斯山脉。现在,我们眼看着这些武装分子登上阿尔卑斯山脉,一路向前,即将踏上那片令我们法兰西人望而生畏的土地。阿尔卑斯山脉埋葬着我们革命战友路易·夏尔·安托万·德塞的遗体——他的墓碑仍然屹立着,遗留着我们的第一执政官拿破仑·波拿巴的无上智慧与宽广胸襟的痕迹……这些武装分子此行意欲何为?难道这些武装分子不会再一次发起战争吗?不得不说,这些武装分子的意图是偷窃——是的,他们意图偷走贫民、游客、圣贝尔纳①的僧侣的财产。

---

① 圣贝尔纳,今法国科多尔省的一个市镇。

路易·夏尔·安托万·德塞之死

千百年来，圣贝尔纳的僧侣用自己的爱和崇敬侍奉着教会……令人尤为不齿的是，这些武装分子此前获得的胜利是以十敌一、不战而胜的，而它留给后世的印象也只有这些武装分子犯下的两桩无耻行径：一是驱逐修女，二是抢劫、驱逐和侮辱圣贝尔纳的僧侣。"

蒙塔朗贝尔伯爵夏尔·福布斯·勒内·德·蒙塔朗贝尔是位天主教教徒，并且向自己的听众传达了发自肺腑的愤懑之情。共和党报纸《国民报》评论道："从来没有人能这样，即不仅能煽动人们拍着桌子，挥舞着木刀，而且可以通过演讲触及贵族们的心灵。蒙塔朗贝尔伯爵夏尔·福布斯·勒内·德·蒙塔朗贝尔的演讲虽然慷慨激昂、几近疯狂，但不是煽动，而是传道，不是痉挛，而是发高烧。呐喊、喝彩和跺脚仿佛都成了蒙塔朗贝尔伯爵夏尔·福布斯·勒内·德·蒙塔朗贝尔的滔滔雄辩的伴奏。一时间，火花四溅，令在座诸人几欲跳脚。"上议院的成员对蒙塔朗贝尔伯爵夏尔·福布斯·勒内·德·蒙塔朗贝尔的愤懑不平感同身受，而议员们也纷纷赞同他的观点，认为瑞士的激进党派的胜利预示着别国甚至法兰西激进党派的胜利。蒙塔朗贝尔伯爵夏尔·福布斯·勒内·德·蒙塔朗贝尔这位口才极好的演讲家还特意强调了瑞士的胜利者及其法兰西支持者之间的团结——在一场宴会上，来自法兰西的支持者们大声嚷嚷着要当局为在阿尔卑斯山脉另一侧的越矩行为道歉。"对他们在宴会上说的话，"蒙塔朗贝尔伯爵夏尔·福布斯·勒内·德·蒙塔朗贝尔大声说道，"我们不仅要牢记于心，而且必须一次次地回想，将其作为深刻、有益的警示。这些支持者将政治独立与革命、革命与公约混为一谈，不仅宣称法兰西向各国国王和欧洲发表言论的《辩论杂志》是断头台，而且反对资本家贵族。他们所做的远不只如此。他们以饱满的热情欢庆瑞士的激进党派的胜利，仿佛是他们宣扬的光荣理论即将付诸实践、闻名于世。对法兰西的革命里最血腥和卑鄙的事，他们早已了然于心，并且想以此为由向法兰西人民传播新思想……这些人不仅有狼子野心，而且发觉自己再也无须伪装成牧羊人，可以光明正大地露出狼尾巴。然而，人们为这些人拍手叫绝，并且与他们推杯换盏、称兄道弟。"蒙塔朗贝尔伯爵夏尔·福布斯·勒内·德·蒙塔朗贝尔认为自己是一名天主教教徒——一名主张自由的天主教教徒。蒙塔朗贝尔伯爵夏尔·福布斯·勒内·德·蒙塔朗贝尔继续说道："某些人试图从我笔下或口中找出与自由背道而驰的字眼，而我对这种行为嗤之以鼻。自由！啊！我可以毫不夸张地说，自由是我内心深处的神灵。如果我的演讲有任何不对，那么那是因为我太过热爱自由。我对自由的热爱如同对青春的狂热。自由令我神魂颠倒、情难自控。然而，我不仅不会责备自己，而且将永远热爱、信仰自由并且继续为自由服务。我从未像此时此刻如此热爱自由，如此为自由尽心尽力。我将努力撕下与自由为敌之人的面具——他们伪装成自由的色彩和篡夺自由的旗帜的行为只会让自由蒙羞。"

上议院议员们听着演讲，变得热血沸腾。《新闻报》评论道："雏鹰成长为雄鹰，一展羽翅，直冲云天，而最亲近的朋友也无法想象这只雄鹰能飞多高。多数演讲家终其一生也不能获得如此圆满的成功。"演讲接近尾声时，蒙塔朗贝尔伯爵夏尔·福布斯·勒内·德·蒙塔朗贝尔又发表了一番引得现场掌声雷动的高谈阔论。蒙塔朗贝尔伯爵夏尔·福布斯·勒内·德·蒙塔朗贝尔说道："就个人而言，我深信，在政治社会中，恐惧是万恶之首。诸位可知，在这邪恶血腥的社会里，人们正竭尽全力避免的灾祸之源是什么？是恐惧。是的，正直之人恐惧恶人，而小恶人恐惧大恶人。先生们，请不要恐惧，更不要让恶人操纵你们的力量与胆识！请让正直之人多多行善——让良善的公民们去需要帮助之处大胆行善！让我们团结一心，斗志昂扬地捍卫我们光荣的君主制度。虽然我们的君主制度曾在1789年和1830年两度被废除，但我们必须勇敢地直面恐惧，一如1793年与1799年的革命时一样。让捍卫自由成为我们的宗旨，成为团结一切渴望自由、秩序、和平之人的原则——捍卫自由高于一切！我们要从汝拉州的事件中吸取教训，必须明白那些不懂得容忍、理解、支持我们的思想、信念和情感的人是多么危险。请勿忘记，在瑞士，自由已经被献祭，而在英国，自由遭遇了背叛。法兰西的使命是永远做自由的执行者与捍卫者。"蒙塔朗贝尔伯爵夏尔·福布斯·勒内·德·蒙塔朗贝尔演讲完毕后，掌声如雷。不仅议员们纷纷起身向蒙塔朗贝尔伯爵夏尔·福布斯·勒内·德·蒙塔朗贝尔表示祝贺，而且内穆尔公爵路易·夏尔·菲利普·拉斐尔激动不已。蒙塔朗贝尔伯爵夏尔·福布斯·勒内·德·蒙塔朗贝尔的演讲给人们敲响了警钟，影响深远，前所未见，不仅是对1848年的二月革命的警示，而且是对未来的天主教与激进主义的纷争的警报。

第 4 章

法兰西上议院的激烈辩论

绝大多数上议院议员都忠心于法兰西国王路易-腓力一世和弗朗索瓦·皮埃尔·纪尧姆·基佐,并且坚决拥护法兰西国王路易-腓力一世在国内外奉行的各大政策,并且为蒙塔朗贝尔伯爵夏尔·福布斯·勒内·德·蒙塔朗贝尔的演讲拍案叫绝。改革的拥护者寥寥无几,而卢森堡宫俨然已成为保守派中心。从蒙塔朗贝尔伯爵夏尔·福布斯·勒

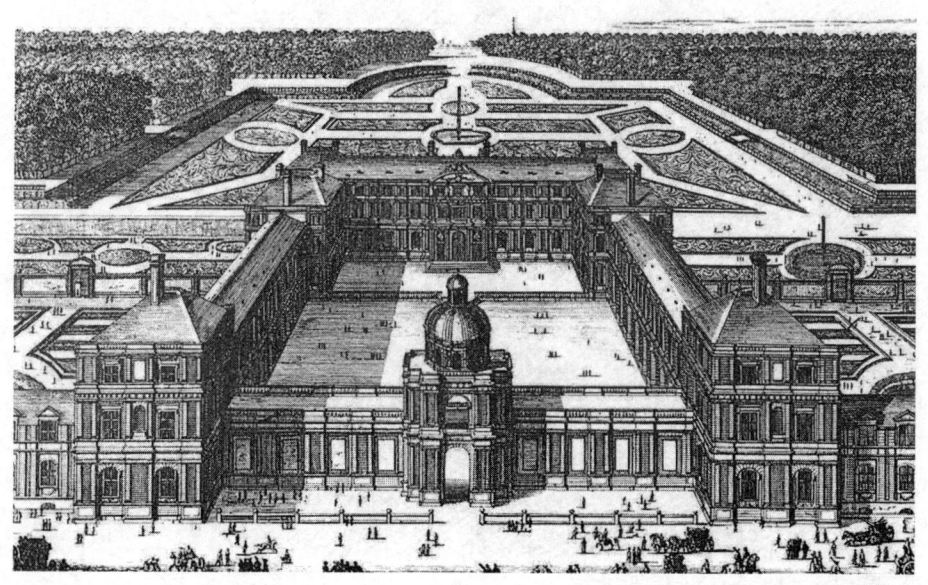

卢森堡宫

内·德·蒙塔朗贝尔结束演讲的一刻起，在上议院不构成威胁的前提下，内阁仿佛真的变得无所畏惧。在即将到来的几场大戏中，上议院将无缘登场。然而，1848年1月10日与1848年1月18日举行的演讲和辩论比往常更加激烈——人们甚至可以从中隐隐看出议员们对革命表现出的狂喜。

出身贵族阶层的两位发言议员具有激进的民主党派风范。这两位议员分别是奥尔顿-谢伊·德·利涅尔伯爵埃德蒙和拜伦男爵乔治·戈

奥尔顿-谢伊·德·利涅尔伯爵埃德蒙

登·拜伦的情妇圭乔利伯爵夫人特蕾莎的第二任丈夫布瓦西侯爵伊莱尔·艾蒂安·奥克塔夫·鲁耶·杜库德雷。奥尔顿-谢伊·德·利涅尔伯爵埃德蒙因曾在1848年1月13日的议会会议上发表不当言论而引起了同僚们的反感。帕基耶公爵埃蒂安-丹尼斯虽然小心斟酌字句，但仍然对奥尔顿-谢伊·德·利涅尔伯爵埃德蒙提出了严厉的训诫："阁下，您本该等待数年或等到那些失去父亲、兄弟姐妹等至亲的同仁们离席后再发表您迫切想发表的这番言论。"

  关于意大利事件的讨论同样热火朝天。1848年6月16日，教皇庇护九世极大地鼓舞了自由派甚至革命党。在1847年9月8日写给教皇庇护九世的信中，朱塞佩·马志尼①说道："圣父②，请您对我们多一点信心。在欧洲，我们将为您建立独一无二的政府。我们将知道如何稳定意大利的动荡局面并且使这种稳定成为令人瞩目之举。我们特向您请愿——对我而言，唯独您才有资格成为这项伟大事业的教导人。"与此同时，撒丁国王卡洛·阿尔贝托也曾致信其大臣道："我们拥有一位教皇。教皇无坚不摧、神圣至善、庄严高贵，有能力维护民族独立。我已告知教皇未来之事。我与教皇绝不会各自为政。民族独立之战与保卫教皇之战同心协契会是我一生最大的福气。"然而，不久后，这些幻想成了泡影——教皇庇护九世没有成为撒丁国王卡洛·阿尔贝托或朱塞佩·马志尼的同盟。虽然幻想破灭已经初见端倪并且日益凸显，但弗朗索瓦·皮埃尔·纪尧姆·基佐的政敌不愿承认这一现实。在弗朗索瓦·皮埃尔·纪尧姆·基佐的政敌眼中，教皇庇护九世是意大利独立伟业的象征，而法兰西政府将成为奥地利反对教皇庇护九世的盟友。奇怪的是，在宴会的祝酒词中，属于左派势力的伏尔泰主义者不仅斥责内阁不维护教皇庇护

---

① 朱塞佩·马志尼（1805—1872），意大利政治家、民族解放运动领袖、革命运动先锋，也是意大利建国三杰之一。
② 圣父，天主教教徒对罗马教皇的尊称。

帕基耶公爵埃蒂安－丹尼斯

教皇庇护九世

朱塞佩·马志尼

撒丁国王卡洛·阿尔贝托

九世,而且联合了教皇庇护九世与乌尔里克·奥克辛本先生。乌尔里克·奥克辛本先生是瑞士的激进党派的一位首领,即天主教教徒的迫害者和击败瑞士独立联盟的敌人。

上议院也有教皇庇护九世的狂热信徒。维克托·玛利·雨果子爵本为诗人,后专心从政,曾于1848年1月13日创作了一首歌颂教皇庇护九世的赞美圣诗。在诗中,维克托·玛利·雨果子爵写道:

> 至圣圣父,执掌众生思想之钥;众生之慧尘封已久,而圣父启之;解放与自由之思,可置人世之巅,以启世人蒙昧。永恒法则圣洁无瑕、无坚不摧,赐予吾等革命无限生机;权利、

维克托·玛利·雨果子爵

平等、责任之法则，半百年前昙花一现；宏伟神圣之芒，掩于红帽①之下，可恶可畏可怖。庇护九世，三重冠②下，重现温柔、亲切、庄严之芒于今日世间。权利、平等、责任之真正王冠就在于此！冕下赐予国王与人民、政治家与哲学家乃至世人一条康庄大道。感恩我主！冕下化身为至尊无上之福音使者、传道教使，传播吾等社会真理——可称法兰西思想；此乃吾等伟大而神圣之荣耀。冕下乃道德之主、理性之仆……宣告于各国，为灌溉这方孕育未来人民自由之土而致血流成河乃无谓之牺牲，然确能将自由之思想、《福音书》③之全音传遍四方；万族之自由、奴隶之救赎是救世主之使命，亦是主教之使命；如主所愿，比之好战之人，爱好和平之人乃更伟大、更美好的征服者；冕下胸怀真正神圣慈善之心、博爱世人之心，亦兼治世之才。一言以蔽之，之于统治者，至善与伟大本为一体。

维克托·玛利·雨果子爵这位卓尔不群的诗人激情澎湃。"是的，"维克托·玛利·雨果子爵说道，"我始终相信，教皇认可法国大革命并且会将其归于基督教革命。在罗马的奎里纳莱宫的瞭望台上祝祷时，教皇说道：'降福罗马及全世界④。'因此，教皇没有忘为法国大革命赐福。如此功勋昭著的教皇已经不是一位凡人，而是一段传奇。"维克托·玛利·雨果子爵早已预感到意大利会统一，继续说道："是的，先生

---

① 红帽，法国大革命中的激进分子戴的红帽。
② 三重冠，通称教皇冕或三重冕。8世纪到20世纪中期，罗马教皇均会佩戴王冠。起初，教皇佩戴的是普通主教冠。后来出现了一重冠和二重冠。自14世纪开始，教皇王冠开始采用三层形式，被称为三重冕。
③ 《福音书》，在基督教中，福音是指上帝之国传来的好消息。《福音书》主要记载着耶稣的生平与复活的事迹，通常专指《新约》中的四福音书，包括《马太福音》《马可福音》《路加福音》和《约翰福音》。
④ 降福罗马及全世界，教皇祝福用语。

们。我与某些人一样心潮腾涌,认为罗马——古老而富饶的罗马,这座团结统一的大城市,在实现了信仰统一、教义统一、基督教统一后,再度陷入了苦痛,却将在世人的瞩目下,迎来意大利统一的新生。"

未来局势的各种潜在问题已渐现端倪。"独立!独立!"维克托·库辛先生呐喊道:"这是多么神圣又令人痛苦的字眼!我要用力喊出'独立',让它充满暴风骤雨般的力量!……作为两股重要势力,圣座①和撒丁国王卡洛·阿尔贝托扮演的角色与时局使其成为意大利重生的中流砥柱。教皇是灵魂支柱,而撒丁国王卡洛·阿尔贝托是左膀右臂。教皇已经向众人透露出了一条讯息,即引导意大利重生是其使命所

维克托·库辛

---

① 圣座,罗马天主教会的教务职权,也是教皇的主教教座。作为一个主权实体的圣座坐落于梵蒂冈,与其他国家保持着外交关系。圣座的行政机关是罗马教廷。

在。教皇是拥有双重头衔的教皇，兼任着意大利中部的世俗君主。最重要的是，教皇还是灵魂的神父，理当鼓励、支持、引导意大利的伟大事业。"维克托·库辛先生仿佛已经预见了意大利的统一，补充道："从某种意义上来说，皮埃蒙特人就是意大利的马其顿人。"

弗朗索瓦·皮埃尔·纪尧姆·基佐极不赞成教皇庇护九世发动宗教改革的想法，而撒丁国王卡洛·阿尔贝托与奥地利亦是针锋相对。弗朗索瓦·皮埃尔·纪尧姆·基佐希望意大利实现改革而非动乱，赞成自己的政治派系的看法，认为法兰西如果无法整顿边境，那么也无法呼吁其他国家整顿边境。圣奥莱尔伯爵路易-克莱尔·德·博普瓦尔是法兰西历史上最杰出的外交官之一，曾在法兰西国王路易-腓力一世统治初期

圣奥莱尔伯爵路易-克莱尔·德·博普瓦尔

担任法兰西王国驻罗马教廷大使，是弗朗索瓦·皮埃尔·纪尧姆·基佐的政策的拥护者之一。在1848年1月12日的议会会议上，圣奥莱尔伯爵路易-克莱尔·德·博普瓦尔的发言给了蒙塔朗贝尔伯爵夏尔·福布斯·勒内·德·蒙塔朗贝尔那场慷慨激昂的演讲浇了一盆冷水。圣奥莱尔伯爵路易-克莱尔·德·博普瓦尔说道："蒙塔朗贝尔伯爵夏尔·福布斯·勒内·德·蒙塔朗贝尔刚刚极大地赞美了教皇庇护九世的荣光。就个人而言，我只想谈谈格列高利十六世继任教皇时的苦楚。蒙塔朗贝尔伯爵夏尔·福布斯·勒内·德·蒙塔朗贝尔方才向诸位讲述了1847年的合法

教皇格列高利十六世

的自由,而我想与诸位谈谈1831年的有罪的自由。蒙塔朗贝尔伯爵夏尔·福布斯·勒内·德·蒙塔朗贝尔提及了1847年的奥地利对我们的猜忌和怀疑,而我想说的是,1831年,为了实现自由改革,奥地利给予了我们真诚与自由。至于意大利的自由主义,请诸位警惕那些偭规越矩试图激励、赞扬、鼓舞自由的话语。我们真正应当做的是保持镇静,恢复谨慎与克制……老实说,先生们,我不相信意大利能够在没有奥地利的配合的情况下稳定局势。然而,我坚信,一旦时机成熟,意大利一定能实现自由与稳定。"实际上,这就是内阁所处的形势——它的政敌完全是从截然相反的角度看待意大利问题的。

讨论内政时,上议院议员们展现出了世故又谨慎的一面。虽然部分内阁的坚定支持者采取了些手段,但上议院并不支持"盲目或敌对的热情"——这一措辞引起了上议院议员们的愤怒。上议院议员们呼吁内阁采取合法手段并且出于公共福祉维护国家的安定。 1848年1月18日,上议院通过投票表决是否要向法兰西国王路易-腓力一世发表演讲。投票结果为一百四十四票赞成,二十三票反对。1848年1月19日,上议院的代表向法兰西国王路易-腓力一世发表了演讲。内穆尔公爵路易·夏尔·菲利普·拉斐尔、茹安维尔亲王弗朗索瓦-斐迪南-腓力-路易-玛利·德·奥尔良、蒙庞西耶公爵安托万·玛利·菲利普·路易·德·奥尔良就侍立于王座左右。最重要的一段演讲词是由巴朗特男爵阿马布勒·纪尧姆·普罗斯珀·布鲁日起草的,大意如下:"各种喧闹的示威游行夹杂着改革和进步的模糊概念,不利于我们君主立宪制的热潮,以及颠覆社会秩序的不同政见和令人厌憎的回忆乱作一团,已经引起了人民的不安。虽然这种不安尚不足以使国家陷入动荡,但政府必须顾及人民的感受。我们深信,这种为自由政体所容忍的纷乱不安难以抗衡公共秩序的力量。是的,先生们,这个国家的几大势力的联合,辅以法律行为和公共理性的手段将足以维护国家的安定、挽回涣散的人心、消除无谓的希望。这十七年,我们亲爱的祖国最终实现了秩序与自由,而这绝不是我们革命中一个阶段而已——这样的时代将经久不衰——《七月王朝宪章》①的传承、陛下统治的恩德、陛下尊名的荣耀会代代相传。陛下,想起法兰西会帮助您积聚力量和勇气,抚平您在这段挚亲之情中所遭遇的悲痛!"对此,法兰西国王路易-腓力一世自信并且平静地做出了回答。对内阁而言,上议院的演讲和投票结果虽然是一场无可争辩的胜利,但只是其从未涉足的艰险道路上的第一站。在下议院展开的讨论即将凝结反对派的一切力量,并且化为可怕的攻击。

---

① 《七月王朝宪章》,又称《1830年宪章》,被认为是立宪主义者和共和主义者妥协的产物。《七月王朝宪章》大幅削弱了国王的权力,规定了王室法令要适用于法律规定,虽然取消了世袭爵位制,但保留了贵族制。

第 5 章
基佐与路易-腓力一世

虽然法兰西国王路易-腓力一世的政敌一直虎视眈眈,但即将在下议院迎来殊死搏斗的弗朗索瓦·皮埃尔·纪尧姆·基佐精力充沛,仿佛成竹在胸。1848年的二月革命的前兆初显,而包括王室成员在内的许多人都认为,由于内阁存在的时间太久,保留内阁的权力的想法或将引发腥风血雨。在王室成员中,弗朗索瓦·皮埃尔·纪尧姆·基佐能依赖的支持者唯有法兰西国王路易-腓力一世和内穆尔公爵路易·夏尔·菲利普·拉斐尔。内穆尔公爵路易·夏尔·菲利普·拉斐尔总是与他的父王法兰西国王路易-腓力一世政见一致。奥尔良公爵斐迪南·菲利普·路易·夏尔·埃里克·罗萨利诺·德·奥尔良和奥尔良公爵夫人海伦·路易丝·伊丽莎白都是自由主义者,认为保守政策对王朝的未来是一大隐患。在马尔桑馆,奥尔良公爵夫人海伦·路易丝·伊丽莎白接见了与她意见相同的下议院议员。由于法兰西国王路易-腓力一世不会同意,甚至不会对某些想法发表意见,茹安维尔亲王弗朗索瓦-斐迪南-腓力-路易-玛利·德·奥尔良怯于表达自己的想法。然而,出于尊重,茹安维尔亲王弗朗索瓦-斐迪南-腓力-路易-玛利·德·奥尔良将内心的不安透露给了自己的母亲玛丽·阿梅莉王后,导致玛丽·阿梅莉王后非常困扰。

弗朗索瓦·皮埃尔·纪尧姆·基佐

　　敌对气氛笼罩在王室与弗朗索瓦·皮埃尔·纪尧姆·基佐之间。无声无息的反对派也潜伏着,导致位高权重的弗朗索瓦·皮埃尔·纪尧姆·基佐惶恐不安。在回忆录中,弗朗索瓦·皮埃尔·纪尧姆·基佐写道:"我不会称这些王室成员为阿谀奉承之人——他们不是全然如此。王室成员常常展现出超乎我们想象的真诚与无私。在我看来,王室成员如同政治的旁观者,虽然整日忙于已成定局之事,但无所作为;王室成员虽然会近距离关注一切大大小小之事,但对需他们负责的事务又不具备社会影响力。王室成员就如同幕后的演员……在王室中，我不缺少真心拥护我的政策的幕僚与朋友。然而，我也发现，王室成员中或多或少有一些吹毛求疵之人、不满分子和直言不讳的反对者。国家和议院的局势日益严峻，而王室成员或焦虑更甚，或期盼愈深，试图证明自己并非皆一无是处之人。"杜伊勒里宫与波旁宫①俨然是左右两大派别，都在试图激怒对方。

令人印象深刻的是，1847年年初，弗朗索瓦·皮埃尔·纪尧姆·基佐主动向法兰西国王路易-腓力一世进言，表示想离开政坛以免法兰西国王路易-腓力一世无法下定决心给予他大力支持。弗朗索瓦·皮埃尔·纪尧姆·基佐说道："陛下，内阁受到重创，导致不仅上议院，而且社会局势同样动荡不安。有时，王室成员或许会攻击甚至逼迫国王。""确实如此，"法兰西国王路易-腓力一世答道，"我对此颇感忧心——甚至我的优雅的王后也一度为此焦虑不安。万幸，在我的安抚下，王后已经渐渐平复了心绪，并且和我一样十分信赖你。"在这次谈话中，弗朗索瓦·皮埃尔·纪尧姆·基佐还说道："如今，出于谨慎考虑，陛下或将重组内阁。然而，斗争一旦开始，陛下只能被迫重组内阁。""你对形势知之甚详，"法兰西国王路易-腓力一世答道，"我已决意绝不逾越宪政体制。我会接受宪政体制赋予的一切责任——即使是令人不快的责任。然而，眼下尚无诉诸法律的必要性。你一直都拥有多数党的支持。我如果现在换掉我的阁员，那么应该把权力交给谁？权力不会被交给议院，也不会被交给国家明确、公认的意愿，而是会被交给没有权力的示威游行之人或者那场明显是邪恶阴谋的动乱。不，我亲爱的首相，虽然如果宪政体制要求我与你分道扬镳，那么我会恪守我的宪政责任，但我既不会率先做出这种牺牲，也不会迁就我不认可的观点。"

---

① 波旁宫，位于巴黎第七区和塞纳河左岸，在协和广场对面，是下议院所在地。波旁宫建于1722年，原是花园环抱的乡间别墅。

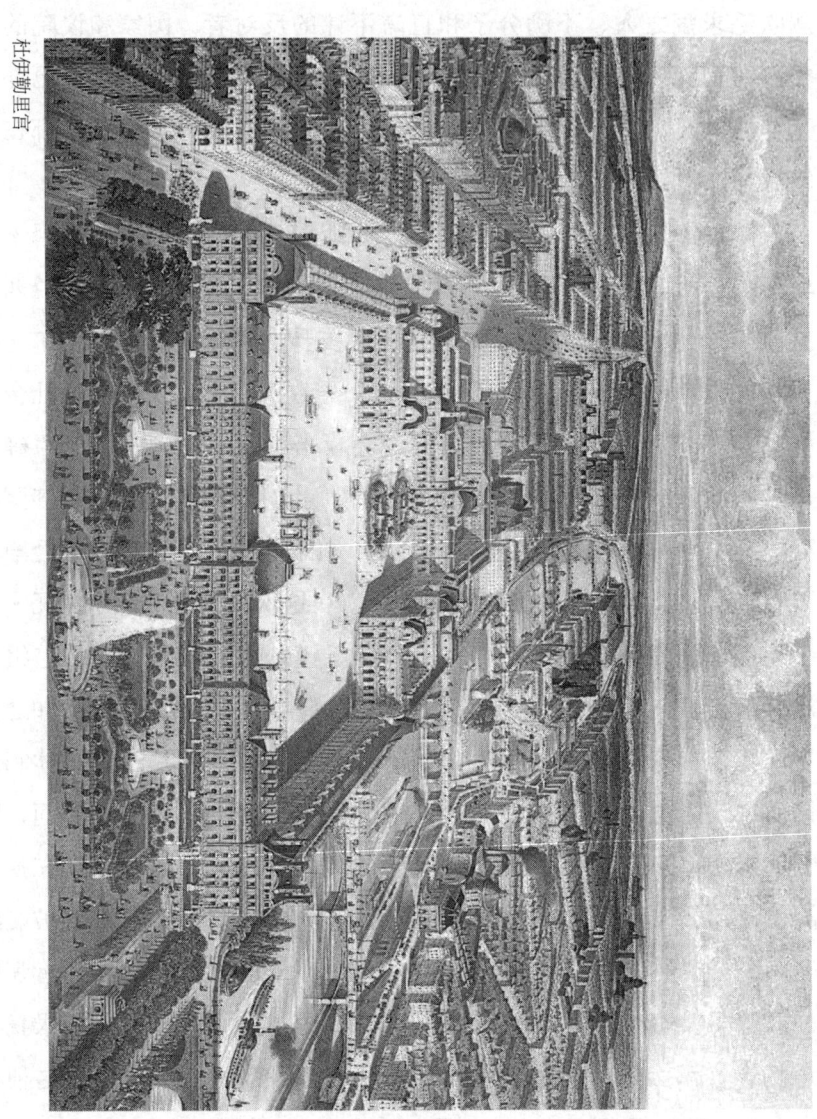

杜伊勒里宫

波茅宮

日复一日，法兰西国王路易-腓力一世拒绝重组内阁的决心从未改变过。现有的内阁占议院的大多数席位，并且与法兰西国王路易-腓力一世同心同德。必须承认的一点是，从议会制的角度来看，法兰西国王路易-腓力一世的态度是绝对正确的。法兰西国王路易-腓力一世如果想改变自己的态度和立场，那么将不得不背离法律制度。如果对左派人士妥协，那么那些满腔热忱、尽忠尽责维护法兰西国王路易-腓力一世的政策的右派人士会怎么想？在玛利·约瑟夫·路易·阿道夫·梯也尔先生的支持下，

玛利·约瑟夫·路易·阿道夫·梯也尔

弗朗索瓦·皮埃尔·纪尧姆·基佐的追随者可能不会联合起来结为一体。解散内阁将成为不可或缺的措施。目前，即在民心涣散不安和宴会引发了骚动的情况下，解散内阁岂非太过冒险？难道法兰西国王路易-腓力一世会为了选举出一个新内阁而抛弃忠心耿耿的现议院？就法兰西国王路易-腓力一世而言，解散内阁难道还不算是忘恩负义的轻率之举吗？

此外，法兰西国王路易-腓力一世坚信，对一个遭到反对的政府而言，没有什么比屈服于政敌的做法更加危险。"天晓得，"法兰西国王路易-腓力一世对弗朗索瓦·皮埃尔·纪尧姆·基佐说道，"他们想要我下到多深的谷底去？一个人如果开始走下坡路，那么离倒台也就不远了。"1847年12月13日，在给布罗伊公爵阿希尔-莱昂斯-维克托-夏尔的信中，弗朗索瓦·皮埃尔·纪尧姆·基佐写道："我需要一切我能拥有的物质和精神力量。我如果能拥有力量，那么会乐于将其用于目前的局势上。这种力量是强大并且明确的。无论身处国内还是国外，我们处处都能碰见激进主义分子。与激进主义分子碰面的次数越多，我越能辨认出其中与我们为敌之人。"法兰西国王路易-腓力一世的想法与弗朗索瓦·皮埃尔·纪尧姆·基佐如出一辙——法兰西国王路易-腓力一世想说"激进主义是敌人"。法兰西国王路易-腓力一世虽然在法兰西和其他地方受到威胁，但仍然将自己视为社会的捍卫者，认为保护欧洲不受革命事业的影响是自身的使命，而抵抗政策则是一种社会需要。在法兰西国王路易-腓力一世看来，将反对派人士召入内阁无异于将狼关入羊圈。法兰西国王路易-腓力一世坚信，改革选举制度之路必将通向普选并且导致共和政体或恺撒主义①。议会改革虽然允许部分官员进入下议院，但驱逐了来自平民与军人家庭的议员。法兰西国王路易-腓力一世认为，议会改革是对至高的王权的冒犯。法兰西国王路易-腓力一世对安德烈·玛

---

① 恺撒主义，指恺撒大帝的政治哲学。恺撒主义一词最早使用于19世纪，代指国家将教会置于其控制之下或军阀统治的情况。

安德烈·玛利·让·雅克·迪潘

利·让·雅克·迪潘先生说道:"你想让我解散我的内阁,召回路易-马蒂厄·莫莱①。然而,路易-马蒂厄·莫莱即将垮台。路易-马蒂厄·莫莱的继任者又是何人?玛利·约瑟夫·路易·阿道夫·梯也尔先生会联合卡米耶·亚森特·奥迪隆·巴罗先生与普罗斯珀·迪韦吉耶·德·豪兰,架空我所有的权力,破坏我的政策。不!不!一千个不!我肩负着伟大的使命——恢复法兰西甚至全欧洲的秩序。恢复秩序是我的命运和荣耀。任何人都不能让我动摇或放弃我的使命。"

毫无疑问,重掌政权后,玛利·约瑟夫·路易·阿道夫·梯也尔先

---

① 路易-马蒂厄·莫莱(1781—1855),法兰西政治家,法兰西国王路易-腓力一世的密友和助手,在1809年至1815年是莫莱伯爵。

生必然会谴责法兰西国王路易-腓力一世所有的政治理念。玛利·约瑟夫·路易·阿道夫·梯也尔先生不仅会谴责法兰西国王路易-腓力一世的对内政策，而且更多地会谴责法兰西国王路易-腓力一世的对外政策。法兰西国王路易-腓力一世认为，与西班牙王室联姻是自己执政期间最大的成功，而这一政策曾遭到玛利·约瑟夫·路易·阿道夫·梯也尔先生的反对；法兰西国王路易-腓力一世视帕默斯顿子爵亨利·约翰·坦普尔为头号敌人，而玛利·约瑟夫·路易·阿道夫·梯也尔先生是帕默斯顿子爵亨利·约翰·坦普尔的同盟；法兰西国王路易-腓力一世是瑞士独立联盟的支持者，极力反对瑞士的激进党派，而玛利·约瑟夫·路易·阿道夫·梯也尔先生是瑞士的激进党派的支持者；法兰西国王路易-腓力一世寻求大陆强国的联盟，而玛利·约瑟夫·路易·阿道夫·梯也尔先生极力联合英国。总之，法兰西国王路易-腓力一世和玛利·约瑟夫·路易·阿道夫·梯也尔先生的分歧判若鸿沟。

1847年12月16日，远在伦敦的布罗伊公爵阿希尔-莱昂斯-维克托-夏尔写道："显而易见，无论将来是何种情形，新内阁都将在帕默斯顿子爵亨利·约翰·坦普尔和玛利·约瑟夫·路易·阿道夫·梯也尔先生的控制下求生。法兰西将紧随英国，成为欧洲的激进党派的先驱——这一点毫无疑义，如同二加二等于四一样显而易见。因此，我断言，对法兰西或全欧洲而言，捍卫现有的内阁是重中之重的工作。最关键的是，内阁不能屈服，而是要极尽所能，光明正大地保全自己。欧洲的保守派势力同样应当为捍卫内阁付出一切，维护内阁的荣誉与尊严。"如果作为非激进党派成员的布罗伊公爵阿希尔-莱昂斯-维克托-夏尔持有这一观点，那么人们会不会对已经是绝对保守派的法兰西国王路易-腓力一世也持有这样的观点感到震惊？

法兰西国王路易-腓力一世自认为已经到达人生巅峰。法兰西国王路易-腓力一世发现，下议院最强大的多数党的成员都拥护他的政策。在这

路易-马蒂厄·莫莱

卡米耶·亚森特·奥迪隆·巴罗

普罗斯珀·迪韦吉耶·德·豪兰

帕默斯顿子爵亨利·约翰·坦普尔

个欧洲舞台上,法兰西国王路易-腓力一世终于扮演了自己渴望已久的角色。法兰西不仅与普鲁士和奥地利携手并进,而且开始赢得俄罗斯的支持。孤立无援的不再是法兰西,而是英国。对1840年事件的复仇似乎一触即发。梅尔贡德子爵威廉·休·埃利奥特-默里-基宁蒙德在意大利的革命任务激怒了欧洲大陆的诸王室。法兰西国王路易-腓力一世认为法兰西王室已经准备就绪,可以与欧洲大陆的其他王室联合遏制意大利的统一趋势。在法兰西国王路易-腓力一世看来,意大利的统一趋势威胁的不只是那不勒斯的波旁家族,还包括罗马教廷和法兰西。因此,无论出于何种考虑,法兰西国王路易-腓力一世都不会改变外交政策的方向。"玛

波旁家族的盾形徽章

利·约瑟夫·路易·阿道夫·梯也尔先生,"法兰西国王路易-腓力一世对蒙塔利维伯爵玛尔特·卡米耶·巴哈松说道,"那意味着战争!我不会放弃我的和平政策。"此外,在法兰西国王路易-腓力一世看来,在仍然有许多谈判有待磋商的情况下,除了现有的内阁,没有人也可以开展谈判并且达成圆满的结果。维也纳内阁与柏林内阁绝没有认为瑞士的事业走到了尽头,而是将瑞士独立联盟的战败视为新的外交局面。在这个外交局面中,法兰西人即将扮演主导角色。1848年3月15日被各个权力机构定为恢复审议这一问题的日期。在给儿子的信中描述帕默斯顿子爵亨利·约翰·坦普尔时,布罗伊公爵阿希尔-莱昂斯-维克托-夏尔写道:

蒙塔利维伯爵玛尔特·卡米耶·巴哈松

第5章 基佐与路易-腓力一世 | 055

"帕默斯顿子爵亨利·约翰·坦普尔完全被孤立，只能挥舞着激进党派的旗帜并且与激进党派成员称兄道弟。"

罗马的局势变得越来越复杂——激进分子甚至开始威胁教皇庇护九世。法兰西国王路易-腓力一世试图保护教皇庇护九世。在回忆录中，弗朗索瓦·皮埃尔·纪尧姆·基佐写道："显然，罗马是意大利的各大事件和危机爆发的中心。我们可以在罗马肩负起我们的职责，保证罗马教廷的安全与和平，通过保证天主教会的安全与和平来保护庇护九世。根据我的提议，如果教皇受到来自国内或外来的威胁，那么法兰西国王路易-腓力一世和他的顾问团会下定决心提供帮助并且会向我们求助。我们将给予法兰西国王路易-腓力一世有效的帮助——不仅临时远征的军团已经确定，而且指挥官已经被任命。土伦有两千五百名士兵。旺德尔港有两千五百余名士兵。众人已经准备就绪，只等待着出发去奇维塔韦基亚的指令。我曾两次与奥皮克将军面谈。奥皮克将军是一位智勇双全的军官。我确定，奥皮克将军对我们的目标了如指掌并且会与我们同心协力。截至1848年1月27日，奥皮克将军已经采取了一切措施。"法兰西国王路易-腓力一世坚信，实施兼顾自由主义与保守主义的外交政策不仅一定能消弭英国的敌意，而且可以让自己一跃成为欧洲的主宰者。然而，实施兼顾自由主义与保守主义的外交政策的前提是让现有的内阁继续执政。虽然一些王室成员对弗朗索瓦·皮埃尔·纪尧姆·基佐怀有敌意，但法兰西国王路易-腓力一世仍旧全心全意地信任他。

第 6 章

法兰西下议院争权夺利

下议院本应作为政府的左膀右臂,现在却成了政府的一大威胁,本应阻止1848年的二月革命的发生,现在却一步步为革命铺平了道路。想挽救王权必须做到大公无私,而这一点是下议院不具备的。下议院应该抛开自身问题,放弃政权的角逐,将法兰西的全局利益置于其他利益之上。然而,下议院用尽卑劣的手段逐权夺利,不计后果,酿成了大错。鲜有议院会展露出不谨慎和不镇定的一面,毫无顾忌地走向万丈深渊并且一头扎进去。临近1848年2月24日,下议院已经沉浸于幻想中,难以自拔。就此而言,没有任何左派或右派人士曾为将来之事而忧虑。左派和右派都陷入了绝对的盲目。如果有人指责法兰西国王路易-腓力一世欺骗了自己,那么可以说整个下议院同样受到了蒙骗。

法兰西国王路易-腓力一世对下议院的骚乱不屑一顾。由于经历过1830年的七月革命,即便面对的是史上最混乱的下议院的局面,法兰西国王路易-腓力一世仍然镇定自若。在法兰西国王路易-腓力一世眼里,下议院的风暴不过是小题大做。法兰西国王路易-腓力一世不怀好意地问一位想在下议院施展政治才华的富商,即夏尔-让·萨兰德鲁兹·德·拉莫尼克斯道:"你家生产的地毯还畅销吗?"法兰西国王路易-腓力一世认为，要平息恶化的局势，最重要的是给夏尔-让·萨兰德鲁兹·德·拉莫尼克斯许个职位。

实际上，七月王朝政府警惕的不过是下议院中的奥尔良派势力。七月王朝政府对正统的波拿巴主义和共和政体都不以为意。在最受法兰西国王路易-腓力一世信任的一众追随者中，没有人比皮埃尔-安托万·贝里耶先生与法兰西国王路易-腓力一世更同心同德。皮埃尔-安托万·贝里耶先生从不参加宴会，展现了他忠诚的革命气质。皮埃尔-安托万·贝里耶先生还直言不讳地表达了对政府的外交政策的认可和对与法兰西王

皮埃尔－安托万·贝里耶

法卢伯爵弗雷德里克-阿尔弗雷德-皮埃尔

室与西班牙王室的联姻的维护。法卢伯爵弗雷德里克-阿尔弗雷德-皮埃尔写道:"从皮埃尔-安托万·贝里耶先生那里,我们看到了爱国主义支配集体利己主义的榜样——这就是所谓的党魂……对那些反对由自己一手建立的政府的人,我们很难不欢呼鼓掌。然而,如果我们为反对政府而欢呼鼓掌,那么我们的痛苦会远不止一种。此外,我们可能会为了因忠诚而受到指责寻求道义的制裁。然而,对法兰西来说,无论是否会受到争议,这种成就感和制裁都攸关命运。这种成就感和制裁足以唤起人们良心上的不安并且让其逐渐蔓延开来。"宴会上没有出现任何拥护君

尚博尔伯爵亨利·夏尔·斐迪南·玛利·迪厄多内·德·阿图瓦

主政体的下议院议员。在下议院，尚博尔伯爵亨利·夏尔·斐迪南·玛利·迪厄多内·德·阿图瓦的追随者也没有掀起任何波澜——他们没有放下武器，只是不想再战斗了。

议会中甚至根本不存在与波拿巴主义相关的议题。下议院中没有任何支持波拿巴主义者的议员。如果有人告诉卡米耶·亚森特·奥迪隆·巴罗先生、朱尔·阿曼德·斯坦尼斯拉斯·杜弗尔先生、托克维尔子爵亚历克西斯·夏尔-亨利-莫里斯·克莱①、维克托·安布罗斯·朗瑞奈、莱昂·福谢、法卢伯爵弗雷德里克-阿尔弗雷德-皮埃尔等先生，

---

① 托克维尔子爵亚历克西斯·夏尔-亨利-莫里斯·克莱（1805—1859），法兰西外交官、政治学家和历史学家，以其作品《民主在美国》和《旧政权与革命》而闻名。

夏尔-路易-拿破仑·波拿巴

不久后,他们会成为法兰西第二共和国总统夏尔-路易-拿破仑·波拿巴的部长,那么这个消息肯定会令他们大吃一惊。莫尔尼伯爵夏尔·奥古斯特·路易·约瑟夫·迪莫里·德·莫尔尼、阿希尔·富尔德、雅克·皮埃尔·阿巴图奇、阿道夫·奥古斯丁·玛利·比罗特、爱德华·德鲁安·德·吕、迪科、巴罗什、马涅、贝希这些奥尔良派议员如果得知自己有一天会成为拿破仑三世的臣子,那么恐怕会大跌眼镜!

下议院中几乎没有共和党人。几乎没有任何议员敢说出或晦涩曲折地提及"共和政体"一词。然而,亚历山大·奥古斯特·勒德律-洛兰先生是个例外——他的共和思想人尽皆知。有一天,被传唤到审议庭时,

莫尔尼伯爵夏尔·奥古斯特·路易·约瑟夫·迪莫里·德·莫尔尼

阿希尔·富尔德

雅克·皮埃尔·阿巴图奇

阿道夫·奥古斯丁·玛利·比罗特

亚历山大·奥古斯特·勒德律-洛兰先生说道:"总检察长阁下,是谁授予您的权力?是司法部大臣。作为选民,我有权将大臣们赶下台。您又是以谁的名义说出这番话的?以国王的名义。作为选民——历史可以为我作证——我有权推选和罢免国王。总检察长阁下,请弯下您的膝盖,向我的主权跪倒吧!如果你要谈论我的公正性,那么请把手放在我作为选民的王冠上!"1847年,在里尔、索恩河河畔沙隆和第戎的几场宴会上,亚历山大·奥古斯特·勒德律-洛兰先生同样慷慨陈词。然而,亚历山大·奥古斯特·勒德律-洛兰先生如果试图在下议院中发表上述言论,那么会立即被制止。亚历山大·奥古斯特·勒德律-洛兰先生夸夸其谈的样子非但不像蛊惑民心的政客,反倒像律师。在发言中,亚历山大·奥古斯特·勒德律-洛兰先生在未来的临时政府的同仁们,即卡诺、

亚历山大·奥古斯特·勒德律-洛兰

玛利·约瑟夫·路易·阿道夫·梯也尔先生、加尔涅—帕热斯和雅克-夏尔·杜邦·德·厄尔等诸位先生，从未提及革命的可能性。如果法兰西国王路易-腓力一世驾崩或退位、奥尔良公爵夫人海伦·路易丝·伊丽莎白摄政、自由派人士掌权，导致内阁重组，那么他们或许会觉得称心如意。在1847年的下议院，阿方斯·玛利·路易·普拉·德·拉马丁先生没有发表过一篇演讲，并且在一众同僚中总是独来独往，就像是无兵之将军、无徒之哲人。阿方斯·玛利·路易·普拉·德·拉马丁先生对议会制嗤之以鼻，观望着，等待着无人能预见的命运。

我必须重申，上述现象不是法兰西国王路易-腓力一世担忧的议员对七月王朝的敌意。法兰西国王路易-腓力一世说的危险来自反对派的议员，即反对七月王朝的建立者及其追随者的议员。在下议院，真正的斗争是奥尔良派的支持者与反对者之间的斗争。每每掌权时，左派人士总会采取非常手段。然而，无论何时掌权，左派人士都会使用自己指责政府部门时使用的手段。左派人士的行为不是道义，而是野心、私利、贪婪的表现，指引着斗争者。在位七年有余的内阁大臣和右派议员已经习惯了谋取私利。托克维尔子爵亚历克西斯·夏尔-亨利-莫里斯·克莱尔评论道："推翻内阁将导致大臣们失去财富与他们的女儿的嫁妆和儿子的事业。然而，如此一来，几乎所有大臣、议员都得以保留。得以晋升的多数党成员凭借的不仅是自己乐于助人的品质。有人可能会说——他们习惯性地认为内阁永远会存在——多数党成员过去和现在都依附于内阁，未来也希望继续如此。多数党成员真挚平静地依附于内阁，而那种依附是人们对自己的领地的情感。"下议院的四百五十名议员中包括二百名公职人员。政府曾对这二百名公职人员施以雷霆手段。托克维尔子爵亚历克西斯·夏尔-亨利-莫里斯·克莱尔还说道："如果这么多保守派人捍卫内阁的目的只是想保住自己的薪水与高位，那么我不得不说，依我之见，许多反对派攻击内阁的目的只是希望争取这些保守派人。

加尔涅－帕热斯

雅克－夏尔·杜邦·德·厄尔

阿方斯·玛利·路易·普拉·德·拉马丁

托克维尔子爵亚历克西斯·夏尔－亨利－莫里斯·克莱尔

一个真相——一个可悲的真相是,我们对议会的公共职能和对赋税的依赖不是某个政党的弊端,而是整个国家长久以来的重大缺陷,是我们的民主宪政与政府的高度集权并且结合的产物,是一种隐秘的弊端,不仅吞噬了所有旧势力,而且同样会吞噬一切新势力。"

弗朗索瓦·皮埃尔·纪尧姆·基佐和1840年后担任内政部大臣的夏尔·玛利·塔内吉·迪沙泰尔伯爵都是深谙为官之道的人。1803年2月19日,夏尔·玛利·塔内吉·迪沙泰尔伯爵出生于巴黎。在法兰西第一帝国时期,夏尔·玛利·塔内吉·迪沙泰尔伯爵的父亲担任过国务委员,并且在法兰西国王路易-腓力一世统治时期贵为法兰西贵族。夏尔·玛利·塔内吉·迪沙泰尔伯爵的岳父哈姆子爵让-弗朗索瓦·雅克米诺是塞纳河流域的国民自卫军总司令。夏尔·玛利·塔内吉·迪沙泰尔伯爵

国民自卫军

的功绩和巨额财富为他奠定了极高的身份和地位。夏尔·玛利·塔内吉·迪沙泰尔伯爵还是艺术协会会员，拥有大十字荣誉军团勋章，在瓦雷讷街拥有一栋豪宅。然而，夏尔·玛利·塔内吉·迪沙泰尔伯爵非但不像弗朗索瓦·皮埃尔·纪尧姆·基佐那般热衷于权势，反倒多次被人发觉有隐退之心。最终，夏尔·玛利·塔内吉·迪沙泰尔伯爵决意坚守政治职位，不想在危难时刻弃法兰西国王路易-腓力一世而去。此外，夏尔·玛利·塔内吉·迪沙泰尔伯爵自认能帮法兰西国王路易-腓力一世排忧解难，并且惯于以冷静的心态处理问题。夏尔·玛利·塔内吉·迪沙泰尔伯爵对自己一手提拔和培训的多数党成员了如指掌。因此，夏尔·玛利·塔内吉·迪沙泰尔伯爵对多数党的影响不可估量。夏尔·玛利·塔内吉·迪沙泰尔伯爵温文尔雅、古道热肠、平易近人，并且因此广交良友。虽然夏尔·玛利·塔内吉·迪沙泰尔伯爵没有弗朗索瓦·皮

大十字荣誉军团勋章

埃尔·纪尧姆·基佐的好口才,但夏尔·玛利·塔内吉·迪沙泰尔伯爵一贯朴实的言辞和偶尔的善意算盘可能比弗朗索瓦·皮埃尔·纪尧姆·基佐的郑重而庄严的高谈阔论更合多数党的心意。

然而,虽然保守派有弗朗索瓦·皮埃尔·纪尧姆·基佐的威望和夏尔·玛利·塔内吉·迪沙泰尔伯爵的能力,但保守派内部仍然出现了明显的分歧。不少左派议员质疑内阁上台的时间太长,认为是时候培养一拨新的大臣了。

第 7 章

托克维尔子爵
亚历克西斯·夏尔－亨利－莫里斯·克莱尔

1848年1月20日，下议院举行了议会辩论。数周以来，下议院就像内阁的盟友与敌人之间无休止争斗的战场。即将就是否进行王座演讲展开激烈辩论的双方彼此敌视，摩拳擦掌、翘首以盼战斗的来临。到目前为止，虽然法兰西国王路易-腓力一世依然保持着乐观，但玛丽·阿梅莉王后的忧虑与日俱增。实际上，除了法兰西国王路易-腓力一世，其他王室成员都忧心忡忡。

1848年1月20日，《辩论杂志》刊登了一则文章，准确地描述出了众人的不安情绪。《辩论杂志》的文章写道："这场辩论必将热闹至极。我们只管拭目以待。动口变成动手、恐吓人心等各种手段层出不穷。在好些日子里，最荒唐的谣言也都能传得满天飞——甚至没有人知道谣言是怎样传出和由何人传出的。有时，人们会谣传法兰西国王路易-腓力一世的健康问题——据说，这个谣言曾引起了一片恐慌；有时，人们会谣传法兰西国王路易-腓力一世已经病危；更夸张的是，还有人谣传法兰西国王路易-腓力一世已经驾崩！共产主义者就要站起来了——约三万人准备拿起武器反抗政府。共产主义者中的负责带头指挥和财产再分配的领导人也已经被任命好了……一些人还故弄玄虚地说局势是多么微妙。民众已经怨声载道。或许，政府最明智的做法是对愤怒的民众做出让步。看着某些人的面目或听着某些人的演讲时，有人可能会觉得——用革命的语言来说，我们是在旅行的前夜……濒临夜晚之际，这些流传了数小时的谣言得以澄清或逐渐淡去。然而，这些谣言仍然掀起了不小的波澜，只给民众留下了茫然、焦虑。交易所变得萧条而冷清。人们虽然终于开始相信事出必有因，但没有人能说清具体发生了什么事。"政府机构毫不气馁，镇定自若地等待着斗争的到来。《辩论杂志》的文章又写道："将事件推演到这种局面的反对派可能反倒会被事件引起的骚乱吓到。然而，反对派仍然四处传播着谣言，试图引起恐慌。宴会是反对派的绝望之举——如果此举失败，那么反对派会销声匿迹很长一段时间。反对派正等待着暴力和革命。换句话说，反对派早已发誓要加入推翻内阁的派系中……反对派虽然害怕，但想震慑其他人。"《辩论杂志》的文章还傲慢地总结道："保守派不会被削弱。反对派煽动人们的恐惧的手段毫无价值！和败在其他人手里一样，反对派也会败在我们手里——我们保证，反对派会失败。"

  内阁的抵抗激怒了反对派。在下议院的辩论展开时，来自四面八方的怒火纷纷爆发。在《两个世界》①这一刊物上，《半月刊》的编辑评论道："唉！我们不得不说，最近几天，我们目睹了最悲惨的场面，包括公众名誉受损和议会辩论的堕落。如果这种局面继续发展下去，那么不久后，我们就不必羡慕人人配枪的美国国会了。"反对派的策略是夸大最可悲的形势，预测可能发生在不远的未来的最可怕的灾难。在所有议员中，将警钟敲得最响的是左派人士托克维尔子爵亚历克西斯·夏尔-亨利-莫里斯·克莱尔。

  1805年7月29日，托克维尔子爵亚历克西斯·夏尔-亨利-莫里斯·克

---

① 《两个世界》，法兰西最著名的月刊之一，创立于1829年。

纪尧姆-克雷蒂安·德·拉穆瓦尼翁·德·马勒泽布

莱尔出生于韦尔讷伊。从托克维尔子爵亚历克西斯·夏尔-亨利-莫里斯·克莱尔的母亲的家族来看,托克维尔子爵亚历克西斯·夏尔-亨利-莫里斯·克莱尔是纪尧姆-克雷蒂安·德·拉穆瓦尼翁·德·马勒泽布的后代。波旁王朝复辟后期,托克维尔子爵亚历克西斯·夏尔-亨利-莫里斯·克莱尔曾担任凡尔赛法院的法官。1831年,受政府委派,托克维

古斯塔夫·奥古斯特·博南·德·拉·博尼尼埃·德·博蒙

尔子爵亚历克西斯·夏尔-亨利-莫里斯·克莱尔与自己在法院的同僚古斯塔夫·奥古斯特·博南·德·拉·博尼尼埃·德·博蒙一起去了美国学习监狱制度。这趟美国之行孕育了托克维尔子爵亚历克西斯·夏尔-亨利-莫里斯·克莱尔的一部重要著作，即在1835年出版的《论美国的民主》。鲁瓦耶-科拉尔称托克维尔子爵亚历克西斯·夏尔-亨利-莫里斯·克莱尔的思想为孟德斯鸠的延续。正是因为《论美国的民主》一书，托克维尔子爵亚历克西斯·夏尔-亨利-莫里斯·克莱尔在1839年和1841年分别被法兰西道德与政治科学学院和法兰西学院录取。1839年，托克维尔子爵亚历克西斯·夏尔-亨利-莫里斯·克莱尔当选议员，并且此后一直作为瓦洛涅政府的代表，直至1848年的二月革命爆发。

在特殊事件悬而未决之际，托克维尔子爵亚历克西斯·夏尔-亨利-莫里斯·克莱尔时常会向政府提供有效的协助。托克维尔子爵亚历克西斯·夏尔-亨利-莫里斯·克莱尔虽然不是七月王朝的敌人，但始终反对弗朗索瓦·皮埃尔·纪尧姆·基佐，并且不知不觉地在七月王朝颠覆的过程中起到了推波助澜的作用。对弗朗索瓦·皮埃尔·纪尧姆·基佐来说，1847年年初的局势并不明朗。在回忆录中，托克维尔子爵亚历克西斯·夏尔-亨利-莫里斯·克莱尔写道："我没想到灾难竟然近在咫尺、可怕至极。不安情绪开始在我心中滋生，并且变得越来越强烈。我脑海中有一个挥之不去的念头，即我们即将走向另一场革命。这个念头表明我的想法发生了翻天覆地的变化——七月革命后的风平浪静和萧条沉寂令我一度相信自己注定会在衰弱和和平的社会里度过一生。1830年，我开始察觉到自己误认了戏剧中的某一幕的结束为最终谢幕。"

鲁瓦耶－科拉尔

以上便是托克维尔子爵亚历克西斯·夏尔-亨利-莫里斯·克莱尔在1848年1月27日登上议会讲坛时的内心独白，仿佛是卡桑德拉①的预言。"人们都说没有危险，"托克维尔子爵亚历克西斯·夏尔-亨利-莫里斯·克莱尔呐喊道，"没有发生暴动。由于表面看起来风平浪静，人们认为1848年的二月革命为期甚远。先生们，请恕我直言——我认为你们想错了。毫无疑问，动乱虽然没有在实际中发生，但早已深入人心。我们来看看工人阶级的情况——目前，由于没有像从前那样受到所谓的政治激情的折磨，工人阶级还算平静。然而，你难道没有看到，工人阶级的激情已不再关乎政治，而是关乎社会吗？你难道没看出来，工人阶级渐渐滋生出的这样或那样的想法的矛头所指的不是简单地改变这条或那条法律，改变内阁甚至政府，而是改变社会，甚至推翻目前所处的阶层吗……我认为，目前的我们正睡在火山口上。"以最耸人听闻的言辞描述了当前局面后，托克维尔子爵亚历克西斯·夏尔-亨利-莫里斯·克莱尔接着说道："凭借着本能和直觉，你们还没感受到吗？这种直觉虽然难以名状，但确凿无疑——欧洲的土地将再次颤抖……社会道德已经沦丧到如此程度，而你们仍然无动于衷。或许，我的话还不够令人信服。我相信，说这番话时，我没有怨恨，甚至不带有任何政党色彩。我虽然攻击了那些我不怨恨的人，但必须向我的国家坦承我深切、坚定的信念。好吧！我深切、坚定的信念就是，不久后，社会道德的沦丧将引发一场新的革命。"

托克维尔子爵亚历克西斯·夏尔-亨利-莫里斯·克莱尔的演讲的结尾仿佛是一场痛苦的呐喊。托克维尔子爵亚历克西斯·夏尔-亨利-莫

---

① 卡桑德拉，是特洛伊国王普里阿摩斯与王后赫卡柏的女儿，也是阿波罗的祭司。关于卡桑德拉传说有二，一是虽然卡桑德拉被阿波罗赐予预言能力，但由于卡桑德拉抗拒阿波罗，卡桑德拉的预言不被人相信；二是卡桑德拉在一座神殿中睡着时，神蛇通过以舌为卡桑德拉洗耳或在她耳边低声说话让卡桑德拉获得了预知未来的能力。

里斯·克莱尔喊道:"国王的生命是不是岌岌可危?国王比其他人更坚韧,更难以击垮吗?现在,你们确定还有明天吗?你们知道一年或一个月或一天后,甚至下一刻,法兰西会发生什么事吗?你们一无所知。然而,你们知道,一场风暴已经初现端倪,并且会朝你们而来。你们会允许自己被这场风暴困扰吗?先生们,我恳求你们不要这样做——这不是我的要求,而是恳求。由于认为这场风暴是真实、严重的,我宁愿跪倒在你们面前……趁着时机未晚,请制止——先发制人,制止这场风暴吧。我们要制止的不只是这场风暴的征兆,更是制止风暴本身。人们谈到了议会的变化。我非常倾向于相信这些改变不仅是有用的,而且是必要的。因此,我相信选举制度改革的有用性和议会改革的紧迫性。然而,先生们,我还没有完全失去理智,没有意识到决定人民的命运的事物不是法律及其机制,而是政府的运作机制。虽然你们如果愿意,那么便可以遵守法律,但在我看来,你们的这种做法将铸成大错。如果保留现有的法律和政府人员能令你满意,那么你们尽管保留他们吧。然而,看在上帝的分上,请改变政府运作机制——我必须重申,这种机制会把你们拖进深渊。"

对托克维尔子爵亚历克西斯·夏尔-亨利-莫里斯·克莱尔这番高谈阔论,右派人士回之以嘲弄的笑声,而左派人士则报以热烈的掌声。托克维尔子爵亚历克西斯·夏尔-亨利-莫里斯·克莱尔离开之际,朱尔·阿曼德·斯坦尼斯拉斯·杜弗尔先生将他拉到一边,说道:"你的演讲很成功。然而,你如果没有凌驾于议会之上或存心让我们如此恐惧,那么会更加成功。"奇怪的是,托克维尔子爵亚历克西斯·夏尔-亨利-莫里斯·克莱尔承认自己没有完全相信自己的不祥预言。在回忆录中,托克维尔子爵亚历克西斯·夏尔-亨利-莫里斯·克莱尔写道:"虽然反对派的掌声非常热烈,但这是出于党性,而不是信念……此刻,我扪心自问,我是否真的像表面看起来那么惊慌。我发现并非如此。我愿意承认一个事实，即革命比我预料的更迅速和彻底——这可能是其他政治预言家在预测未来之事上比我更权威的表现。不，我没料到我们会看到一场革命——谁又能预料到呢？"说到底，托克维尔子爵亚历克西斯·夏尔-亨利-莫里斯·克莱尔及其友人和弗朗索瓦·皮埃尔·纪尧姆·基佐一样，缺乏远见卓识，试图推翻君主政体，却自认为只是做出了警告。

多数党成员让维耶先生对左派议员做出了十分清晰的评价。"无论你说什么，"让维耶先生大声喊道，"法兰西永远都会是从前那副模样，即正义与荣耀兼具的一方土地。不，不！不是所有人都泯灭了良心，丢掉了尊严。否则，你便会自相矛盾。虽然你提出了各种改革措施，试图补救灾难，但这些改革措施只会是徒劳的权宜之计。你提议用卑鄙的手段来恢复公共道德，却恰恰证明了——甚至在你看来——邪恶并不像你说的那么根深蒂固……宪政体制的反对派正陷入一种深深的错觉中。反对派虽然谴责我们采取的手段，但采取了同样的手段。实际上，反对派和我们一样邪恶，正试图创造一片废墟。在这片废墟中，我们将被一起推翻。然而，反对派受到了严厉的警告。没有人会谴责激进分子的虚伪——激进分子不仅表现出了一种强大、不可抗拒的诚意，而且为自己留有后路。一旦保守派被击垮，激进分子就会向七月王朝复仇，正如他们大声叫嚣的那样。激进分子都是可怕的逻辑学家。为了证明自己，激进分子一定会把一棵结了十八年苦果的大树连根拔起。"让维耶先生的预言不仅比托克维尔子爵亚历克西斯·夏尔-亨利-莫里斯·克莱尔更加精准，而且非常真诚。反对派利欲熏心，恶意丛生，丝毫不知自己正中激进分子下怀。反对派不仅将矛头对准了内阁，而且不久后便会转向法兰西国王路易-腓力一世。

第 8 章

茹安维尔亲王离开法兰西

　　面对日益迫近的攻击，法兰西国王路易-腓力一世的儿子们的存在对捍卫王位无足轻重。暴风雨来临时，法兰西国王路易-腓力一世的两个儿子必须离开自己的父亲。1847年10月5日，奥马勒公爵亨利·欧仁·菲利普·路易·德·奥尔良被派去阿尔及利亚任总督一职。1848年2月，茹安维尔亲王弗朗索瓦-斐迪南-腓力-路易-玛利·德·奥尔良也去了阿尔及利亚。茹安维尔亲王弗朗索瓦-斐迪南-腓力-路易-玛利·德·奥尔良对时局的看法十分消极。然而，茹安维尔亲王弗朗索瓦-斐迪南-腓力-路易-玛利·德·奥尔良始终不相信革命像事实所证明的那样近在眼前。数年来，茹安维尔亲王弗朗索瓦-斐迪南-腓力-路易-玛利·德·奥尔良一直在预测可能出现的最严峻和复杂的局势。每每自海上远征归来时，茹安维尔亲王弗朗索瓦-斐迪南-腓力-路易-玛利·德·奥尔良都会因自己在巴黎的所见所闻而心神不安。"1845年冬季，我回到巴黎时，"茹安维尔亲王弗朗索瓦-斐迪南-腓力-路易-玛利·德·奥尔良写道，"七月王朝虽然尚有三年寿命，但早已满目疮痍。议会像圣维特斯舞蹈症①一样

---

① 圣维特斯舞蹈症，一种神经失调性疾病，最早出现于中世纪后期，表现为快速、不协调的抽搐运动。圣维特斯舞蹈症的主要发病部位是脸部、手部和腿部。直到17世纪后，欧洲人才摆脱圣维特斯舞蹈症。

的反常行为令所有人都十分不满。然而，在议会中，杰罗姆·帕托罗斯取得了一定的社会地位。然而，杰罗姆·帕托罗斯这样一位得意之人会引起多少人的妒忌？由于没有赋予政府半点力量，议会遭到了新闻媒体的一致抨击。令人称奇的一大矛盾点是，对人人都试图诋毁和推翻的七月王朝，新闻媒体主要抨击点是它缺乏活力。这段时间，我多少次听到'变强大'这样的恳求，而这种恳求正不断地敲响着陷入绝境的政府的丧钟！伴随着无用的空话，社会中弥漫着对民主的妒忌，公众的揣测，以及肆意的摧毁和破坏。革命精神的实质似乎是公然追寻如蝼蚁般渺小的目标。然而，普通的社会生活仍然维持着健康的表象。"依茹安维尔亲王弗朗索瓦-斐迪南-腓力-路易-玛利·德·奥尔良之见，当时的各种局面皆是假象，而弊端将继续恶化。

1847年，茹安维尔亲王弗朗索瓦-斐迪南-腓力-路易-玛利·德·奥尔良开始统率七月王朝的地中海海军中队。1847年11月7日，茹安维尔亲王弗朗索瓦-斐迪南-腓力-路易-玛利·德·奥尔良登上了停泊在斯佩齐亚港的"君主"号军舰，并且写了封信给内穆尔公爵路易·夏尔·菲利普·拉斐尔。这封信属于机密文件，是在遭劫时的杜伊勒里宫的一个抽屉里被发现的。这封信将茹安维尔亲王弗朗索瓦-斐迪南-腓力-路易-玛利·德·奥尔良内心强烈的忧虑展露无遗。在信中，茹安维尔亲王弗朗索瓦-斐迪南-腓力-路易-玛利·德·奥尔良写道："周围发生的每件事都困扰着我，让我开始惊慌。在这种时候，我往往会想和自己信赖的人谈谈心……国王已经到了不再广纳谏言的年纪，习惯于统治，并且喜欢让人看到统治天下的一面。虽然丰富的经验、巨大的勇气和优秀的品质能令国王无所畏惧，但一切仍然危机重重。"

就外交政策而言，尤其是涉及瑞士和意大利事宜时，茹安维尔亲王弗朗索瓦-斐迪南-腓力-路易-玛利·德·奥尔良的观点往往与弗朗索瓦·皮埃尔·纪尧姆·基佐截然相反。在给内穆尔公爵路易·夏尔·菲

斯佩齐亚港

利普·拉斐尔的那封信中,茹安维尔亲王弗朗索瓦-斐迪南-腓力-路易-玛利·德·奥尔良写道:"身处异国他乡的我可以做些什么来缓解局势?我又该遵循怎样的行为准则来顺应我们国家的大势?当然,通过奥地利和法兰西干涉瑞士内政的做法是不可行的。虽然我原本希望意大利的局势能帮我们转移公众的注意力,但在意大利,战争已经结束了。我们如果没有英国人的帮助,那么什么也做不了。如果激进党派的事业每天都有所进展,那么我们和激进党派人士必然会回到对立局面。此刻,我们唯一能做的就是离开——我们如果留下,那么将被迫与倒退的政党为伍,而这将给法兰西造成灾难性后果。那些与西班牙王室的联姻是不幸的!我们因此而备受苦痛!"由此可见茹安维尔亲王弗朗索瓦-斐迪南-腓力-路易-玛利·德·奥尔良对法兰西国王路易-腓力一世和弗朗索瓦·皮埃尔·纪尧姆·基佐所认为的七月王朝最辉煌和成功的联盟所持的态度。

弗朗索瓦·皮埃尔·纪尧姆·基佐欣赏茹安维尔亲王弗朗索瓦-斐迪南-路易-玛利·德·奥尔良的崇高智慧和卓越品质,并且曾试图改变他的立场,特别是在意大利事务方面。然而,事实证明,弗朗索瓦·皮埃尔·纪尧姆·基佐只是白费心思。1847年11月7日,弗朗索瓦·皮埃尔·纪尧姆·基佐曾给茹安维尔亲王弗朗索瓦-斐迪南-腓力-路易-玛利·德·奥尔良写信证明七月王朝的政策的合理性。后来,弗朗索瓦·皮埃尔·纪尧姆·基佐说道:"我心心念念,想将这位精干刚毅的亲王心中的因不完全熟悉我们近期在意大利的作为而产生的遗憾的感觉和责备我们的想法消除。"在给茹安维尔亲王弗朗索瓦-斐迪南-腓力-路易-玛利·德·奥尔良的信中,弗朗索瓦·皮埃尔·纪尧姆·基佐写道:"我们不与绝对主权国家联合,也不秘密与奥地利合作。我们一直坚持意见公开、温和改革和理性有序,而这不仅是真正自由和实用的政策,而且符合唯一的可实现的利益,是唯一获得可实现的利益的有效手段。眼下,在意大利,这一政策不受欢迎。然而,我并不惊讶——意大利人想要的东西与众不同——他们希望能够利用法兰西的军队、财政部和政府完成单靠自己无法完成的壮举,即驱逐奥地利人并且在意大利实现民族团结和建立某种形式的代议制政府。"弗朗索瓦·皮埃尔·纪尧姆·基佐还写道:"意大利人的这种普遍欲望是好还是坏,是否能在某一天得以实现,抑或是永远不可能实现?对这些问题,我不展开研究——我不是在研讨哲学、历史或发布预言,而是忙于真正实际的政治。在政治范围内,我可以肯定地说,我们不应该,也不能冒意大利之名行使职责,就像我们不愿意以法兰西的名义行使这样的职责,即以战争精神与革命为支点对欧洲的各国领土和政治局势进行重组。"就茹安维尔亲王弗朗索瓦-斐迪南-腓力-路易-玛利·德·奥尔良期盼与英国合作一事,弗朗索瓦·皮埃尔·纪尧姆·基佐说道:"我不会感到不安,先生。在现在的意大利,英国享有盛誉——一种空洞而虚荣的声誉。意大利人很快就会发现一点,即英国人虽然巧言令色,会给予一些口头承诺,但不会提供实质性的协助。"这句话同样也是一个精准的预测。

收到弗朗索瓦·皮埃尔·纪尧姆·基佐的来信后，茹安维尔亲王弗朗索瓦-斐迪南-腓力-路易-玛利·德·奥尔良即刻离开了斯佩齐亚港，动身返回法兰西。茹安维尔亲王弗朗索瓦-斐迪南-腓力-路易-玛利·德·奥尔良没有完成为期两年的统率地中海舰队的任务。由于身体疲惫和健康状况不佳，茹安维尔亲王弗朗索瓦-斐迪南-腓力-路易-玛利·德·奥尔良请求免去自己的职务，并且于1847年11月26日将统帅之职托付给了海军上将弗朗索瓦·托马斯·特雷瓦尔。"我回到了巴黎，"在回忆录中，茹安维尔亲王弗朗索瓦-斐迪南-腓力-路易-玛利·德·奥尔良写道，"我看到的巴黎是什么情况呢？政治无处不在，

弗朗索瓦·托马斯·特雷瓦尔

令人十分厌烦。无处不在的政治即将毁灭秩序的维护者,给暴乱分子带来荣耀,正如随后的事件证明的。"无论是对国内政策还是外交事务,茹安维尔亲王弗朗索瓦-斐迪南-腓力-路易-玛利·德·奥尔良与弗朗索瓦·皮埃尔·纪尧姆·基佐各持己见,针锋相对。随后,即医生们表示阿尔及尔的气候对茹安维尔亲王弗朗索瓦-斐迪南-腓力-路易-玛利·德·奥尔良的妻子的健康有益时,茹安维尔亲王弗朗索瓦-斐迪南-腓力-路易-玛利·德·奥尔良当即表示打算带茹安维尔亲王夫人巴西的弗朗西斯卡去阿尔及尔并且和奥马勒公爵亨利·欧仁·菲利普·路易·德·奥尔良及其夫人度过冬季。玛丽·阿梅莉王后对危机的感知比任何人都更加地敏锐。玛丽·阿梅莉王后希望能够留一个儿子在身旁——儿子的力量能激发她绝对的信心。玛丽·阿梅莉王后恳求茹安维尔亲王弗朗索瓦-斐迪南-腓力-路易-玛利·德·奥尔良留下。终于,茹安维尔亲王弗朗索瓦-斐迪南-腓力-路易-玛利·德·奥尔良被法兰西国王路易-腓力一世的建议打动了,开始犹豫是否该动身。与此同时,对茹安维尔亲王弗朗索瓦-斐迪南-腓力-路易-玛利·德·奥尔良有巨大影响力的他的姐姐,即比利时王后路易丝·德·奥尔良也希望他留下。茹安维尔亲王弗朗索瓦-斐迪南-腓力-路易-玛利·德·奥尔良决定离开时,巴黎的局势出现了短暂的平静。《两个世界》的年代史编辑写道:"最终,我们进入了议会讨论的海域——所有船都已扬帆,而定期盘旋在每场会议的开幕式上的那阵雾气也渐渐消散了……休会期间,伴随着政府被迫沉默,浮夸之词与日俱增、愈演愈烈。这些浮夸之词堆积起来,形成了一个雪球,最终成为政府与民众交流的障碍。云团聚在一起,飘浮在被人们称为政治的地平线上,而议会便笼罩在这种云团中。然而,《辩论杂志》的言论刺穿、驱赶、吹散了这些云团,而议会拂去了雾气,净化着空气。人们再次找到自己的立场,相信自己,把自己摆放在了适当的位置,而这个适当的位置几乎不曾改变。阳光之下的一切仍然是老样子。对今天看到的事物，人们总是或几乎总是司空见惯……虽然我们确信，根据惯例，在议会休会前，多数党成员必定'有所动作'，但即使和我们一样意识到了这一点，内阁也不能提前谴责多数党成员。实际上，要求内阁谴责仍然在帮助它对抗猛烈攻击的多数党成员的行为未免太过违背人性。"与此同时，政界充斥着乐观的情绪。

因奥尔良公主路易丝·玛丽·阿德莱德·欧仁妮·德·奥尔良的死亡而陷入悲痛的王室已经恢复了元气。1848年1月25日，玛丽·阿梅莉王后虽然重新开放沙龙并且举办了一个小晚会，但早早就宣布散场。关于这场晚会，《箴言报》写道："王室成员齐聚一堂。国王与王后接待的来宾有两西西里的利奥波德王子、符腾堡的保罗王子、英国大使诺

两西西里的利奥波德王子

曼比侯爵康斯坦丁·亨利·菲普斯及其夫人玛丽亚·利德尔、撒丁王国大使和布里尼奥莱-萨莱侯爵夫人、比利时大使利涅亲王欧仁·弗朗索瓦·夏尔·约瑟夫·拉莫拉尔、利涅亲王夫人雅德维加·卢博米尔斯、普鲁士王国公使、俄罗斯帝国临时代办尼古拉·德米特里耶维奇·基谢廖夫、瑞典公使卡尔·洛文希姆伯爵及其夫人、托斯卡纳大公国公使和佩鲁齐夫人、荷兰公使、巴伐利亚公使、符腾堡公使、达尔马提亚公爵夫人约翰娜·路易丝·伊丽莎白·贝格、瓦格拉姆亲王夫人泽尼德·弗朗索瓦丝·克拉里、巴格拉蒂翁公主、德卡兹公爵夫人威廉明妮-埃吉迪亚-奥克塔维·德·博普瓦尔及多位贵族、议员、大臣和上将。1848年1月25日22时，晚会结束了。"见过杜伊勒里宫里的一个个祥和的家庭之夜的人都没有想到，杜伊勒里宫上方正酝酿着一场风暴。在回忆录中，茹安维尔亲王弗朗索瓦-斐迪南-腓力-路易-玛利·德·奥尔良曾形容过那些祥和的家庭之夜。王室沙龙的快乐时光转瞬即逝。无论老少，用完餐后的王子和公主们都会在家庭沙龙厅中欢聚一堂。"家庭沙龙厅位于弗洛拉馆和钟楼广场之间，"茹安维尔亲王弗朗索瓦-斐迪南-腓力-路易-玛利·德·奥尔良说道，"家庭沙龙厅位于一楼。我的母亲坐在一张上面燃着几支蜡烛的圆桌旁，织着挂毯，而她旁边则围着几位年轻的公主和一众侍女。毗邻家庭沙龙厅的是台球室。台球室里有一张长椅，而国王就坐在这张长椅上处理急件或阅读《泰晤士报》。《泰晤士报》是唯一一份国王每天都会阅读的报纸。来家庭沙龙厅的访客都是想与国王交谈的。大部分访客都是专程来拜见国王的外交官。来拜访的女士们都围坐在王后的餐桌旁。人们谈话的内容虽然很广泛，但有时会略显无趣。一些女士的到来令沙龙再度沸腾——她们的智慧与美丽吸引着分散在各个角落的男士重新聚拢在一起。这些女士包括圣奥莱尔女士与卡斯泰朗女士，那些魅力四射的女外交家、利涅亲王夫人雅德维加·卢博米尔斯、福明·罗吉尔、玛格丽特·斯托克豪森，以及德·拉博德先生的三千金——德莱塞尔小姐、博谢小姐和奥迪耶小姐。一些杰出的英国女性，例如谢里登三姊妹也曾在家庭沙龙厅中轰动一时。如今，终于轮到玛蒂尔德·利蒂希娅·威廉明妮·波拿巴公主以其绝世容光登场了。"

玛丽·阿梅莉王后拥有纯粹的仁慈之心和完美的亲和力，堪称旧王朝的公主的典范。玛丽·阿梅莉王后始终严于律己，从不会将焦虑流露在自己高贵的面容上，总是将痛苦埋藏在内心深处。然而，与茹安维尔亲王弗朗索瓦-斐迪南-腓力-路易-玛利·德·奥尔良告别之际，玛丽·阿梅莉王后不禁泪盈于睫。1848年1月30日早晨，虽然天气十分寒冷，但玛丽·阿梅莉王后仍然决意亲自去为自己的儿子与儿媳送行。玛丽·阿梅莉王后没有忘记茹安维尔亲王弗朗索瓦-斐迪南-腓力-路易-玛利·德·奥尔良的各种英雄事迹。玛丽·阿梅莉王后觉得，岌岌可危的王位正需要茹安维尔亲王弗朗索瓦-斐迪南-腓力-路易-玛利·德·奥尔良这样的护卫者。有人说，玛丽·阿梅莉王后与茹安维尔亲王弗朗索瓦-斐迪南-腓力-路易-玛利·德·奥尔良拥抱告别时，玛丽·阿梅莉王后耳畔响起了神秘的声音，说他们二人再次相见可能是在流亡途中。

在旺德尔港，茹安维尔亲王弗朗索瓦-斐迪南-腓力-路易-玛利·德·奥尔良与茹安维尔亲王夫人巴西的弗朗西斯卡登上了"卡奇克"号蒸汽护卫舰。1848年2月9日，茹安维尔亲王弗朗索瓦-斐迪南-腓力-路易-玛利·德·奥尔良和茹安维尔亲王夫人巴西的弗朗西斯卡到达了阿尔及尔。

在码头，奥马勒公爵亨利·欧仁·菲利普·路易·德·奥尔良及其妻子迎接了茹安维尔亲王弗朗索瓦-斐迪南-腓力-路易-玛利·德·奥尔良与茹安维尔亲王夫人巴西的弗朗西斯卡。几分钟后，一应政府官员也到达码头，拜见了茹安维尔亲王弗朗索瓦-斐迪南-腓力-路易-玛利·德·奥尔良和奥马勒公爵亨利·欧仁·菲利普·路易·德·奥尔良。1848年2月9日10时，茹安维尔亲王夫人巴西的弗朗西斯卡与奥马勒

诺曼比侯爵康斯坦丁·亨利·菲普斯

卡尔·洛文希姆伯爵

玛格丽特·斯托克豪森

玛蒂尔德·利蒂希娅·威廉明妮·波拿巴公主

公爵夫人玛丽·卡罗琳德·波旁-西西里登上一辆敞篷马车。敞篷马车前面是骑行着的茹安维尔亲王弗朗索瓦-斐迪南-腓力-路易-玛利·德·奥尔良和奥马勒公爵亨利·欧仁·菲利普·路易·德·奥尔良，后面是浩浩荡荡的欢迎队伍。茹安维尔亲王弗朗索瓦-斐迪南-腓力-路易·德·奥尔良一行向官邸走去，缓缓地穿过欢呼着的拥挤的人群。深冬时节如夏日般天朗气清，似乎也在欢迎着茹安维尔亲王弗朗索瓦-斐迪南-腓力-路易-玛利·德·奥尔良的到来。虽然不仅殖民者、当地人和士兵们热情似火，而且茹安维尔亲王弗朗索瓦-斐迪南-腓力-路易-玛利·德·奥尔良也很高兴再次见到顺利就职阿尔及利亚总督的奥马勒公爵亨利·欧仁·菲利普·路易·德·奥尔良，但茹安维尔亲王弗朗索瓦-斐迪南-腓力-路易-玛利·德·奥尔良仍然郁郁寡欢。"虽然我到达了阿尔及尔，"后来，茹安维尔亲王弗朗索瓦-斐迪南-腓力-路易-玛利·德·奥尔良说道，"但我心里充满了沉重的预感。我坚信，我们如果总是对那些导致政府瘫痪并且令革命者为难的所谓法律的枷锁不屑一顾，那么最终会深陷泥潭，到达生死攸关的时刻。一切都为时已晚——革命的钟声即将敲响。我唯一没有想到的是，生死攸关的这一刻已经迫在眉睫。"茹安维尔亲王弗朗索瓦-斐迪南-腓力-路易-玛利·德·奥尔良虽然有不祥的预感，但未曾想到，他在阿尔及尔安顿下来时，七月王朝距离覆灭仅有数小时时间。

第 9 章

革命的催化剂

下议院对王座演讲的讨论是革命的序曲,激化了存在于法兰西国王路易-腓力一世与反对派之间的矛盾。在法兰西国王路易-腓力一世眼里,左派人士的关于外交政策的所有言论似乎仅仅是一种好战政策的发展,而让法兰西国王路易-腓力一世引以为傲的则是他在执政期间维持的温和形象。阿方斯·玛利·路易·普拉·德·拉马丁先生已经十八个月没有出现在论坛中了。重返论坛后,阿方斯·玛利·路易·普拉·德·拉马丁先生对法兰西国王路易-腓力一世倡导的所有外交活动都做出了尖锐的批评。"自从与西班牙王室联姻后,"阿方斯·玛利·路易·普拉·德·拉马丁先生呐喊道,"法兰西开始与自己的天性和数百年的传统背道而驰。法兰西人如同流浪在罗马的吉伯林派①、伯尔尼的僧侣、皮埃蒙特的奥地利人、克拉科夫的俄罗斯人,即法兰西人已经不能被称为法兰西人。与此同时,法兰西到处都弥漫着反革命浪潮。"为了鼓吹意大利的统一运动,阿方斯·玛利·路易·普拉·德·拉马丁先生说道:"守法兰西政府惯例的法兰西才是真正的法兰西。法兰西是富有

---

① 吉伯林派,又称保皇派,与归尔甫派相对立。保皇派和归尔甫派分别支持神圣罗马帝国皇帝和罗马教皇。在12世纪和13世纪,保皇派和归尔甫派之间的竞争是中世纪的意大利内部政治斗争的重要内容。吉柏林派的成员多是大封建主,致力于维护封建特权。

同情心的自由主义者，锲而不舍地坚守着友谊，将向意大利的复兴致以荣耀和热情。"弗朗索瓦·皮埃尔·纪尧姆·基佐说道："阿方斯·玛利·路易·普拉·德·拉马丁先生比我能想象的更缺乏远见——阿方斯·玛利·路易·普拉·德·拉马丁先生居然没有意识到，如果法兰西拥护意大利的统一运动，那么周围的四个大国会立刻反对我们……"卡米耶·亚森特·奥迪隆·巴罗先生打断弗朗索瓦·皮埃尔·纪尧姆·基佐，说道："派你的队伍进入伦巴第去宣扬你的观点吧！"

就瑞士问题，法兰西国王路易-腓力一世与左派人士之间同样存在争执。1848年2月3日，玛利·约瑟夫·路易·阿道夫·梯也尔先生大声说道："有人不仅说刚刚在瑞士获胜的那些人都是激进分子，而且用尽一切言辞来指控激进分子的行为。先生们，我不是激进分子——激进分子很清楚这一点。然而，请你们了解一下我的立场，即无论身处法兰西还是欧洲，我都是革命党。我希望革命政府继续掌握在温和派人士手中。我会尽自己所能继续我的事业。然而，即使这个政府被交到那些不如我与我的友人的温和派人士、强硬派人士，甚至激进分子手中，我也不会因此而放弃自己的事业，我将永远属于革命党。"这番话足以在法兰西国王路易-腓力一世和玛利·约瑟夫·路易·阿道夫·梯也尔先生之间划出一道鸿沟。

就外交政策问题，内阁获得了多数党的八十票。然而，在国内政策方面，多数党成员投给内阁的票有所减少——甚至只有四十三票。

1848年2月7日，一场围绕宴会和改革的战斗打响了。普罗斯珀·迪韦吉耶·德·豪兰的言辞格外激烈和犀利。"希望人们能清楚地理解和认识到一点。"普罗斯珀·迪韦吉耶·德·豪兰说道，"我们不是要在多数党成员面前与内阁争辩，而是要在国家面前与内阁和多数党成员争辩。"普罗斯珀·迪韦吉耶·德·豪兰回顾了弗朗索瓦·皮埃尔·纪尧姆·基佐在1820年写下的某段话，说道："我不怀疑法兰西有什么危

二月革命漫画：一个可怜的男孩在扶手椅上玩耍

机。然而，依我之见，内阁会加速危机的到来。这场危机会是一场令革命遭到威胁的反革命。虽然为了达到目的，有些人正不遗余力地搅弄着风云，我们不能听那些人谈论雅各宾派的话，不能受到任何人制造的假象的迷惑。"普罗斯珀·迪韦吉耶·德·豪兰大声说道："虽然你们指责我们被盲目或敌意的情绪煽动，但我们同样指责你们用卑鄙的激情建立起了统治的希望；虽然你们指责我们利用演讲给了那些试图颠覆社会和政治秩序的极端党派力量，但我们同样指责你们通过行动向极端党派提供他们缺乏的支点和杠杆。"演讲结束时，普罗斯珀·迪韦吉耶·德·豪兰声称自己已经准备好加入"那些人，试图通过合法的罢工行为来检验一纸警署通告是否足以没收我的公民权利"。随后，普罗斯珀·迪韦吉耶·德·豪兰又傲慢地恐吓道:"我虽然已经说过了,但仍然想再重申一遍,我们如果不坚定地拥护《宪法》赋予我们的权利,那么便不配得到自由,只能在内阁的指令前畏畏缩缩。"

左派议员们从反驳弗朗索瓦·皮埃尔·纪尧姆·基佐的过程中获得了巨大的快感。1848年2月8日,弗朗索瓦·让·莱昂·德·马勒维尔先生说道:"我将援引某位权威作家的言论来终止辩论。我承认,我们引用了这位作家的许多话。我们如此频繁引用这位作家的话可能最终会削弱其作家身份。1830年,弗朗索瓦·皮埃尔·纪尧姆·基佐说道:'公

弗朗索瓦·让·莱昂·德·马勒维尔

民有权为公共事务而进行集会——实际上，不仅他们应该这样做，而且这是件好事。我不仅永远不会质疑公民的集会权，而且永远不会试图打压会使民众聚集起来并且交流意见和看法的慷慨情怀。'"

夏尔·玛利·塔内吉·迪沙泰尔伯爵通过证明反对派成员之间实际上没有那么和谐做出了回答。1840年，即弗朗索瓦·让·莱昂·德·马勒维尔先生担任副国务卿期间，玛利·约瑟夫·路易·阿道夫·梯也尔先生的内阁发生了什么事？一些以募捐形式举办的政治舞会和宴会获得了批准，而另一些则被明令禁止。实际上，所有活动的举办者都曾向当局提出申请，想获得批准。夏尔·玛利·塔内吉·迪沙泰尔伯爵曾诉诸赋予了政府机构反对公共集会的权利的1790年和1791年的一些法律条款。如果集会似乎可能扰乱秩序，那么政府可行使职责，即宣告集会结束。因此，面对游行示威时，政府非但不会胆怯，反倒会得心应手。

虽然这段发言的结尾掷地有声，但夏尔·玛利·塔内吉·迪沙泰尔伯爵的言辞不仅不犀利，而且有一定的善意。回顾王座演讲中激起公愤的"盲目"一词时，夏尔·玛利·塔内吉·迪沙泰尔伯爵说道："我们一致不认同这一措辞。"

1848年2月9日，米歇尔·皮埃尔·亚历克西斯·埃贝尔先生进行了一次演讲。在回忆录中，托克维尔子爵亚历克西斯·夏尔-亨利-莫里斯·克莱尔写道："米歇尔·皮埃尔·亚历克西斯·埃贝尔先生是一位地地道道的首席检察官——他的形象与性格都非常符合这一职业……虽然米歇尔·皮埃尔·亚历克西斯·埃贝尔先生不愚蠢也不偏私，但他的思想天生就固执刚硬，导致他经常会有一些过火的想法并且不知道如何保持克制。在没有意识到自己的缺点的情况下，米歇尔·皮埃尔·亚历克西斯·埃贝尔先生会变得暴力并且无视细微的差异。因此，弗朗索瓦·皮埃尔·纪尧姆·基佐必须派出一位重视调解的演讲者进入论坛。"米歇尔·皮埃尔·亚历克西斯·埃贝尔先生说道："我始终认

波利尼亚克伯爵朱尔·德·波利尼亚克

为,发生在宴会上的事是违法行为——在承认和服从法律的情况下,人们不会做出这种事。"卡米耶·亚森特·奥迪隆·巴罗先生大怒,起身大喊道:"然而,波利尼亚克伯爵朱尔·德·波利尼亚克和佩罗内伯爵皮埃尔-德尼并没有这样说!"场面一度乱作一团。米歇尔·皮埃尔·亚历克西斯·埃贝尔先生回答道:"我反对你的指责。没有人能令我退缩。苦难只会让我越来越觉得我是对的——我是在展示真相和直面伤口。虽然某些人希望置身事外,但只有公平正义地、坚持不懈地维护法律才能治愈这种伤口。"这时,反对派议员全体起身,向着大臣席位举起了双手。"是的,"卡米耶·亚森特·奥迪隆·巴罗先生大喊道,"诸位大臣,你们的权力已经沾染了自由的殉道者们的鲜血。虽然你们辩论的是复辟王朝的大臣们认可和尊重的权利,但恰恰在这一时刻,权利即将被摧毁!这不仅是我想说的,而且是无法辩驳的事实。波利尼亚克伯爵朱尔·德·波利尼亚克尊重的东西已经被你们摧毁了!"对峙的双方怒气冲天,导致这场会议成了有史以来最混乱的会议。那些平心静气的议员想借助下议院议长保罗·让·皮埃尔·索泽先生的权威重整秩序。然而,保罗·让·皮埃尔·索泽先生早已没了影踪。因此,在一阵难以言表的骚乱中,会议结束了。1848年2月9日夜晚,在给弗朗索瓦·皮埃尔·纪尧姆·基佐的信中,达彻特先生说道:"这场会议的效果不尽如人意。会议结束时,米歇尔·皮埃尔·亚历克西斯·埃贝尔先生表现得太过专横和傲慢——我参会时见过的每个人都这样认为。下议

保罗·让·皮埃尔·索泽

第 9 章 革命的催化剂

院必须保持冷静。我们即将直面暴乱。我不仅已经尽了全力，而且希望你尽你所能。"共和党的报纸《国民报》称这些激烈的事件是"另一出戏剧的序曲，而另一出戏剧则会更加有趣和真实"。"另一出戏剧"就是即将到来的1848年的二月革命。

第 10 章

两项修正案

调解的手段还没有用完。两位保守派人士,即德穆索·德·乔雷先生与夏尔-让·萨兰德鲁兹·德·拉莫尼克斯向下议院提交了两项修正案——这两项修正案如果得以通过,那么不仅可以安定人心,而且或许能避免一场革命。

1848年2月11日,就德穆索·德·乔雷先生提出的修正案,上议院议员们展开了一场辩论。德穆索·德·乔雷先生提出的修正案提议禁止使用"盲目或敌意的激情"这些措辞并且将含有这些措辞的句子修改为"在自由辩论和合法的情况下,凭借理性表达所有观点"。想到保留或放弃几个措辞具有如此举足轻重的影响时,人们不免会开始反思议会制度的不足。然而,君主制的未来即将通过这样一个有关措辞的问题来决定。

德穆索·德·乔雷先生冷静、温和地表达了自己的想法。德穆索·德·乔雷先生不仅坚持认为王座演讲中的"罪魁祸首"一词曾使查理十世付出了巨大代价,而且指出了法兰西国王路易-腓力一世和部分议员之间的鸿沟的危险性。"你们在做什么?"德穆索·德·乔雷先生说道,"你们是在拒反对派成员于国王的宫殿的大门外。你们是在终结君主制。"德穆索·德·乔雷先生又表示,他提出的修正案对内阁没有任何敌意——即使演讲中的两个侮辱性措辞被取消,内阁仍会保留对议院的信任。不幸的是，弗朗索瓦·皮埃尔·纪尧姆·基佐决意让法兰西人处于危险中——他总是这般顽固不化。朱尔·阿曼德·斯坦尼斯拉斯·杜弗尔先生是最老练的议会策略家之一，试图睁开双眼看看"犀利并且难以协调的措辞"的危险，却只是徒劳。朱尔·阿曼德·斯坦尼斯拉斯·杜弗尔先生虽然知道自己是白费口舌，但仍然说道："在现在的政治环境下，议会中的多数党直接宣布与一百名议员为敌。包括我在内的议员本是我们的国家机构的一部分，并且无论在何时受到威胁都会坚定不移地捍卫自己的权利。多数党成员的做法是否谨慎？先生们，多数党成员的行为莽撞至极。你们不仅会走上一条结局不明的道路，而且会为你们无法预见的事件推波助澜。"如果内阁不通过德穆索·德·乔雷先生提出的修正案，那么战争终将爆发。如果内阁通过德穆索·德·乔雷先生提出的修正案，那么僵局就会立即打破。然而，弗朗索瓦·皮埃尔·纪尧姆·基佐仍然不知变通。

投票表决期间，众人情绪激动，不断起身或坐下。宣布决议结果待定后，在无比激烈的争论中，一场长达四十五分钟的口头投票开始了。君主制的敌人不会担心德穆索·德·乔雷先生提出的修正案能挽救君主制。据《国民报》报道："这次会议集合了四百多名议员，将就德穆索·德·乔雷先生提出的修正案进行表决。内阁正值生死存亡的危急关头。保罗·让·皮埃尔·索泽先生宣布'表决结果待定'时，我们有一种血液倒流回心脏的眩晕感，不由自主地在内心呐喊道：'这是逃避！'幸运的是，投票结果让我们很放心。"实际上，正如贝尔纳·阿道夫·格拉涅尔·德·卡萨尼亚克说的，虽然通过德穆索·德·乔雷先生提出的修正案可能会推翻内阁，但煽动者们对这种结果毫不关心，而斗争的结束将使他们脱离与反对派的联盟——他们需要以此来引发暴乱。由于"敌意的激情"失去了"盲目的热情"的支持，这场博弈暂时结束了。因此，《国民报》瞬间不安了起来。然而，最终，《国民

贝尔纳·阿道夫·格拉涅尔·德·卡萨尼亚克

报》这份共和党报刊胜利了——德穆索·德·乔雷先生提出的修正案以二百二十八票对一百八十票的结果被否决了。与此同时，军队分裂成了两大针锋相对的阵营。依据内阁的指令，保罗·让·皮埃尔·索泽先生曾投票表决。根据议会惯例，保罗·让·皮埃尔·索泽先生有义务回避投票。保罗·让·皮埃尔·索泽先生知道，反对派成员可能以后都不会再踏足议院或法兰西国王路易-腓力一世的宫殿。

内阁依然在为成功的假象而欢欣鼓舞。1848年2月12日，内阁打算驳回夏尔-让·萨兰德鲁兹·德·拉莫尼克斯提出的修正案。夏尔-让·萨兰德鲁兹·德·拉莫尼克斯提出的修正案如下:"在各种示威游行中,政府会认识到国家真正、合法的愿望。我们希望,国家将主动进行舆论要求的明智、温和的改革。这些改革的主要内容是议会改革。"夏尔-让·萨兰德鲁兹·德·拉莫尼克斯是一位成功的地毯生产商,对七月王朝忠心耿耿,是众所周知的保守派。夏尔-让·萨兰德鲁兹·德·拉莫尼克斯是奥尔良公爵斐迪南·菲利普·路易·夏尔·埃里克·罗萨利诺·德·奥尔良的校友。奥尔良公爵斐迪南·菲利普·路易·夏尔·埃里克·罗萨利诺·德·奥尔良去世后,夏尔-让·萨兰德鲁兹·德·拉莫尼克斯依然在杜伊勒里宫受到礼待。王室虽然试图让夏尔-让·萨兰德鲁兹·德·拉莫尼克斯撤回他的修正案,但徒劳无功。夏尔-让·萨兰德鲁兹·德·拉莫尼克斯小心谨慎地进行了解释。"你们虽然期望阻止暴力改革,但同时需要及时和明智的改革,"夏尔-让·萨兰德鲁兹·德·拉莫尼克斯说道,"我认为我们必须做点什么。多数党不是每天都会用新的意见声音警告内阁吗?难道最忠诚的人,甚至那些最恪守党纪的人,也不得不问自己,是否要为了党纪而牺牲个人意见吗?因此,我们必须采取一些措施。如果我极力建议你们贯彻议会改革的原则,那么那是因为在我看来,也是最重要的是,讨论这一议题的时机已经成熟了……虽然每一次让步都是一种错误,但现在,政府不仅可以保有自己的尊严,而且能顺应所有公共舆论的要求。国家会感谢政府的主动让步。随后,政府可能会稍做改变。先生们,请告诉我们,一个人是不是只要有权力就不必在软弱的妥协与对公众舆论的愚蠢的公开抵制之间做选择?"夏尔-让·萨兰德鲁兹·德·拉莫尼克斯又说道:"请放心,我有幸提交给议院的修正案不是预谋针对内阁的,而是一位真诚而坚定的保守派人士给予的忠告。这份修正案是我们的政策的必然结果,不仅是温和而进步的,而且应该被高票通过。"

在下议院的最保守的势力中,莫尔尼伯爵夏尔·奥古斯特·路

奥尔良公爵斐迪南・菲利普・路易・夏尔・埃里克・罗萨利诺・德・奥尔良去世

易·约瑟夫·迪莫里·德·莫尔尼,即未来的拿破仑三世的臣子,占有一席之地。莫尔尼伯爵夏尔·奥古斯特·路易·约瑟夫·迪莫里·德·莫尔尼对弗朗索瓦·皮埃尔·纪尧姆·基佐十分忠心,试图通过一些努力说服弗朗索瓦·皮埃尔·纪尧姆·基佐发表只言片语做出和解或对未来的改革做出承诺。对自己最忠诚的党羽,即莫尔尼伯爵夏尔·奥古斯特·路易·约瑟夫·迪莫里·德·莫尔尼的发言,弗朗索瓦·皮埃尔·纪尧姆·基佐做出了回答,承认议会改革这一议题应由还未解散的下议院进行审核。然而,弗朗索瓦·皮埃尔·纪尧姆·基佐又表示自己不会做出任何个人承诺。弗朗索瓦·皮埃尔·纪尧姆·基佐说道:"针对这项议题,内阁会付出真诚的努力,维护保守派的团结并且让保守派齐心协力为国家提出解决问题的方案……如果内阁做不到这一点,那么其他人会瓦解保守派并且破坏其制定的政策。"实际上,弗朗索瓦·皮埃尔·纪尧姆·基佐的这种说法不过是一种辩解罢了。

弗朗索瓦·皮埃尔·纪尧姆·基佐从议会席上下来时,许多保守派成员纷纷赶往内阁席位,恳请保罗·让·皮埃尔·索泽先生削弱弗朗索瓦·皮埃尔·纪尧姆·基佐的不当声明的影响。弗朗索瓦·皮埃尔·纪尧姆·基佐泰然自若,默不作声。夏尔-让·萨兰德鲁兹·德·拉莫尼克斯的修正案被二百二十二票对一百八十九票的结果否决了。多数党的票数不断减少,已经不超过四十三票了。雷米萨伯爵夏尔·弗朗索瓦·玛利认清了两大事实,即保守派内部的分裂和政府的举棋不定。片刻后,议员们对王座演讲进行了投票。投票结果是二百一十三票同意,三票反对——左派人士集体投了弃权票。

在1848年2月12日夜晚写给法兰西国王路易-腓力一世的信中,弗朗索瓦·皮埃尔·纪尧姆·基佐写道:"困难已经过去了——我们度过了最艰难的时刻。我没有做出任何承诺。如果我没有说出那番话,那么修正案会被投票通过,导致内阁被推翻。从现在到下次会议期间,我们仍

雷米萨伯爵夏尔·弗朗索瓦·玛利

有许多事情需要反思。如果保守派不能上下一心,那么刚刚被延缓的冲突会立刻爆发——反对派无疑会渔翁得利。无论将来是何种情况,您现在都是完全自由的。"

法兰西国王路易-腓力一世认为自己是胜利者。1848年2月14日22时,在杜伊勒里宫,法兰西国王路易-腓力一世接见了受命演讲的下议院代表团。在法兰西国王路易-腓力一世的左右两侧分别是内穆尔公爵路易·夏尔·菲利普·拉斐尔和蒙庞西耶公爵安托万·玛利·菲利普·路易·德·奥尔良。几乎所有的保守派议员都陪着下议院代表团。与此同时,所有反对派议员都没有出现。下议院代表团中的代表演讲时,法兰西国王路易-腓力一世的脸上浮现出了一种发自肺腑的满足感。一位下议院代表团中的代表说道:"陛下,您以无所不摧的勇气致力于报效我们的国家。那些冲击您的疾风骤雨无论多么猛烈，都不能击垮您。您将自己的生命和子女的生命都奉献给维护我们的国家利益和尊严的事业；您巩固了我们的国家的根基；您将依靠我们的支持来守护国家。在公众的理性面前，敌对的激情或盲目的热情引起的骚乱终会平息。公众理性源于自由的辩论，以及合法的意见和观点的表达。"对议员们致以谢意后，法兰西国王路易-腓力一世从王座上下来朝他们走去。全场掌声雷动。"先生们，"法兰西国王路易-腓力一世说道，"看到身边的诸位时，我触动很大。我能深深感受到你们对我的拥护。"然而，没有人想到，这是法兰西国王路易-腓力一世最后一次坐在王座上——十日后，王座将化为灰烬。

第 11 章

宴会计划

虽然支持内阁的多数党成员有所减少,但人数仍然十分可观。反对派虽然在下议院中失败了,但不愿就此屈服,而是发誓要在外报复。起初,反对派内部就采纳何种抗议形式一事存在分歧,即应该全体放弃议会席位还是参加巴黎十二区①筹备的宴会。1848年2月13日上午,未来的临时政府成员阿方斯·玛利·路易·普拉·德·拉马丁先生对反对派成员说道:"你们如果已经准备好了进行革命,那么可以举行宴会。然而,举行宴会时,如果你们还没有做好革命的准备,那么暴乱便会出现——这不是我想要的结果。"在马德莱娜广场的迪朗咖啡馆,全体反对派成员齐聚一堂。反对派成员否决了阿方斯·玛利·路易·普拉·德·拉马丁先生关于放弃议会席位的提议,采纳了宴会计划。因此,在这场反对派成员的聚会上,玛利·约瑟夫·路易·阿道夫·梯也尔先生三缄其口。从迪朗咖啡馆出来时,玛利·约瑟夫·路易·阿道夫·梯也尔先生对雷米萨伯爵夏尔·弗朗索瓦·玛利说道:"你的想法完全合理——全体辞职是唯一明智的做法。政府有八万名士兵。所有战略措施都已经准备好了。"雷米萨伯爵夏尔·弗朗索瓦·玛利答道:"您本应该坚持这一观点。"

---

① 巴黎十二区,巴黎的二十个区之一,位于塞纳河右岸。

议会外的骚乱被平息了，反对派开始将坚决维护集会权利作为其原则。1848年2月15日，政府机关报纸《辩论杂志》刊登了一篇文章，评论道："对反对派成员来说，在议会休会期间举行六十次宴会仍然不足够。举行六十次宴会意味着巴黎的每一个街区都要举行宴会，并且会在宴会上设立讲坛以便在夜晚回应议会。学生们要有自己的宴会！山岳派人和共产党人也要有自己的宴会——如果权利是绝对的，那么人人都应享有权利。"1848年2月15日的《辩论杂志》还评论道："七月革命伊始，法兰西毫无法律可言。国民自卫军关闭了俱乐部，在门上贴上了'禁止进入'的封条。难道所有的集会，即无论是什么性质的集会都必须被允许继续下去吗？就这一问题，我们想问问从事工业和商业活动的人，那些在家营业的个体户，以及那些不认为为抵抗暴乱而露宿街头是世界上最伟大之事的人的看法。"一向乐观的政府开始变得不那么平静了。1848年2月15日的《辩论杂志》指出："实际上，在议会外建立起另一个论坛时，上议院的贵族和下议院的议员是在签署自己的辞职信。上议院的贵族们和下议院的议员们的所作所为就是为压迫做准备——这种压迫不仅针对他们，而且同样针对我们；不仅针对少数派成员，而且同样针对多数派成员！在历史的篇章还没有翻开，即未来之事还未写成历史的时刻——正是此刻——在这血淋淋的历史教训中，那些不是敌人的人怎可如此无怨无悔地说出这番话，怎么可能如此不明是非？俱乐部、没完没了的宴会、街头论坛和人们在公共广场的集会上制定的法规等事物都是在摧毁《宪法》赋予人民的权利！这是压迫和暴政！残忍而血腥的手会捂住自由的嘴！"

然而，十二区的这场宴会仍然成功举行了。反对派成员希望这场宴会保持低调、不冒犯他人。这场宴会虽然会为左派中心人物增添荣耀，但不利于共和党。这场宴会是一场司法裁决式的宴会，不仅能提出关于权利的问题，而且会将每个有争议的因素排除在议题外，一定能让反对派成员满意。反对派成员打算在私人住宅中，而不是在公共场所举办这场宴会。这场宴会的参加者不应超过一千位，不应该发出任何呐喊——尤其是"改革万岁"等呐喊！反对派成员告诉自己，暴动只会巩固摇摇欲坠的制度，而合法抗议不仅足以推翻内阁，而且会保证改革的胜利。卡米耶·亚森特·奥迪隆·巴罗先生站在法学家的立场，而不是从革命的角度，对形势做出了判断。在卡米耶·亚森特·奥迪隆·巴罗先生看来，这场宴会应该只是一个可以被用来平静地讨论案件的审议庭。为了尽可能远离民众，不仅宴会时间不应被选在假日，而且宴会地点应该被选在人烟稀少之地。起初，反对派成员的计划是在周日于圣马尔索的郊区举办这场宴会并且将票价定为三法郎。卡米耶·亚森特·奥迪隆·巴罗先生及其友人认为，反对派成员的这个计划太过民主。因此，最终，反对派成员设法将这场宴会定在1848年2月22日于一个偏僻的街区举办，并且将票价定为六法郎。这场宴会的地点是尼托特先生名下的一栋空房子。尼托特先生的这栋空房子位于埃托伊尔城堡附近的柴洛特，所在的街道是凡尔赛舍曼街。后来，凡尔赛舍曼街被改称为宴会大街。此外，经过协商，宾客名单应由一个专门的委员会拟定。在回忆录中，卡米耶·亚森特·奥迪隆·巴罗先生写道："加尔涅－帕热斯先生拒绝亚历山大·奥古斯特·勒德律-洛兰先生及其拥护者入场。"由于没有人希望看到左派中心人物举行游行示威，将共和党人排除在宴会外就显得十分必要。

由于各方各执己见和出于谨慎考虑，反对派成员决定将整个宴会计划交给那些曾投票给修正案、支持改革——尤其是想知道能否恢复以团体身份出席宴会的议员去另一场聚会上商议。

1848年2月19日，在迪朗咖啡馆的一个房间里，反对派成员举行了一场聚会。卡米耶·亚森特·奥迪隆·巴罗先生早已明白，保持示威的秘密性与和平性着实不易——或许，他还感受到了民众浪潮的兴起。

法卢伯爵弗雷德里克-阿尔弗雷德-皮埃尔表示，主持这场聚会时，卡米耶·亚森特·奥迪隆·巴罗先生暴躁而沮丧。在一阵骚乱中，有人说道："真是令人难以置信——在需要做出可能是生命中最严肃的决断时，我们却不能心平气和地商议。"拥护君主政体的人的一番话给了某些思维更加敏锐的奥尔良主义者一些启示。正如法卢伯爵弗雷德里克-阿尔弗雷德-皮埃尔观察到的，皮埃尔-安托万·贝里耶先生虽然不会出言反对，但同样不会有违背社会的根本利益的举动。法卢伯爵弗雷德里克-阿尔弗雷德-皮埃尔说道："社会的根本利益岌岌可危时，皮埃尔-安托万·贝里耶先生就像自己掌握着王冠和权力一样，诚恳、热烈地为王室进行了辩护。"法卢伯爵弗雷德里克-阿尔弗雷德-皮埃尔始终认为示威活动有危险性，努力试图证明反对派正在将自己置于即将崩溃的境地。

阿方斯·玛利·路易·普拉·德·拉马丁先生心中生出一丝犹豫。"这场危机很严重，"阿方斯·玛利·路易·普拉·德·拉马丁先生说道，"形势非常紧急。对那些为了国家而肩负重任、勇往直前的人来说，危险是巨大的——先生们，和前面的发言者相比，我更相信这一点。虽然看不到这一点并非是盲目的，但对你们隐瞒这一点无疑是软弱的表现……我们所处的形势如何？在政府的挑衅下，我们被夹在耻辱和危险之间。耻辱！先生们，也许我们足够伟大和慷慨，可以接受这种耻辱——我认为自己可以接受这种耻辱。你也认为自己有能力接受这种耻辱吗？是的！我们接受的是耻辱，而不是我们为之负责的人民或士兵的鲜血。这是我们国家的耻辱！是宪法事业的耻辱！是国家的权利与形象的耻辱！不！不！不！我们不应该，也不能接受这种耻辱——无论是出于良知还是荣誉，我们都不能接受。"阿方斯·玛利·路易·普拉·德·拉马丁先生是《沉思集》和《若瑟兰》的作者，拥有阴郁的性格，却使用了最激烈的煽动性的语言。"我们应该回到我们的部门，"阿方斯·玛利·路易·普拉·德·拉马丁先生喊道，"告诉我们的选民'这是我们从法律的战场上给你们带回来的，也是你们赠予我们的东西，即《宪法》的残骸和你们的自由理念的废墟，以及取代国家权力的内阁专制！'我们把法兰西的脖子放在了内阁成员的脚下！不！不！这是不可能的！我们不应该再做随从了！我们不再是一个人了！我们应该即刻递出我们的辞呈，消除和抹去我们在公众心中的恶劣形象。"

阿方斯·玛利·路易·普拉·德·拉马丁先生虽然又发表了一长串更具煽动性的长篇大论，但否认了对革命的渴望。结束演讲时，阿方斯·玛利·路易·普拉·德·拉马丁先生说道："先生们，让我们从容不迫地发言——此刻，我们正需要从容。让我们清楚地知道我们将为法兰西带来什么。这是一场煽动性演讲吗？不！这是一场革命吗？不！愿上帝延缓我们的国家发生革命的时间！那么，我们的演讲意味着什么？我认为，这场演讲意味着我们对一个伟大的国家和民族的法律的信任。"阿方斯·玛利·路易·普拉·德·拉马丁先生的演讲几乎征服了所有听众。这场宴会举办的时间被定在1848年2月22日，而出席这场宴会的人会在1848年2月22日10时集合，列队行进。

由于不愿在迪朗咖啡馆的聚会上表态，玛利·约瑟夫·路易·阿道夫·梯也尔先生不太可能成为未来的法兰西第二共和国的部长。用法卢伯爵弗雷德里克-阿尔弗雷德-皮埃尔的话说，玛利·约瑟夫·路易·阿道夫·梯也尔先生有能不缺席却不在场、不当总司令却能检阅部队的本事。玛利·约瑟夫·路易·阿道夫·梯也尔先生一直待在聚会的房间门口，注视着一切进展。听到激烈的言论时，玛利·约瑟夫·路易·阿道夫·梯也尔先生虽然会通过点头或打手势表示赞同，但一言不发。聚会结束后，玛利·约瑟夫·路易·阿道夫·梯也尔先生与赖讷维尔先生和法卢伯爵弗雷德里克-阿尔弗雷德-皮埃尔一起离开了迪朗咖啡馆。"对我们刚才的所见所闻，你有没有感到惊慌？"法卢伯爵弗雷德里克-阿尔弗雷德-皮埃尔问玛利·约瑟夫·路易·阿道夫·梯也尔先生。"没有——完全没有。"玛利·约瑟夫·路易·阿道夫·梯也尔先生回答道。法卢伯爵弗雷德里克-阿尔弗雷德-皮埃尔又说道:"然而,这情形看起来很像革命的前夜。"玛利·约瑟夫·路易·阿道夫·梯也尔先生轻快地耸了耸肩,用最坦率无忧的口吻答道:"革命!一场革命!人们虽然可以很容易看出革命的苗头,但不了解政府,也不清楚政府的力量。然而,我了解政府——政府的力量比任何一场可能发生的暴乱要强大十倍。我的朋友伊斯利公爵托马·罗贝尔·比若麾下有数千名士兵。我可以保证,一切都很安稳。很抱歉,我要坦率地告诉你——希望我的坦率不会伤害到你——复辟的波旁王朝的再次倾覆是因为愚蠢,没

伊斯利公爵托马·罗贝尔·比若

有其他原因。我向你保证，我们不会重蹈覆辙。国民自卫军会给弗朗索瓦·皮埃尔·纪尧姆·基佐一个很好的教训。由于听觉十分敏锐，国王一定会及时听到理性和投降的声音。"说完这番话，玛利·约瑟夫·路易·阿道夫·梯也尔先生便离开了。在赖讷维尔先生的陪同下，法卢伯爵弗雷德里克-阿尔弗雷德-皮埃尔继续向前走，反复说道："总之，玛利·约瑟夫·路易·阿道夫·梯也尔先生可能是对的。国王和内阁成员已经准备好了为自己辩护。没有人敢攻击国王和内阁成员。"

1848年2月19日的英雄非阿方斯·玛利·路易·普拉·德·拉马丁先生莫属。1848年2月20日，在给一位朋友的信中，阿方斯·玛利·路易·普拉·德·拉马丁先生写道："1848年2月19日，反对派成员们举行了一场聚会。与此同时，军营里的士气十分低迷。刚刚与君主制的拥护者们达成了合作的皮埃尔-安托万·贝里耶先生发表了精彩的演讲。演讲结束后，皮埃尔-安托万·贝里耶先生离开了。由于被恳求对皮埃尔-安托万·贝里耶先生的演讲做出回应，我发表了二十分钟的即兴演讲。我的演讲如同燎原之火——实际上，我的微薄之言从未产生过这种效果。与我的这篇即兴演讲相比，你之前曾读过的我的作品只是糖与蜂蜜而已。"阿方斯·玛利·路易·普拉·德·拉马丁先生很快便写下了那篇令他引以为傲的演讲稿。最终，阿方斯·玛利·路易·普拉·德·拉马丁先生将自己的演讲稿收录进了《1848年革命史》一书并且在书中评论道："阿方斯·玛利·路易·普拉·德·拉马丁先生多少有些相信运气。在国家的和平与人类的福祉尚未尘埃落定之际，唯有谨慎才是值得依靠的美德。阿方斯·玛利·路易·普拉·德·拉马丁先生诱惑了上帝和人民并且因此而自责不已——实际上，在政治生涯中，唯有此事令他良心不安。阿方斯·玛利·路易·普拉·德·拉马丁先生不曾试图淡化此事给自己或他人造成的影响——将上帝留给政治家的责任推卸给上帝是一种严重的错误和对上帝的公然挑衅。阿方斯·玛利·路易·普拉·德·拉马丁先生这位聪明人从不反抗命运——他会预见并且藐视命运。"这段对阿方斯·玛利·路易·普拉·德·拉马丁先生的评价不仅有点奇怪,而且出人意料。实际上,写书时,阿方斯·玛利·路易·普拉·德·拉马丁先生从不自称"我",而是会使用第三人称。阿方斯·玛利·路易·普拉·德·拉马丁先生以自己的著作、演讲和行动对1848年的二月革命做出了无可比拟的贡献。

第 12 章

反对派与内阁的谈判

七月王朝和政府似乎没有对迪朗咖啡馆的决议有所警惕。革命者仍然在暗中活动——没有人料到,他们即将登上历史舞台。在卡米耶·亚森特·奥迪隆·巴罗先生及其友人看来,十二区的宴会虽然是一场议会外的示威活动,但保留了议会代表。根据法律规定,示威活动只能由中产阶级和国民自卫军参与,而无产阶级不设代表。反对派和政府部门皆无意发动一场真正的战争,只是期望小规模的战斗或者一种在数秒内即可平息的决斗。卡米耶·亚森特·奥迪隆·巴罗先生写道:"这次活动证明我们信心十足。大臣们亲自委派了两个亲信,即莫尔尼伯爵夏尔·奥古斯特·路易·约瑟夫·迪莫里·德·莫尔尼和卢多维克·维泰来就宴会计划和我们达成共识。"

莫尔尼伯爵夏尔·奥古斯特·路易·约瑟夫·迪莫里·德·莫尔尼不久后将在法兰西第二帝国的政坛上扮演重要角色,此时是法兰西国王路易-腓力一世最忠实的追随者之一。1811年10月23日,莫尔尼伯爵夏尔·奥古斯特·路易·约瑟夫·迪莫里·德·莫尔尼出生于巴黎。成为政客前,莫尔尼伯爵夏尔·奥古斯特·路易·约瑟夫·迪莫里·德·莫尔尼是一名杰出的骑兵部队的军官,曾在非洲立下显赫战功,颇得奥尔良公爵斐迪南·菲利普·路易·夏尔·埃里克·罗萨利诺·德·奥尔良

卡米耶·阿方斯·特雷泽尔

器重。莫尔尼伯爵夏尔·奥古斯特·路易·约瑟夫·迪莫里·德·莫尔尼不仅曾在战报中多次受到表扬，而且因救了卡米耶·阿方斯·特雷泽尔将军一命而被授予勋章。1838年，莫尔尼伯爵夏尔·奥古斯特·路易·约瑟夫·迪莫里·德·莫尔尼辞去了自己的军官职务。从1842年至七月王朝瓦解，莫尔尼伯爵夏尔·奥古斯特·路易·约瑟夫·迪莫里·德·莫尔尼一直担任多姆山省的议员。莫尔尼伯爵夏尔·奥古斯特·路易·约瑟夫·迪莫里·德·莫尔尼虽然由于追随弗朗索瓦·皮埃尔·纪尧姆·基佐，一直站在保守派之列，但仍然希望政府部门能够赞成稳妥的改革方案，并且在1848年1月1日发表于《两个世界》的一篇文章中表达过这一愿景。莫尔尼伯爵夏尔·奥古斯特·路易·约瑟夫·迪莫里·德·莫尔尼善于调解、彬彬有礼、沉着冷静，似乎是让反对派和内阁达成共识的最佳人选。反对派在迪朗咖啡馆举行聚会当天，即1848年2月19日，莫尔尼伯爵夏尔·奥古斯特·路易·约瑟夫·迪莫里·德·莫尔尼和卢多维克·维泰作为内阁代表与反对派代表弗朗索瓦·让·莱昂·德·马勒维尔先生、普罗斯珀·迪韦吉耶·德·豪兰和贝尔热进行了谈判。最终，莫尔尼伯爵夏尔·奥古斯特·路易·约瑟夫·迪莫里·德·莫尔尼等五位代表签订了一份主张避免一切冲突的文件。这份文件声明，诉讼问题是法律问题，而政府则应同意允许犯罪行为达到某种严重程度以便在法律上核实犯罪者的罪行。因此，在罪犯不出庭而被治安法官宣判定罪的情况下，可以提请最高法院进行判决。莫尔尼伯爵夏尔·奥古斯特·路易·约瑟夫·迪莫里·德·莫尔尼等五位代表爱国守法、明智可靠，一致同意以下条款：

"反对派代表应尽一切可能防止秩序混乱。反对派成员到达宴会现场后，警务专员会发出警告反对派成员已经违反了禁止令。然而，即使如此，反对派成员也会和平地进入宴会现场——这一点非常重要，不仅尊重集会权，而且尊重政府执法者。反对派成员落座后，警务专员会要求集会解散并且以此坐实违法事实。警务专员还会列举布瓦塞尔先生或任何其他人的违法事实。如果集会不自行解散，那么警务专员将不得不使用武力迫使其解散。

"对于警监的命令，卡米耶·亚森特·奥迪隆·巴罗先生应通过简短讲话予以回应，声称自己将保留集会的权利和抗议政府滥用权力的行为，宣布希望该问题得到合法裁决，引导下议院和平解散。卡米耶·亚森特·奥迪隆·巴罗先生会宣称解散下议院的做法是屈服于武力并且告知集会者，任何对官员的反抗或侮辱行为会完全改变事件性质，导致反对派的最终目标无法达成。莫尔尼伯爵夏尔·奥古斯特·路易·约瑟夫·迪莫里·德·莫尔尼等五位代表一致同意反对派不能发表任何反对政府和大多数官员的言论——总之，无论如何，反对派成员都不会让自己的集会看起来像是一场不顾及政府的法令而举行的宴会。

"卡米耶·亚森特·奥迪隆·巴罗先生发言时，反对派代表们要以身作则，保持安静并且声明目标已经达成和解决问题只有一种途径，以免没有参会之人冲动行事。"

莫尔尼伯爵夏尔·奥古斯特·路易·约瑟夫·迪莫里·德·莫尔尼等五位代表急于保留保守派和反对派双方的尊严，承诺只在各自政党的官方报刊，比如《辩论报》《保守报》《立宪报》《世纪报》和《国民报》上发挥影响力，防止挑拨或讽刺性文章侵害读者思想。反对派的态度看起来温和又不失尊严，虽然没有控诉政府的无能，但同样没有后退一步。此外，由于对权利运用适度，人们都相信反对派会遵守诺言，即采取司法手段解决问题。"最后，反对派代表们承诺，在最高法院做出裁决前，他们不会资助、主持或鼓励任何在巴黎或其他地方举行被当局禁止的宴会活动，也不因政府可能采取的防止他人组织集会的手段而攻击政府。"

卡米耶·亚森特·奥迪隆·巴罗先生当时对情形的估计非常乐观，并且在回忆录中写道："在目前的兴奋状态下，反对派和多数派都希望一切皆可按计划进行。然而，必须承认的是，这种想法还是太过天真。总之，从谈判中可以看出，大臣们丝毫不仅没有因反对派的集会而感到担忧，而且没有料到这场示威活动会演变成革命。"可以肯定的是，这种紧张状态得到了真正的缓解。虽然和解的文件尚未公开，但它的意义已经广为人知——反对派和多数党两个阵营都为此欢欣鼓舞。1848年2月19日夜晚，在自己的宅邸内，土耳其大使举办了一场盛大的舞会。在这场舞会上，托克维尔子爵亚历克西斯·夏尔-亨利-莫里斯·克莱尔遇见了普罗斯珀·迪韦吉耶·德·豪兰。"真有勇气，亲爱的伙计，"

托克维尔子爵亚历克西斯·夏尔-亨利-莫里斯·克莱尔对普罗斯珀·迪韦吉耶·德·豪兰说道,"你在玩一场危险的游戏。"普罗斯珀·迪韦吉耶·德·豪兰毫无畏惧地回答道:"一切都会因此而变得很好。此外,无论如何,我们都必须承担一些风险。法兰西如果不经历类似磨砺,那么不会拥有自由政府。"

1848年2月20日,莫尔尼伯爵夏尔·奥古斯特·路易·约瑟夫·迪莫里·德·莫尔尼等五位代表将签署完毕的文件提交给内阁会议并且得到了批准。内阁会议结束后,夏尔·玛利·塔内吉·迪沙泰尔伯爵去拜访了奥尔良公爵夫人海伦·路易丝·伊丽莎白。奥尔良公爵夫人海伦·路易丝·伊丽莎白对谈判结果感到非常满意,并且庆幸法兰西国王路易-腓力一世没有制造障碍。

保罗·让·皮埃尔·索泽先生认为这份文件意义重大,写道:"这不仅仅是一个宏大的场面,也不仅仅是向主导时代的法律表达敬意。一方面,政府有着强有力的组织和对军队的控制,而另一方面,反对派在煽动人民的热情等事情上具备道德优势。政府和反对派聚在法官面前,将国内两股最强势力的争端提交给了在体制中地位最低的代表手中。"引用了保罗·让·皮埃尔·索泽先生著作《二月革命中的议会代表》中的文章后,安德烈·玛利·让·雅克·迪潘先生补充道:"保罗·让·皮埃尔·索泽先生的话都是空话!我和保罗·让·皮埃尔·索泽先生的观点相反。我认为,这次谈判的本质是反对派和内阁对原则的背弃——二者都没有完全说服彼此坚定地站在正确的方向。因此,我们之前预想到的事情终究还是可能会发生。这份文件使原本可以避免的情况变得更加复杂了。"然而,强烈批判这份文件的安德烈·玛利·让·雅克·迪潘先生起初可是协议的热烈支持者。弗朗索瓦·皮埃尔·纪尧姆·基佐写道:"这份文件不仅得到了国王的批准,而且让整个王室和保守派都十分满意。得知谈判结果后,安德烈·玛利·让·雅克·迪潘先生向米歇尔·皮埃尔·亚历克西斯·埃贝尔先生表示诚挚祝贺。安德烈·玛利·让·雅克·迪潘先生表示,如果政府要有所行动,那么他会自愿作为检察长,亲自代表政府发言,在上诉法院面前捍卫政府的权利。"

  政府认为,起诉只是一个依靠地方法院便可解决的司法问题。弗朗索瓦·皮埃尔·纪尧姆·基佐说道:"虽然地方法官有些拘谨,但一切现象都表明他们对合法性的看法与政府一致。此外,反对派中最温和派已经有放弃抗议的迹象。因此,我们有希望和平解决这场危机。"就内阁和反对派在1848年2月19日制订的计划,后来成为临时政府的一员的加米尔-帕热斯先生评论道:"我们即将向世界展示一个宏大的场面,即全体人民奋起捍卫自身权利,维护法律尊严,雄心勃勃又从容不迫。我们将冷静地运用民众的力量,避免引起骚乱,维护主权威严,完美实现伟大的政治信仰。"显然,这种结果会令人非常满意——反对派没有幻想过更大的胜利。加米尔-帕热斯先生认为和自己持同一立场之人会对改革感到满意。然而,共和党中的行动派人士的想法与加米尔-帕热斯先生大不相同——行动派期望的是推翻君主政体,而不是得到和平合法的解决方案。

  与此同时,内阁仍然相信1948年2月22日的宴会只会是一种把戏。夏尔·玛利·塔内吉·迪沙泰尔伯爵认为,事情已经到此为止了。然而,1848年2月20日22时,夏尔·玛利·塔内吉·迪沙泰尔伯爵得到了反对派刊物表示拒绝谈判结果的消息。夏尔·玛利·塔内吉·迪沙泰尔伯爵虽然起初不愿相信,但一小时后,即要在1848年2月21日刊出的文章被送至他面前时,也不得不接受这一事实。因此,夏尔·玛利·塔内吉·迪沙泰尔伯爵认为,实际上,反对派首领没有掌握党派实权。悄然登场的革命者即将让政局改头换面。

第 13 章

游行计划

1848年2月20日,反对派和内阁都对谈判结果深信不疑——不仅内阁决定忠实履行莫尔尼伯爵夏尔·奥古斯特·路易·约瑟夫·迪莫里·德·莫尔尼等五位代表签署的文件,而且反对派代表热切希望不要遇到麻烦。宴会组织者已经任命了一个专门负责在必要时采取措施维护公共秩序的委员会。卡米耶·亚森特·奥迪隆·巴罗先生不想成为暴乱者,真心以为自己能够保证接下来的游行示威活动和平进行。在回忆录中,卡米耶·亚森特·奥迪隆·巴罗先生写道:"这些是为了避免骚乱而采取的必要防范措施,我们要对民众加以约束,不能只是强调秩序。我们要求参加游行的国民自卫军身着制服,不携带除军刀外的任何武器,并且按照部队编号进行集结以便接受监督。上述措施同样适用于学校——每所学校的人和各教育单位的代表都应集结在自己的团体的旗帜下。各个团体聚集起来,自我约束,如同自发组织的一样。"

负责在必要时采取措施维护公共秩序的委员会提出了一个问题,即"参加游行的国民自卫军是否必须佩军刀"。由于意见不同,一名委员开玩笑说没有规定,也没有禁止。大家都笑了起来。

在《1848年的印记》中,马克西姆·杜·康写道:"为了找寻西风,卡米耶·亚森特·奥迪隆·巴罗先生打开了埃俄罗斯①的风袋。虽然西风只需轻轻吹拂就能将卡米耶·亚森特·奥迪隆·巴罗先生的怒吼带去一个叫内阁的避难所,但这种做法导致了一场暴风雨的降临。"然而,卡米耶·亚森特·奥迪隆·巴罗先生还没有觉察到即将到来的暴风雨。民众让卡米耶·亚森特·奥迪隆·巴罗先生略感不安。卡米耶·亚森特·奥迪隆·巴罗先生说道:"我们必须要和中产阶级或巴黎的知识青年打交道。然而,由于工人阶级同样希望参与到游行示威活动中,吉瓦德先生要求我们承认工人阶级的地位。此外,在维护秩序方面,吉瓦德先生堪称尽职尽责。吉瓦德先生将问题抛给了我。犹豫过后,我决定承认工人阶级享有和其他阶级同等的权利——也就是说,工人们也应按

走上街头的工人阶级

---

① 埃俄罗斯:希腊神话中的风神,风的守护者,也是西西里岛附近的艾俄利亚岛的国王。

行业去各自的团体的旗帜下集合以便让那些不同类型的群体可以互相约束。反对派代表试图用这些措施足以避免冲突来说服自己。反对派发布了一道命令，即任何制造骚乱者都将立刻被视为挑衅者并且驱逐出游行队伍。"

游行计划书将宣布反对派成员需要采取的所有预防措施和坚持和平的游行示威的政策。卡米耶·亚森特·奥迪隆·巴罗先生补充道："将计划书交由一些作为记者的委员会成员起草是我们的一个错误决定——我们认为，如果我们向记者们彻底地阐明活动的意义和基本部署，那么记者们写在报纸上的内容会和我们的话一样。"

起草计划书的人正是《国民报》的总编辑阿曼德·阿芒·马拉斯特先生。就这份计划书，在《1848年革命史》中，阿方斯·玛利·路

阿曼德·阿芒·马拉斯特

易·普拉·德·拉马丁先生评论道:"《国民报》代表共和党,是未来的革命的助推器。然而,由于《国民报》的发行量不大,对民众来说,革命只是一种遥远的预想。出于好奇,人们阅读了《国民报》,想知道是何种非常不确定的事件正在持续酝酿之中。《国民报》似乎在君主政体与共和信仰之间摇摆不定,有时与反对派走得很近,有时又不赞同玛利·约瑟夫·路易·阿道夫·梯也尔先生的观点、策略和政治主张。"阿曼德·阿芒·马拉斯特先生是共和党人,机智幽默,学识渊博。阿方斯·玛利·路易·普拉·德·拉马丁先生曾反复说道:"阿曼德·阿芒·马拉斯特先生的高明之处在于他的戏谑,而不是仇恨。阿曼德·阿芒·马拉斯特先生拒绝任何血腥的场景、惨痛的纪念,以及不必要的挑衅。阿曼德·阿芒·马拉斯特先生的共和理想具有政治艺术家的感性特征,而不是阴郁或狂热的。阿曼德·阿芒·马拉斯特先生反感雅各宾主义,恐惧禁令,喜爱文学,善于雄辩,懂得宽容,享受自由的荣耀。"

1801年,阿曼德·阿芒·马拉斯特先生出生于圣戈当。阿曼德·阿芒·马拉斯特先生因反对七月王朝政府而为人所知。阿曼德·阿芒·马拉斯特先生没有富裕的家境,而他早年的经历也十分平凡。阿曼德·阿芒·马拉斯特先生曾在朗德省的圣瑟韦大学教过哲学,后来又跟随让·马克西米利安·拉马克将军来到了巴黎。担任《辩论杂志》编辑期间,阿曼德·阿芒·马拉斯特先生因发表激烈言论而被判入狱。最终,阿曼德·阿芒·马拉斯特先生去了英格兰寻求庇护,并且因此而逃过一劫。得到特赦后,阿曼德·阿芒·马拉斯特先生回到了法兰西。1841年后,阿曼德·阿芒·马拉斯特先生一直担任《国民报》的总编辑一职。

  阿曼德·阿芒·马拉斯特先生明白,共和主义行动如果不能获得反对派的支持,那么必将失败。只有反对派的支持能让民众走上错误的道路和让政府对镇压宴会的行动更加警惕,进而增加暴乱的机会。在表面上,记者们千方百计地和反对派代表保持着一致,丝毫不吝啬对反对派

让·马克西米利安·拉马克

的溢美之词与高级礼遇。记者们一边给反对派代表的脖子上套上锁链,一边又给这些锁链饰以丝绸和花朵。

1848年2月20日,虽然负责采取必要措施维持秩序的委员会的委员都收到了邀请,但仅有阿曼德·阿芒·马拉斯特先生、佩雷、梅儒欧、帕格纳雷、别斯塔、莱昂诺尔-约瑟夫·哈温和埃尔顿几位成员出席了起草计划书的会议。阿曼德·阿芒·马拉斯特先生拿起笔,写下了示威运动的改良纲领。在起笔处,阿曼德·阿芒·马拉斯特先生写道:"负责组织十二区的宴会的委员会认为有必要重申游行示威活动的目标,即合法、温和地运用《宪法》赋予的集会权——代议制政府如果不尊重民众的集会权,那么只是无稽之谈。"

对游行队伍的秩序，负责采取必要措施维持秩序的委员会制定了如下规定：

代表们、法兰西贵族们和其他受邀宾客应在1948年2月22日11时于反对派总部集合。

国民自卫军中的支持者应于马德莱娜教堂前集合，站成平行的两列队伍并且让宾客站在两列队伍中间。

国民自卫军的队伍由参与游行示威活动的国民自卫军高级军官领导。

受邀宾客和赴宴客人入席后，国民自卫军应紧随宾客就座。

游行开始后，在上述队伍后，国民自卫军根据军队编号自动排成列。

学生队伍位于第三列第四列队伍之间，由学生选出的委员领队。

游行将在1948年2月22日11时30分开始。游行路线为协和广场和香榭丽舍大街至宴会地。

这份计划书措辞严谨，语气温和，旨在将反对派的理想进行到底。这份计划书还要求国民自卫军不得携带任何武器，规定市民不得大声喊叫或私自携带旗帜等明显标牌。"委员会希望，每位出席者都把自己看作工作人员，履行尊重秩序的责任。委员会向出席的国民自卫军士兵和巴黎人民吐露了心声。委员会不仅渴望自由的公共安全，而且知道要维护权利只需要一个和平的游行示威活动——这才是为开明的国家做的事。委员会明白道德力量具有不可抗拒的权威性，并且确信通过冷静的表达方式能实现合法的愿望。"

阿曼德·阿芒·马拉斯特先生宣读完刚起草的计划书后，《宪法

马德莱娜教堂

报》的编辑梅儒欧要求将其交由卡米耶·亚森特·奥迪隆·巴罗先生批准。然而，直到卡米耶·亚森特·奥迪隆·巴罗先生吃晚饭时，阿曼德·阿芒·马拉斯特先生才见到他。由于时间紧迫，阿曼德·阿芒·马拉斯特先生甚至没有将计划书读给卡米耶·亚森特·奥迪隆·巴罗先生听，只是解释了主要规定。听完阿曼德·阿芒·马拉斯特先生的解释，卡米耶·亚森特·奥迪隆·巴罗先生说道："好的，没问题。然而，请注意，这份计划书不能包含任何故意伤害反对派的内容。"计划书很快被送到了三个共和党报刊，即《国民报》《改革报》和《民主和平报》的主编手中。1948年2月21日早晨，《国民报》《改革报》和《民主和平报》刊登了计划书。

第 14 章

1848 年 2 月 21 日白天

1848年2月20日的情况只是暴风雨前的宁静。1848年2月21日,骚乱与躁动开始出现。革命者的游行示威活动彻底改变了一切。托克维尔子爵亚历克西斯·夏尔-亨利-莫里斯·克莱尔说道:"虽然当时可能已经有人认为计划书是临时政府颁布的法令,但直到三天后,临时政府才成立。"这次计划即将把宴会变为一场起义——和公众一样,在1848年2月21日早晨读了报纸后,反对派的主要成员才意识到这一点。

阿曼德·阿芒·马拉斯特先生起草的文件与卡米耶·亚森特·奥迪隆·巴罗先生的期望略有不同。在回忆录中,卡米耶·亚森特·奥迪隆·巴罗先生写道:"阿曼德·阿芒·马拉斯特先生虽然没有改变反对派和内阁已经达成一致的基本条款,但认为自己应该以一种半官方的角色投入筹备工作,如同当值的警监一般发表讲话。此外,这种形式上的缺陷只是新闻编辑造成的,而不是事件本身的性质引起的。"由于报纸上的报道不代表内阁的意见,弗朗索瓦·皮埃尔·纪尧姆·基佐及其同僚皆认为1848年2月19日的和平计划已经宣告破产。

实际上,这场宴会虽然如果是一场如同议会会议般冗长的令人昏昏欲睡的活动,那么不会存在问题,但如果是一场广大民众的示威活动和各路七月王朝的反对者的集会，那么会存在很大问题。正如几周前，弗朗索瓦·皮埃尔·纪尧姆·基佐和莫尔尼伯爵夏尔·奥古斯特·路易·约瑟夫·迪莫里·德·莫尔尼预测的那样，改革非但不再只是议会厅里的议题，反倒正向外面那个广阔无边、朦胧晦暗又火热沸腾的世界蔓延，而在那个世界里，挑拨离间者和无知愚蠢者会将人民组织起来。

在这场革命中，大臣们目睹了夺权、暴乱、诽谤和挑衅等一个合格政府所不允许的各种行为。后来的临时政府的成员加米尔-帕热斯先生声明道："内阁如果授权反对派对巴黎政府进行攻击，召集国民自卫军，以及寻求民众、匠人和学校的支持或听从并且执行反对派的命令，那么政府将落入反对派手中——即使辞去弗朗索瓦·皮埃尔·纪尧姆·基佐也无法逆转这一结果。相反，如果内阁采取措施抵抗夺权行为，那么不仅战争会爆发，而且突然打破此前的和平会让这场战争中的人们的怒气倍增。"

可以说，内阁和反对派在1848年2月19日制订的计划远远没有得到广泛认可。许多政客认为，这个计划是一种软弱的行为，一种危险的让步，更是一份投降协议。一位忠于法兰西国王路易-腓力一世的法兰西贵族，即蓬泰库朗伯爵路易·古斯塔夫·勒·杜尔塞尤其支持上述观点。在《历史的印记》一书中，蓬泰库朗伯爵路易·古斯塔夫·勒·杜尔塞写道："反对派对自己的力量盲目自信，一贯缺少远见，任由自己走向迷途。在过去的十八年里，我们居然对如此简单的事实习以为常。虽然这场政治闹剧的失败结局显而易见，但内阁竟然同意追看其曲折的剧情——实际上，无论我们用什么样的言辞进行解释，子孙后代都很难理解这件事。由于接受了错误的立场，内阁卷入麻烦是不可避免的事。内阁的容忍表明它对自己的理想及其实现方式都缺乏信心。内阁一方面想避免冲突，一方面在公共广场上召集敌人，加速了革命的爆发。总之，内阁原本仅靠经验就可以做出判断，即街头动乱和滥用自由别无二致。

蓬泰库朗伯爵路易·古斯塔夫·勒·杜尔塞

实际上,在法兰西,预防暴乱比镇压暴乱要容易得多。"由于已经开始怀疑内阁和反对派在1848年2月19日制订的计划的有效性,大臣们没有因计划失败而遗憾。

1848年2月21日10时,在内政部,内阁成员集合了起来。纳西斯-阿希尔·德·萨尔瓦迪先生问走进房间的米歇尔·皮埃尔·亚历克西斯·埃贝尔先生道:"你对当前的宴会有什么想法?"米歇尔·皮埃尔·亚历克西斯·埃贝尔先生回答道:"我的态度不仅从未改变,而且如今更加坚定。动乱本不该发生——我们完全有理由阻止它。"纳西斯-阿希尔·德·萨尔瓦迪先生回答道:"那么,我们想法是一致的。"大臣们的一致决定立即被送至法兰西国王路易-腓力一世处并且得到了肯定。

由于决定镇压游行示威活动,政府提前向民众发出了警告。一张

革命期间聚集在一起的暴乱分子

巴黎街头的暴乱

由莫尔尼伯爵夏尔·奥古斯特·路易·约瑟夫·迪莫里·德·莫尔尼书写并且由警察局长加布里埃尔·德里泽特签字的海报被张贴出来。海报上写道:"巴黎的居民们,一种不安的情绪正在人群中蔓延。这种不安的情绪危害着工作与商业活动,始于酝酿中的游行示威活动,正逐步向我们逼近。今日早晨,反对派报刊宣称,反对派已经另行建立了一个与依照《1830年宪章》建立并且经过议会大多数议员投票通过的真正政府并存的新政府。反对派报刊不仅号召民众参与危害社会安定的游行示威活动,而且决意违反法律,召集国民自卫军按照部队编号排列并且由高级军官领队。毫无疑问,反对派的做法违反了明确、完善的法律规定。

加布里埃尔·德里泽特

真正的政府懂得尊重法律——法律是公共秩序的基础与保证。"与此同时，内阁决定以国民自卫军总指挥让-弗朗索瓦·雅克米诺将军的名义发布命令，提醒国民自卫军在未经批准的情况下不得擅自进行集会。内阁还决定以加布里埃尔·德里泽特的名义发布命令，正式禁止举行宴会和无序集会。按照热拉尔伯爵艾蒂安·莫里斯·热拉尔的计划，1840年以来最有力的军事措施已经准备就绪——一支由三万一千人组成的军队即将在1848年2月22日早晨接管巴黎。

热拉尔伯爵艾蒂安·莫里斯·热拉尔

卡米耶·亚森特·奥迪隆·巴罗先生和普罗斯珀·迪韦吉耶·德·豪兰数次尝试采取各种措施以调解各方矛盾，但不仅无功而返，而且意识到为时已晚。下议院召开会议时，卡米耶·亚森特·奥迪隆·巴罗先生和普罗斯珀·迪韦吉耶·德·豪兰了解到，政府会保持抵抗政策——对保守派来说，这是一大乐事。虽然下议院的这场会议十分安静，但人们已经意识到，关于宴会这一问题的讨论范围已经扩大到波旁宫外了。与其说卡米耶·亚森特·奥迪隆·巴罗先生致力于维护公民权利，倒不如说他是一个只会空谈的理论家。卡米耶·亚森特·奥迪隆·巴罗先生说道："我担心，当局为了维护秩序所做的一切的结果可能会适得其反，即只会引起社会深层动乱。虽然目前的形势对我们有利，但无论大家持何种意见，所有人的首要任务都是尽一切可能动用自己的影响和权威去规避我所预见的灾难。我声明，如果政府需要我将动乱分子驱逐出境，需要我平息骚乱，或者政府的不当措施导致了动乱，那么我将竭尽所能，为国效力。先生们，这就是我的权利的范围——我不能越界。我们的政府不仅正在负责维护社会的秩序和国家的安宁，而且正考虑着情况的严重性——最重要的是，政府正在承担着自己的责任。"

夏尔·玛利·塔内吉·迪沙泰尔伯爵平静又有力地回应了卡米耶·亚森特·奥迪隆·巴罗先生。夏尔·玛利·塔内吉·迪沙泰尔伯爵的发言虽然异常温和，但斩钉截铁。夏尔·玛利·塔内吉·迪沙泰尔伯爵说道："反对街头骚乱的法律和涉及国民自卫军的法律都受到了侵犯。巴黎不能容忍借宴会名义开展与所有法律相悖的游行示威活动和宣告临时政府与合法政府并存等行为。"正当卡米耶·亚森特·奥迪隆·巴罗先生想辩驳时，有人喊道："你到底是承认还是否认镇压计划？"卡米耶·亚森特·奥迪隆·巴罗先生回答道："我会让你们每个人都彻底放心。对行动的目的，我毫不怀疑——我否认的是处理方式。"夏尔·玛利·塔内吉·迪沙泰尔伯爵再次登上讲坛，大声呼喊

19世纪40年代末的夏尔·玛利·塔内吉·迪沙泰尔伯爵

道:"对我们这些维护公共秩序的人来说,无论是承认宣言还是否决宣言不都是安全问题吗?反对派的宣言触犯法律却被公开发行难道不是安全问题吗?一份我们尊贵的卡米耶·亚森特·奥迪隆·巴罗先生都不敢承认的宣言难道不涉及安全问题吗?"在掌声中,夏尔·玛利·塔内吉·迪沙泰尔伯爵总结道:"反对派口中的镇压只是政府履行自身职责的行为。只有维护秩序并且尊重法律才能保证国家的安宁和政体的稳固。"毫无疑问,在这场简短的争论中,夏尔·玛利·塔内吉·迪沙泰尔伯爵占据了优势。

显然,反对派的处境十分难堪。1848年2月21日17时,即下议院的会议结束后,反对派成员来到了卡米耶·亚森特·奥迪隆·巴罗先生的家。卡米耶·亚森特·奥迪隆·巴罗先生住在费米德姆马图林街,即现

第14章 1848年2月21日白天 | 137

在的维尼翁街。在回忆录中。卡米耶·亚森特·奥迪隆·巴罗先生写道："我主持了那场聚会——我想，我本不该参与谋划。由于每个人都会搭上自己的荣誉甚至生命，我有所顾虑。然而，我的意思起了决定性作用。"反对派成员决定谨慎行事。玛利·约瑟夫·路易·阿道夫·梯也尔先生说道："如果反对派任凭首都陷入血腥冲突，无视政府以暴力手段解决问题，那么他们的行为不仅没有意义，而且会触犯法律。反对派应该知道，政府的权力才是至高无上的。我们必须服从法律并且做出让步。"

左派人士欧仁·贝特蒙先生表达了和玛利·约瑟夫·路易·阿道夫·梯也尔先生类似的看法。阿方斯·玛利·路易·普拉·德·拉马丁先生认为，让步是一种耻辱。然而，阿方斯·玛利·路易·普

欧仁·贝特蒙

拉·德·拉马丁先生的这种想法没有用处。阿方斯·玛利·路易·普拉·德·拉马丁先生坚持要去参加宴会，说道："即使只有影子陪伴，我也会坚持赴宴。"这一次，阿方斯·玛利·路易·普拉·德·拉马丁先生没能说服众人。八十票反对、十七票赞成的投票结果表明，反对派成员不应出席宴会。由于已经决定在没有反对派参与的情况下不采取任何行动，有人提议推迟宴会。阿曼德·阿芒·马拉斯特先生说道："为了人民的利益，为了爱护人民，请放弃举行宴会。如果冲突爆发，那么受害者将是人民。你难道想让民众葬身于法兰西国王路易-腓力一世和弗朗索瓦·皮埃尔·纪尧姆·基佐的仇恨中吗？"收到来自卡米耶·亚森特·奥迪隆·巴罗先生决定放弃参加宴会的好消息后，画家阿里·斯海弗立刻将其告诉了奥尔良公爵夫人海伦·路易丝·伊丽莎白。奥尔良公爵

阿里·斯海弗

夫人海伦·路易丝·伊丽莎白又立刻将这一好消息传达给了法兰西国王路易-腓力一世。法兰西国王路易-腓力一世说道:"我早就知道——如果我足够坚定,那么反对派会做出让步。"

军方的信心十分充足。让-弗朗索瓦·雅克米诺将军带有一丝讽刺地说道:"毫无疑问,很多游行者不愿卷入犯罪或诉讼中。国民自卫军有八万五千名士兵。对那些后悔只打自己的小算盘的人,我选择原谅他们。"从目前看来,法兰西国王路易-腓力一世绝对是乐观的。

反对派成员仔细思考了一番,决定放弃举行宴会——举行宴会便能摧毁他们曾经极力支持的君主政体的想法简直是异想天开。如果反对派坚持最初的想法,即接受游行示威活动的计划并且答应参与其中,那么内阁不仅一定会极力抵抗,而且很可能取得胜利。然而,内阁天真地认为,左派人士的让步意味着危险结束。内阁习惯于依法行事,只看到问题的表面,看不到问题的实质。内阁和反对派都受到了欺骗。由于从错误的角度看待议会制度,内阁和反对派的政治视野都被遮蔽了。议会策略和政治策略完全是两码事。智者千虑,必有一失——内阁和反对派两个阵营都没有料到,真正的战争即将发生。

第 15 章

1848 年 2 月 21 日夜晚

虽然反对派成员决定放弃宴会，但共和党中的行动派会就此放弃吗？这才是1848年2月21日夜晚的人们关心的问题。1848年2月21日19时，在《改革报》办公室，大家聚在一起商议下一步的行动。在《1848年革命史》一书中，阿方斯·玛利·路易·普拉·德·拉马丁先生写道："《改革报》不惜一切力挺极左派和共和党，主张进行革命运动。《改革报》会采纳亚历山大·奥古斯特·勒德律-洛兰先生等三到四名重要议员的建议。《改革报》延续了国民公会①的传统，并且在五十年后得以再度创造辉煌。在过去的五十年间，斗争与复仇的戏码不断上演；在和平时代，山岳派发出了雷鸣般的怒吼；在政治学院，乔治·雅克·丹顿②发表了演讲。因此，《改革报》对共和主义充满误解，并且希望仿照法兰西第一共和国建立一个全新的共和国。"《改革报》主编斐迪南·弗洛孔先生是"一名老派共和党人，笃信秘密社团、阴谋和监狱的作用"。共和党得到

---

① 国民公会，存在于1792年9月20日至1795年10月26日，是法兰西大革命时期的单一国会，是第一个没有阶级区分的法兰西议会。
② 乔治·雅克·丹顿（1759—1794），法国大革命早期的主要人物。乔治·雅克·丹顿在法国大革命开始时扮演的角色一直存在争议。许多历史学家将乔治·雅克·丹顿描述为"推翻法兰西君主制和建立法兰西第一共和国的主要力量"。

斐迪南·弗洛孔的漫画形象

的选票很不理想。据加米尔-帕热斯先生说，1848年2月20日，由于资源已经全部耗尽，斐迪南·弗洛孔先生要来了最后一笔钱支付1848年2月21日发刊需要的印花税三百法郎——他在巴黎的朋友和各部门无法支付更多。《改革报》不仅即将停刊，而且为了能在民主的胜利中寿终正寝，只会存在到1848年2月23日，即宴会的次日。《改革报》不得不通过变卖家具来支付1848年2月22日和1848年2月23日的报刊发行费用。

在《改革报》办公室,讨论持续了几个小时。这场讨论的焦点在于"要不要下游行示威的命令"——虽然马克·科西迪埃先生和路易·安德烈·拉格朗日积极赞成,但路易·让·约瑟夫·夏尔·布朗先生和亚历山大·奥古斯特·勒德律-洛兰先生则强烈反对。路易·让·约瑟夫·夏尔·布朗先生认为,爱国者如果走上街头,那么必然难以招架政府的攻势并且会暴露在国民自卫军和其他军队的枪林弹雨下。路易·让·约瑟夫·夏尔·布朗先生说道:"你们的决定会引起动乱——如果你坚持如此,那么我就会回家为民主的毁灭而哀悼和哭泣。"亚历山大·奥古斯特·勒德律-洛兰先生毫不含糊地说道:"法国大革命创

马克·科西迪埃

造的辉煌是因为我们的前辈之前做好了充足的准备。然而，我们有所准备吗？我们有武器和弹药或组织严密的队伍吗？不仅政府已经全副武装，而且军队只在等一个摧毁我们的命令。我的意见是，以目前的状况来看，卷入这种困境的我们实在是愚蠢至极。"大多数人都赞成一种观点，即秘密团体不应该采取任何行动。斐迪南·弗洛孔先生写了一篇文章，准备在1848年2月22日早晨于《改革报》上发表。在文章中，斐迪南·弗洛孔先生写道："请大家不要做有勇无谋之人……不要给政府肆意杀戮并且取得胜利的机会……反对派抛弃了自己，也抛弃了你们。因此，请不要相信反对派的任何急于掩盖自己的劣迹的托词……你知道，这些都是其他派别主动出击的结果……耐心点！认为时机合适时，民主党成员会采取行动，而我们则应该观察采取行动后的民主党成员是否还会撤退……"

与此同时，民众还不知道1848年2月22日的宴会已经取消。假消息和相互矛盾的谣言四处传播。好奇的民众聚集在大街上，借着火把的光阅读着政府发布的公告并且就其展开了激烈的辩论。辩论双方都十分激动。歌剧院里上演着《奥里伯爵》。据路易-德赛尔·韦龙博士称，许多有影响力的人都坐立不安，在走廊和大厅里来回走动。这些有影响力的人包括国民自卫军的高级军官，以及一些与制造商和监督员有业务往来的人。这些有影响力的人都感到十分震惊，一致认为"这不是一场暴乱，而是一场革命"。在《故乡报》第二版，一篇文章写道："下议院的会议结束后，在卡米耶·亚森特·奥迪隆·巴罗先生家中，反对派成员举行了一场聚会。政府采取的新措施必然会造成某些后果。由于不愿意直接或间接承担这些后果的责任，反对派决定不参加宴会。"

反对派恳请民众远离任何可能引起暴行的集会人群和游行示威活动。《故乡报》第二版的那篇文章还评论道："与此同时，整个反对派都明白，内阁的新决定就是将新的责任强加给反对派。反对派会知道自

路易-德赛尔·韦龙

己该怎样履行责任。"虽然《故乡报》第二版的那篇文章表现出了一丝不悦，但公众相信，反对派会做出让步，而政府会赢得胜利。

杜伊勒里宫正在举行一场招待会。法兰西国王路易-腓力一世容光焕发，对诺曼比侯爵康斯坦丁·亨利·菲普斯说道："一切都结束啦！我敢肯定，反对派会放弃。"看到纳西斯-阿希尔·德·萨尔瓦迪先生时，法兰西国王路易-腓力一世立马跑上前去，大声说道："纳西斯-阿希尔·德·萨尔瓦迪先生，昨天，你说我们正处在一座火山上。然而，现在看来，这真是一座美妙的火山啊！我的朋友们，反对派已经放弃了宴会——没错，反对派已经放弃了。我说过，一切都会烟消云散。"纳西斯-阿希尔·德·萨尔瓦迪先生回答道:"我觉得,我对之前的形势的判断没有错。反对派没有发动革命是因为没有奥尔良公爵的支持。"卡米耶·亚森特·奥迪隆·巴罗先生从纳西斯-阿希尔·德·萨尔瓦迪先生那里得到了这些信息,在自己回忆录中写道:"纳西斯-阿希尔·德·萨尔瓦迪先生触动了法兰西国王路易-腓力一世敏感的心弦。在和我的谈话中,法兰西国王路易-腓力一世不止一次表达过相同的想法。谈到意大利和西班牙的革命运动流产时,法兰西国王路易-腓力一世对我说道:'呸,这些革命运动会一无所成——这些革命者没有自己的奥尔良公爵!'"虚荣心的膨胀让法兰西国王路易-腓力一世更加兴奋。法兰西国王路易-腓力一世对玛丽·阿梅莉王后说道:"你刚听说了吧,亲爱的阿梅莉?纳西斯-阿希尔·德·萨尔瓦迪先生说,反对派没有奥尔良公爵的支持——我也这样认为。因此,你看,反对派放弃了宴会。"

玛丽·阿梅莉王后的不安持续了好几天。据奥古斯特·特罗尼翁记载,"玛丽·阿梅莉王后听说公众的狂热情绪一直在持续升温"。玛丽·阿梅莉王后曾对自己的一名心腹说道:"形势对我们很不利。我已做好了最坏的打算——我想让你带着我的钻石和一些文件去布鲁塞尔。"然而,听了法兰西国王路易-腓力一世的话后,玛丽·阿梅莉王后放心了许多,对海军上将奥古斯特·洛朗·弗朗索瓦·博丹说道:"我的心态平稳了些。今天早晨,我还很不安——在给我的儿子茹安维尔亲王弗朗索瓦-斐迪南-腓力-路易-玛利·德·奥尔良和奥马勒公爵亨利·欧仁·菲利普·路易·德·奥尔良的信中,我告诉他们,我很遗憾他们没有在我身边。现在,我只求一切都会好起来。"

1848年2月21日,整个巴黎被笼罩在欢乐的气氛中,完全没有暴乱的征兆。艾斯蒂萨克公爵夫人玛丽-弗朗索瓦丝·德·托特正在自己的宅邸内举办舞会。与此同时,在比利时大使馆,利涅亲王夫人雅德维加·卢博米尔斯也在举办另一场舞会。利涅亲王夫人雅德维加·卢博米尔斯这位有着波兰血统的美丽的大使夫人正在优雅地跳着玛祖卡舞①。政治上的成见不影响利涅亲王夫人雅德维加·卢博米尔斯成为众人的焦点。比利时大使馆坐落于香榭丽舍大街的一处拐角处,即当时被称作昂古莱姆街、现在被称作伯蒂街的地方。即将举办宴会的地方距比利时大使馆仅几步之遥,毗邻香榭丽舍大街和凡尔赛大街。在比利时大使馆的舞会中,人们围住了法兰西国王路易-腓力一世的一名副官。法兰西国王路易-腓力一世的这名副官道出了政府采取的军事措施和大臣们采取的安全措施,并且让大家放心。法兰西国王路易-腓力一世的这名副官反复重申,法兰西国王路易-腓力一世认为发生革命的可能性微乎其微。法兰西国王路易-腓力一世的这名副官当时的态度似乎不是过度乐观。后来的临时政府成员加米尔-帕热斯先生写道:"君主政体的力量似乎坚不可摧——防御物资不可胜数;很多久经沙场并且在当时看来还算忠心的士兵占领了这座城市;兵营、戒备森严的警卫室和坚固的堡垒虽然隔开了城市,但有利于军方的行动;城墙外的围廊和堡垒是抵抗和破坏的最后一道防线;国民自卫军虽然渴望改革,但十分反对极端民主,即如果群情激愤演变成骚乱,那么国民自卫军这支公民力量必然会与正规军并肩作战。因此,一小群人——无论他们多么坚定——该怎样应付这样强大的势力呢?"从这个角度来看,人们很容易就能明白法兰西国王路易-腓力一世和内阁为何还抱有胜利的幻想。利涅亲王夫人雅德维加·卢博米尔斯的客人们与其继续追问法兰西国王路易-腓力一世的这名副官,倒不如选择相信这些话。参加舞会的人兴致勃勃地离开了。这场舞会是七月王朝的最后一场庆典舞会,是一场告别仪式——一个灿烂辉煌的时代即将退出历史舞台。

  随着夜幕降临,政府的信心逐渐增强。每个小时,警察局都会给

---

① 玛祖卡舞,一种三节拍的活泼的波兰舞蹈。

内政部传去一封简讯。简讯的内容让人越来越心安。政府确信，秘密团体会沉寂下来并且放弃示威行动。因此，有人提议撤回备战军令。然而，备战军令的撤回毁掉了一切。此前，政府集结了巴黎驻军，并且命令郊区和塞纳河与瓦兹河的驻军在1848年2月22日6时于巴黎集合，让文森斯炮兵队进入备战状态，将骑兵团集结在香榭丽舍大街和埃托伊尔的街垒附近。在内政部，夏尔·玛利·塔内吉·迪沙泰尔伯爵、让-弗朗索瓦·雅克米诺将军和巴黎驻军司令塞巴斯蒂亚尼·德·拉·波尔塔子爵让·安德烈·蒂比尔斯碰了面。得知暴乱分子已经放弃反抗时，将领们一致认为，军事部署不仅多余，而且会被认为是一种挑衅，为骚乱创造机会。将领们认为政府应该按兵不动并且因想出了这种策略而沾沾自喜。由于时间紧迫，将领们甚至没有向大臣们通报便派让-弗朗索瓦·雅克米诺将军去杜伊勒里宫向法兰西国王路易-腓力一世请求指示。法兰西国王路易-腓力一世决定取消备战状态。1848年2月21日17时左右，法兰西国王路易-腓力一世的决定传到了军营中。然而，与此同时，暴乱势力开始抬头。

第 16 章

1848 年 2 月 22 日白天

  1848年2月22日，细雨淅淅沥沥。一切都十分平静。和往常一样，车间和仓库正常开工。巴黎民众都遵守着政府的命令。军方没有任何动作。在宴会的场地，只有工人们在忙着拆卸桌子并且把1848年2月21日拿来的东西装车运走。然而，这种平静只是假象——一场暴乱即将横扫巴黎。1848年2月22日10时，在万神殿广场，穿着短衫的人们开始列队，然后向马德莱娜广场走去，一边高唱着《马赛曲》《出征曲》和《吉伦特合唱》，一边高呼着"改革万岁"。

  与此同时，公共事务部大臣伊波利特·保罗·贾尔先生赶去杜伊勒里宫面见了法兰西国王路易-腓力一世。法兰西国王路易-腓力一世容光焕发，愉快地问道："很好！你是来向我道贺的吗？"法兰西国王路易-腓力一世又说道："事情进展得十分顺利。我对你们处理问题的方式很满意，我亲爱的大臣们。反对派已经放弃了宴会。反对派已经明白自己冒了多大的风险。想一想有多少朋友希望我们屈服！然而，这次宴会的取消将团结大多数人的力量。"伊波利特·保罗·贾尔先生认为情况依然十分严峻，说道："在来的路上，我看到身着短衫的人们列成长队，经过两个码头，正在向协和广场前进。我们面临的即使不是一场大战，至少也是一场来势凶猛的暴乱。因此，我们必须做好准备。"法兰西国王路易-腓力一世回答道:"毫无疑问,巴黎是存在一些躁动。然而,这种躁动是不可避免的。躁动会自己平息下去。经历了昨夜的沉寂后,暴乱分子不可能再有什么大动作。与此同时,我们已经采取了一些必要措施。"

在好奇心的驱使下,民众聚集在马德莱娜广场和协和广场。政府虽然原本只需吹灰之力就可以驱散聚集在马德莱娜广场和协和广场的这些人们并且将"恶魔"扼杀在摇篮里,但不够谨慎,任由人群的规模不断扩大。最终,七月王朝付出了巨大的代价。暴乱起初只是一条小溪,很快便壮大成了汹涌的洪水。

虽然反对派成员已经决定不参加宴会,但许多人对此一无所知,仍然站在协和广场和香榭丽舍大街上等待着游行队伍的到来。然而,军队仍然没有行动。直到不断壮大的队伍朝着下议院进发时,军队才姗姗来迟。

1848年2月22日11时30分,拥有五千至六千人的浩浩荡荡的队伍行至波旁宫前。暴乱分子高呼道:"改革万岁!打倒弗朗索瓦·皮埃尔·纪尧姆·基佐!"虽然波旁宫大门紧锁,但几位暴乱分子已经站在了列柱下。还有一些暴乱分子虽然闯入了波旁宫的大厅,但很快就被驱赶了出来。与此同时,塞巴斯蒂亚尼·德·拉·波尔塔子爵让·安德烈·蒂比尔斯率第六十九步兵营和第六骑兵团到达了波旁宫。通往下议院的道路畅通无阻。暴乱分子涌入了香榭丽舍大街、皇家街、圣奥诺雷街和里沃利街。

然而,最初的几场暴乱活动似乎没有引起政府的重视。托克维尔子爵亚历克西斯·夏尔-亨利-莫里斯·克莱尔说道:"起初,在我看来,1848年2月22日的暴乱不会遗患无穷。在我眼里,阻塞了街道的人群只是一些观光客和看热闹的人,而不是暴乱分子。士兵和市民互相开着玩笑——实际上,我听到的玩笑声盖过了呼喊声。后来,我才明白,看事物不能只看表象。通常,骚乱都是由巴黎街头的男孩发动的,而这些男孩会表现得兴高采烈,就像去度假的学者似的。"

布瓦西侯爵伊莱尔·艾蒂安·奥克塔夫·鲁耶·杜库德雷

和往常一样，上议院和下议院召开了会议。上议院的会议开始，布瓦西侯爵伊莱尔·艾蒂安·奥克塔夫·鲁耶·杜库德雷提出了一个议题，说道："上议院虽然很少亲自参与造成了目前的紧张形势的事件，但在目前的情况下，率先做出让步并且促成和解是向往进步的同胞的共同期盼。我很荣幸地请求议会允许我们就巴黎的现状对内阁进行质询。"然而，上议院没有认真对待并且最终决定不听取布瓦西侯爵伊莱尔·艾蒂安·奥克塔夫·鲁耶·杜库德雷的提议。随后,上议院讨论了各类请愿书和报告。在一小时内,上议院的会议就结束了。

下议院的会议从1848年2月22日13时30分持续到了1848年2月22日17时15分。下议院讨论的事务是吊销一家波尔多银行的营业执照。托克维尔子爵亚历克西斯·夏尔-亨利-莫里斯·克莱尔说道:"走进议院时,我发觉大家虽然表面波澜不惊,但实际上都十分激动。除了悄无声息的下议院,整个法兰西都在关注1848年2月22日早晨发生的事。下议院议员们无精打采地讨论着波尔多的一家银行。然而,说实话,除了讲坛上的发言人和要做出回答之人,其他人根本不关注波尔多的银行。夏尔·玛利·塔内吉·迪沙泰尔伯爵虽然告诉我'一切进展顺利',但说话时自信满满又心绪不安。对夏尔·玛利·塔内吉·迪沙泰尔伯爵的表现,我感到些许怀疑。"会议结束后,保罗·让·皮埃尔·索泽先生起身准备离开。这时,卡米耶·亚森特·奥迪隆·巴罗先生起身开始发言。许多人喊道:"议长!议长!"因此,保罗·让·皮埃尔·索泽先生重新回到了座位上。卡米耶·亚森特·奥迪隆·巴罗先生说道:"我请求保罗·让·皮埃尔·索泽先生接受已经被我放在桌上的提案。这个提案已经受到了广大议员们的支持。现在,我需要确定一下委员会讨论这个提案的日期。下议院确定的讨论日期是1848年2月24日。散会。"

这个提案由五十二位议员共同签署。三位签署了这个提案的议员成为未来的拿破仑三世的大臣。这三位议员分别是雅克-皮埃尔·夏尔·阿巴图奇、皮埃尔·朱尔·巴罗什和爱德华·德律安·德·吕。议员们指控大臣们背叛了法兰西在国外的荣誉和利益,纵容了体制内的贪污侵蚀代议制政府,毁掉了国家财政,以及剥夺了《1830年宪章》赋予公民的权利并且将国家拖入了动乱中。

弗朗索瓦·皮埃尔·纪尧姆·基佐走到桌前,阅读了这些控告之辞,轻蔑一笑。后来,阿方斯·玛利·路易·普拉·德·拉马丁先生说

爱德华·德律安·德·吕

道:"弗朗索瓦·皮埃尔·纪尧姆·基佐见证了很多历史,也书写过很多历史。弗朗索瓦·皮埃尔·纪尧姆·基佐有雄辩之才,寻找着让他的声音响彻云霄的机会。弗朗索瓦·皮埃尔·纪尧姆·基佐目光如炬,勇敢地面对指控,而大多数人都在为他辩护。"在回忆录中,弗朗索瓦·皮埃尔·纪尧姆·基佐写道:"虽然在这场激烈的动乱中,反对派曾有过多次行动,但只有一次行动让我感到吃惊。让我吃惊的不是对方针和具体措施的意见的深刻分歧,也不是怨恨,而是反对派的攻击行为具有非正义性。我从反对派身上看到了代议制政府的常规发展历程和狂暴的党派斗争。然而,八年来,民众完全自由地争论着和代议制政府相关的问题。代议制政府经过了包括《论坛报》在内的媒体发起的最激烈的讨论的检验，持续受到大多数人的支持，经历了数次大选和国家最高权力机关的一致同意，最终不再具有试探性或非法的特征——这样的政府和政策被称为叛国、反革命和暴政并且突然成为司法指控的对象令我十分惊讶。"然而，实际上，对党内人士的任何举动，人们都无须感到惊讶。

骚乱开始蔓延开来。在皇家街入口处，甚至在里沃利街，街垒已经被建了起来。一些市政警卫迅速阻止了暴乱分子的初次行动。路易-德赛尔·韦龙博士说道："市政警卫刚离开里沃利街，在几位狡猾的领导者的指导下，一群巴黎街头的男孩便开始毁坏人行道，想通过阻挡马车通行或者推翻马车来设置路障。接到通知的市政警卫火速赶到现场时，这群巴黎街头的男孩又围着军官和执法官，自告奋勇去扶起马车并且移走了各种路障。总之，这群巴黎街头的男孩将现场恢复了原状。这场行动持续了数小时。"在杜伊勒里宫附近，即阿尔杰街、瑟迪尔街和圣亚森特街，同样发生了多起骚乱。暴乱分子通过投掷石块打碎了房屋的玻璃。虽然和两位随从走出杜伊勒里宫的比尔费尔特上校被一块石头击中了胸口，但这没有阻挡他继续前进和驱散骚乱人群。

在三个多小时的时间里，喧闹的人群遍布路易十五广场和通往香榭丽舍大街的所有道路，给士兵们带来了极大的考验。市政警卫首当其冲。紧跟着市政警卫的是龙骑兵和轻骑兵。士兵们平静地接受着来自人群的石头雨的洗礼。虽然军队没有动用武器，但镇压方式太过温和反倒助长了骚乱的势头。在香榭丽舍大街上，暴乱分子建起了街垒。通常，街垒是由一辆公共汽车和几把椅子堆建而成的。由于看到骑兵即将赶到，暴乱分子点燃了街垒。马里尼大道的警卫室里的家具被拆散并且烧毁了。几家商店遭到了抢劫。然而，战斗还没有真正打响。军队到来时，人群散开并且形成新队伍去了别处，没有进行激烈的反抗。皇家宫殿和杜伊勒里宫的大门分别于1848年2月22日16时和1848年2月22日17时

暴乱分子焚烧建筑物

关闭。轻步兵第五团、骑兵中队和追击兵中队列队占领了如同露营地的卡鲁索广场。内穆尔公爵路易·夏尔·菲利普·拉斐尔骑上马，加入了士兵们的行列并且准备战斗。虽然夜晚即将降临，但流血事件仍然没有发生。一贯乐观的政府官员不仅对即将结束的1848年2月22日的白天感到十分满意，而且以为自己已经掌控了局势。

第 17 章

1848 年 2 月 22 日夜晚

虽然政府对1848年2月22日的白天非常满意,但当天的军事活动非常糟糕。军队——尤其是市政警卫,十分紧张、疲惫和消沉。市政警卫开始怀疑指挥官的魄力。市政警卫和市民之间的关系也变得紧张起来。暴乱分子受到鼓舞并且决定继续组织动乱。蓬泰库朗伯爵路易·古斯塔夫·勒·杜尔塞批评当局缺乏魄力,说道:"在那些痛苦的时刻,法兰西士兵被迫与自己的同胞们对抗,并且因此而需要坚定有力的指挥和支持。在士兵眼里,犹豫意味着怯懦,而人道就是软弱。暴乱分子则故意拖延着时间,导致士兵只能面对民众的侮辱,而在这一过程中,士兵们开始怀疑自己的力量和领导者,甚至开始质疑自己捍卫的事业的正确性。这是当局的一个重大失误。"

从一开始,政府的想法就是错误的。政府非但没有部署强有力的军队,反倒将镇压骚乱的重任全部扔给了市政警卫。因为市政警卫是巴黎的暴乱分子的宿敌,所以暴乱分子对市政警卫的温和态度不抱一丝感谢。加米尔-帕热斯先生评论道:"这些老兵虽然因暴乱分子使用投掷物进行袭击而受伤,但仍然没有使用武器,只是用毛瑟枪的枪托和锋利的剑回击着被扔过来的石头。然而,由于厌恶这种所谓的谨慎,这些老兵萌生了其他想法。"政府决定避免挑衅行为发生,进行合法防御,让市政警卫独自应对骚乱,并且没有使用严阵以待的三万一千名士兵。政府对暴乱分子的防御迟缓又零散,抵抗得无力又无序。

1848年2月22日夜晚,骚乱继续发生着。在位于里沃利街的一个酒店里,皮埃尔·西尔万·迪蒙组织了一场正式的外交晚宴,而诺曼比侯爵康斯坦丁·亨利·菲普斯则是宾客之一。1848年2月22日的整个下午,诺曼比侯爵康斯坦丁·亨利·菲普斯收到了各种坏消息。虽然骚乱不断,但诺曼比侯爵康斯坦丁·亨利·菲普斯没有接到晚宴推迟的通知。因此,诺曼比侯爵康斯坦丁·亨利·菲普斯安排好马车并且准备去参加外交晚宴。然而,在距财政部不到二十码的地方,一位军官表示,由于有人试图筑起街垒,诺曼比侯爵康斯坦丁·亨利·菲普斯必须稍等片刻,直至路面清理完毕。在《革命之年》一书中,诺曼比侯爵康斯坦丁·亨利·菲普斯写道:"虽然这场外交晚宴是为三十六人准备的,但围坐在桌前的只有十八人。一般情况下,晚宴桌上的空位会妨碍会谈的进行。然而,我认为,在晚宴桌上,最好不要提及那个大家都担心的话题。"政界的人们极力不表现出任何焦虑情绪。

与此同时,约瑟夫·德·埃斯图梅尔去了圣奥莱尔伯爵路易-克莱尔·德·博普瓦尔的家。在《历史的印记》一书中,约瑟夫·德·埃斯图梅尔写道:"我惊奇地发现弗朗索瓦·皮埃尔·纪尧姆·基佐正站在桌旁。利文亲王克里斯托夫·海因里希斯·冯·利文的遗孀利文亲王夫人卡塔琳娜·亚历山德拉·多罗西娅·菲尔斯廷·冯·利文也在桌旁。虽然利文亲王夫人卡塔琳娜·亚历山德拉·多罗西娅·菲尔斯廷·冯·利文看起来有些焦虑,但弗朗索瓦·皮埃尔·纪尧姆·基佐自信满满。弗朗索瓦·皮埃尔·纪尧姆·基佐不仅相信政府采取的措施会起作用,而且认为大多数人都会支持内阁。在谈话过程中,大家曾屡次提起起义发生时让军队掌控巴黎的计划——实际上,近两周以来,大家一直在讨论这个计划。然而,弗朗索瓦·皮埃尔·纪尧姆·基佐对大家

利文亲王夫人卡塔琳娜·亚历山德拉·多罗西娅·菲尔斯廷·冯·利文

说道:'很久以前,我就预见到了这一切。每个人都有自己的职责。虽然骚乱不断,但军队将如大网一样将暴乱分子层层包围。'"

实际上,经历了1848年2月22日的犹豫后,政府决定让军队掌控巴黎——格拉尔德伯爵艾蒂安·莫里斯·格拉尔德精心筹备了这个计划。虽然1848年2月21日早晨,让军队掌控巴黎的计划得到了内阁的批准,但1848年2月21日夜晚,夏尔·玛利·塔内吉·迪沙泰尔伯爵放弃了这个计划。弗朗索瓦·皮埃尔·纪尧姆·基佐已经意识到了取消让军队掌控巴黎的计划的致命后果。在回忆录中,弗朗索瓦·皮埃尔·纪尧姆·基佐写道:"国王、大臣们、将领们和高级代表们,宴会到底是不是矛盾的重点?宴会的中止是不是意味着我们已经度过了困境?从骚乱前一周到骚乱发生时,我们的看法一直摇摆不定。我们虽然已经通过共和党的外部和敌对示威活动来阻止了宴会的举行,但仍然没有充分认识到事态的严重性。那么,没有认识到事态的严重性会给事态带来何种改变呢?政府的忍让非但没有削弱暴乱分子的实力,反倒激怒了反对派并且将其从束缚中解放了出来。"政府虽然最终看清了真相,但已经错失良机,全然忘记了那句所有政客都应谨记在心的拉丁语箴言,即"灾难刚有苗头时,你就应该同它做斗争。否则,你就会无药可救"。

接到命令后,军队开始行动。1848年2月22日21时,军队的每一支队伍都到达了自己被命令占领的地方——如果这一计划被执行的时间是1848年2月22日早晨,而不是1848年2月22日夜晚,那么七月王朝或许不会覆灭。

与此同时,秘密团体的领导人正在秘密举行会议。1848年2月22日早晨,《改革报》本应派三名报社成员前往临时政府,后来却宣布这次暴乱是警方的一次行动并且劝民主党人不要参加暴乱。然而,到了1848年2月22日夜晚后,行动派对《改革报》的报道深表怀疑。马克·科西迪埃先生亲眼看见了暴乱分子在圣荣街建起街垒的场景,说道:"一切都不明朗——人群虽然聚集了起来,但只是聚集,不至于让士兵们开枪。"没有行动派相信此刻已经是行动的最佳时机。"再等等、再看看"成为行动派集会的口号。

《改革报》和《国民报》的办公室里并没有充满激动或自信的情绪。由于受到了卡米耶·亚森特·奥迪隆·巴罗先生的影响,《世纪报》上的一篇文章里充满了忧郁和沮丧。《辩论杂志》原本准备在1848年2月23日刊登一篇文章描述1848年2月22日发生的事件。在《辩论杂志》准备刊发这篇文章的过程中,有人补充道:"我们虽然不应该一直揪住内阁不放，但可以说，就目前来看，如果内阁有如下行为，即容忍了胆大包天的人对法律的侮辱，抛弃了秩序和公共安宁并且将其交到不断破坏公共安全的狂妄之徒手中，那么应该受到起诉。现在，我们看到这些危害着城市居民的流浪汉正是那些宴会的乌合之众和摇尾乞怜之人。去吧！你应该感谢政府——政府把你从你的朋友手中救了出来！然而，控诉政府才是更有胆量的行为。在荒唐的威胁或叛乱面前，政府非但不会畏缩，反倒会尽职尽责——好公民们也应和政府一样尽心尽力。"反对派和内阁都期待着大臣们的胜利。没有人料到，革命即将爆发。

在杜伊勒里宫里，虽然有着强烈的政治敏锐性的玛丽·阿梅莉王后对局势一直持消极观点，但法兰西国王路易-腓力一世十分安心，充满自信与喜悦。法兰西国王路易-腓力一世说道："巴黎人不习惯在冬季发动革命。反对派明白自己在做什么，不会为了宴会推翻王权。"加布里埃尔·德里泽特告诉法兰西国王路易-腓力一世，不仅秘密团体的头目们坚持不挡道，而且军队没有遇到激烈的抵抗。加布里埃尔·德里泽特的话让法兰西国王路易-腓力一世信心大增。大臣们大呼政府会将起义扼杀在摇篮中，称颂法兰西国王路易-腓力一世的判断准确并且具有前瞻性，表示杞人忧天者必定会因自己之前的恐惧和胆怯而感到羞愧。法兰西国王路易-腓力一世对夏尔·玛利·塔内吉·迪沙泰尔伯爵说道："我从未感觉自己如此强大。"

虽然在军队所到之处，暴乱分子无处遁形，但在军队未到之处，骚乱仍然时有发生。巴黎街头的男孩放火烧毁了多处路障，而暴乱分子则不仅破坏了街灯，而且切断了煤气管道。布尔格-阿贝街和莫康塞尔街发生了数起骚乱。后来，一切归于平静。在毗邻圣荣街的地区，包括皇家宫殿、集市、圣但尼街、圣马丁街、码头、林荫大道、协和广场和香榭丽舍大街——总之，在白天发生了骚乱的地方都恢复了平静。一些囚犯被带到了警局总部。巴黎街头的男孩消失了。街上只剩下巡逻队的身影。虽然倾盆大雨即将到来,但在广场上,几处余火仍然没有熄灭。骚乱似乎得到了平息,导致当局不仅信心十足,而且认为可以在1948年2月23日早晨将除几支分队外的其他军团召回营房。一切看似都落下了帷幕。然而,好戏才刚刚开始。

第 18 章

1848 年 2 月 23 日早晨

1848年2月23日,刚刚破晓时,大雨便倾盆而下。一些人重复着作家热罗姆·佩蒂翁·德·维尔纳夫的说法道:"下雨了。什么也不会发生了。"1848年2月23日7时,士兵们虽然陆续就位,但看起来满脸疲惫——有的士兵露营过夜,有的士兵只是小憩了一会儿。然而,骚乱突然爆发了。军方迅速派来了增援。毫无疑问,骚乱看起来已经彻底平息了。虽然内政部的官员们以为一切都结束了,但1848年2月23日9时左右,新的骚乱爆发了。新的骚乱主要爆发在蒙马特尔街、林荫大道、唐普勒街、码头和其他人口稠密的地区,而这些地区的街道不仅狭窄,而且错综复杂、易守难攻。政府如果派国民自卫军去采取行动,那么可以轻松镇压骚乱。国民自卫军是七月王朝的缔造者,也是七月王朝的毁灭者。实际上,由于国民自卫军已经多年没有接受检阅,法兰西国王路易-腓力一世肯定对国民自卫军的不忠有所察觉。然而,即便如此,法兰西国王路易-腓力一世仍然坚信大多数公民和士兵会效忠于自己。有人曾向法兰西国王路易-腓力一世报告称,让-弗朗索瓦·雅克米诺将军说道:"三百八十四人中仅有六到七人行为不端——其他人皆会效忠于七月王朝。"法兰西国王路易-腓力一世听后只是说道:"才六至七人!十七至十八人我们也不怕!"法兰西国王路易-腓力一世寄希望于效忠于自己的士兵,却因此而失去了王位。

1848年2月23日的前几天，内阁一直在讨论是否应将镇压骚乱的任务全部交给国民自卫军。正如蓬泰库朗伯爵路易·古斯塔夫·勒·杜尔塞在《历史的印记》一书中评论的，无论内阁如何选择，这个选择都会带来许多不便。雷斯枢机主教表示，无论选择哪一方，法兰西国王路易-腓力一世都无法避免犯错。历史已经充分证明了一个事实，即召集国民自卫军是七月王朝毁灭的序曲。然而，如果国民自卫军没有被召集，那么七月王朝能幸存下来吗？答案是不确定的——政府会以行为可疑为借口阻止敌对行动。政府无论采取什么行动，都改变不了助长暴乱分子的气焰的事实。1848年2月22日17时，在多个地方，武装部队都遭到了沉重打击。虽然国民自卫军做出了一些回击，但立场十分摇摆。在尝试召集部分国民自卫军并不顺利的情况下，政府展现出了前所未有的乐观，决定在次日继续召集全部国民自卫军。

在《最后的星期六》一书中，蓬泰库朗伯爵路易·古斯塔夫·勒·杜尔塞写道："呜呼，虽然历史已经给法兰西国王路易-腓力一世上了一课，但法兰西国王路易-腓力一世没有认识到，面对众多的巴黎平民，国民自卫军只是一个革命团体，根本不具备坚定的保守主义和抵抗精神。然而，一切都为时已晚——危险已经近在眼前。当需要拯救的对象不再是国家、机构或王权，而是房屋与商店时，当受惊的中产阶级吸取了让权之后的教训时，阻止街道被毁已经不再是一桩易事，需要花费更多力量和努力。与此同时，不仅人们会遭受更多痛苦，而且政府需要召集更多的士兵、街头巡逻人员和负责夜间值班的警卫。"1848年2月23日，政府没有进行反思。因为国民自卫军不仅缔造了七月王朝，而且热情、勇敢地进一步巩固了七月王朝，所以政府想当然地以为自己只要一声令下就可以再次召集国民自卫军并且平息骚乱。然而，这只是政府一厢情愿的想法，毫无理论上的逻辑可言。内阁本就不讨国民自卫军喜欢。因此，在国民自卫军看来，召集令只是报复内阁的绝佳手段。国民自卫军将自己

关于二月革命的漫画《扑灭》

视为仲裁者,参与公共事务决策,并且声称要通过高压手段改变内阁。内阁不仅一直在法律允许的范围内行事,而且从1830年起便得到了最广泛的支持。因此,国民自卫军没收国家的政治权力并且将其授予城市的做法其实是想让自己凌驾于政府和法律之上。

然而,和反对派成员一样,国民自卫军没有高瞻远瞩,仍然相信自己只是试图改变内阁,而不是发动革命。国民自卫军的做法毫无规划,完全是无意识地在推动共和政体的建立。杜伊勒里宫如果执行轻率和错误的决策,那么会带给反对派和国民自卫军同样的灾难。我们必须宽容法兰西国王路易-腓力一世的自欺欺人——法兰西国王路易-腓力一世周围的所有人,包括他的朋友和敌人,都同样自欺欺人。左派人士、法兰西国王路易-腓力一世和内阁成员都是目光短浅之人。历史上总会有这样的时期,即社会上的各个阶层都如同中了迷魂计一般,而上帝在一旁享受着捉弄人类的乐趣。

1848年2月23日早晨,国民自卫军的战鼓敲响了集结的号令。然而,情况显然已经不利于政府——虽然国民自卫军中的大多数保守派成员仍待在家中,无动于衷,但所有的反对派迅速响应了号召。

由于经常与危险的暴乱分子正面接触,国民自卫军察觉出了暴乱分子对内阁的敌意,并且开始怀疑自己捍卫的事业。秘密团体的成员虽然认为1848年2月23日是对抗法兰西国王路易-腓力一世和为此前的失败报仇雪恨的绝佳时机,但一直在犹豫是否应该主动出击。共和党虽然无法独自成事,但有了国民自卫军的支持后,很可能会推翻七月王朝。不是国民自卫军的暴乱分子身穿制服,以更有效的方式进行着革命事业。斐迪南·弗洛孔先生来到《改革报》办公室,喊道:"去找一些国民自卫军制服,快点!向你们朋友借也好,在二手服装店搞到也好——总之,尽一切可能找来国民自卫军的制服!穿好国民自卫军的制服后,立即去市长办公室,带领分遣队并且高呼'改革万岁'。随后,尽可能地四散于军队和人群中。"政府本以为国民自卫军会与其他军队联系并且负责维护治安，不仅能在让军队掌控巴黎的计划中有效发挥其作用，而且能去军队去不了的地方清除路障。然而，事与愿违，国民自卫军仅仅暂缓了骚乱的爆发。

1848年2月23日10时至1848年2月23日11时，大部分国民自卫军的军团都展开了行动：

在香榭丽舍大街和旺多姆广场集结的国民自卫军第一军团是唯一一支保留了支持政府的态度的部队，不仅没有喊出"改革万岁"，而且在左派人士经过时发出了嘘声。

在皇家宫殿和蒙马特尔郊区集结的国民自卫军第二军团于马尔桑馆窗下高唱《马赛曲》。

在蒙马特尔和泊索尼埃尔郊区集结的国民自卫军第三军团声明，法兰西国王路易-腓力一世将大臣撤职前，第三军团的士兵不会放下武器。

旺多姆广场

国民自卫军第三军团以保卫银行为由迫使市政警卫撤退，并且用刺刀攻击胸甲骑兵，高喊着"打倒弗朗索瓦·皮埃尔·纪尧姆·基佐"。

在卢浮宫附近集结的国民自卫军第四军团签署了一份给下议院的请愿书。这份请愿书中写道："我们都是巴黎民兵和公共秩序的维护者。为了预防和制止流血事件，我们将无条件听从派遣。然而，与此同时，作为自由的守护者，我们必须声明，这次集结不仅不代表我们支持内阁的对内或对外政策，而且不代表我们会给予内阁各种形式的支持。相反，我们代表广大优秀公民谴责内阁。"请愿书的最后一项是要求撤职和弹劾大臣。这份请愿书虽然本应由一些国民自卫军士兵交到下议院，但在码头处被截获并且直接送至了左派人士手中。

在博讷-努韦勒地区和圣但尼郊区集结的国民自卫军第五军团干扰着市政警卫打击骚乱的行动。

在圣殿区集结的国民自卫军第六军团聚集于巴士底广场上，高唱着《马赛曲》。

在市政厅附近集结的国民自卫军第七军团让人告知法兰西国王路易-腓力一世，如果法兰西国王路易-腓力一世不立即投降，那么国民自卫军和政府之间的冲突将一发不可收。此外，国民自卫军第七军团的几位卫兵已经将武器交给了暴乱分子。

在圣日耳曼郊区集结的国民自卫军第十军团分成了两拨——一拨保卫着通往下议院的道路，而另一拨已经投身于改革事业，拒绝服从命令。

可以想象，对法兰西国王路易-腓力一世来说，这一系列消息绝对宛如晴天霹雳。发生了什么？这支国民自卫军，这支法兰西国王路易-腓力一世拥有并且一直给予关怀的国民自卫军，这支在任何庆典场合仅凭制服就能取悦法兰西国王路易-腓力一世的国民自卫军，究竟经历了什么？法兰西国王路易-腓力一世根本不敢相信自己竟然会被抛弃和背叛。在皇家宴会上，法兰西国王路易-腓力一世曾向高级军官们承诺，他会将士兵们视作患难与共的伙伴，而国民自卫军和七月王朝之间的利益将永远紧密相连！看啊，一直和法兰西国王路易-腓力一世齐心协力的国民自卫军如今竟要揭竿而起并且反抗法兰西国王路易-腓力一世！再看一看法兰西国王路易-腓力一世的支持者和最好的朋友——一夜之间，这些人都成了法兰西国王路易-腓力一世的劲敌！法兰西国王路易-腓力一世还能做些什么？法兰西国王路易-腓力一世难道能下令向一直以来帮助自己对抗无政府主义者和暗杀者的国民自卫军开火吗？

如果政府允许国民自卫军继续充当打击骚乱的先锋和盾牌，或者有人应允了那份来自刺刀尖上的请愿书，那么何谈维护秩序？

敌对游行开始时，在杜伊勒里宫，安德烈·玛利·让·雅克·迪潘先生对法兰西国王路易-腓力一世说道："我认为，由于斗争旷日持久，危险即将到来。一部分国民自卫军士兵非但没有站在政府这边，反倒表示赞成解散内阁并且高呼'改革万岁'和'打倒弗朗索瓦·皮埃尔·纪尧姆·基佐'。"法兰西国王路易-腓力一世希望尽快恢复秩序，而安德烈·玛利·让·雅克·迪潘先生说道："这只是幻想，陛下——不仅邪恶势力正在不断壮大，而且游行示威活动产生了巨大影响，可能会演变为社会冲突。"法兰西国王路易-腓力一世问道："你认为暴乱分子会疯狂到要推翻我吗？""陛下，我没听说有人觊觎王位——没有人对我说过类似的事情。然而，如果带有极端民主色彩的斗争爆发并且成功，那么只有两种可能——要么是共和政体，要么是无政府状态。"

为了防止外界对重组内阁妄加猜测，法兰西国王路易-腓力一世和安德烈·玛利·让·雅克·迪潘先生的会面是秘密进行的。一位副官来通报，表示内阁正等待着法兰西国王路易-腓力一世。在回忆录中，安德烈·玛利·让·雅克·迪潘先生写道："国王站起身并且伸出了自己的手。我恭敬地握了一下国王的手——唉，这竟是我们的诀别——从那以后，我们再未相见！"

与此同时，除了国民自卫军第一军团和国民自卫军第十军团的部分士兵，其余国民自卫军的军团全部宣布反对政府。在骚乱集中发生的地方，暴乱分子手持棍棒，以命令的口吻挨家挨户索要国民自卫军的毛瑟枪。受到惊吓的妇女们纷纷服从了暴乱分子的命令——甚至有人在门上用粉笔写下了"武器已交"的字样。以前的口角之争即将演变为激烈的战斗。摆在政府面前的是一种进退两难的局面，即要么与国民自卫军对抗到底，要么向暴乱分子投降。

第 19 章

内阁倒台

1848年2月23日,和往常一样,上议院召开了会议。上议院的会议刚开始时,布瓦西侯爵伊莱尔·艾蒂安·奥克塔夫·鲁耶·杜库德雷就提出了一项动议。他说道:"昨天,我看到血染红了整个巴黎。今天,巴黎人民再次面对死亡和冲突的威胁。不仅六十门榴弹炮即将造成死亡,而且四十个爆炸装置也会带来毁坏和炮火。以上武器都是被快速从万塞讷①运到暴乱分子手中的。因此,我请求上议院就巴黎的现状对内阁提出质询。"

皮埃尔·西尔万·迪蒙问道:"有哪两位贵族附议吗?"

德·奥尔顿-谢伊·德·利涅尔伯爵埃德蒙说道:"我附议。"

皮埃尔·西尔万·迪蒙又说道:"由于这项动议没有得到两位贵族的附议,上议院不予受理。"

随后,就有关在法属殖民地实施强制征用的法律的问题,上议院进行了讨论。1848年2月23日15时45分,上议院的会议结束了——没有人意识到,这是上议院的最后一次会议。

---

① 万塞讷,位于今法国巴黎东郊马恩河谷省的一个行政区,距离巴黎市中心约六点七公里,是欧洲人口最稠密的自治区之一。

亚历克西斯·瓦万

　　1848年2月23日13时30分，下议院的会议开始了。保罗·让·皮埃尔·索泽先生非常关心当日的议题，即关于那家波尔多银行的问题。然而，在严重的危机面前，其他大没有心情讨论那家波尔多银行的问题。虽然亚历克西斯·瓦万先生想对大臣提出质询，但由于身为内政部大臣的夏尔·玛利·塔内吉·迪沙泰尔伯爵还未出现，大家只能选择等待。

　　与此同时，在杜伊勒里宫，夏尔·玛利·塔内吉·迪沙泰尔伯爵正与法兰西国王路易-腓力一世进行着一场重要的对话。

　　法兰西国王路易-腓力一世问道："现在的情况如何？"

　　夏尔·玛利·塔内吉·迪沙泰尔伯爵回答道："陛下，今天的事态比昨天更加严峻。虽然情况不甚明朗,但我们如果加强抵抗,那么可以渡过难关。"

法兰西国王路易-腓力一世说道:"我也是这样想的。虽然有人建议我通过改组内阁来结束危机,但我不会那样做。"

夏尔·玛利·塔内吉·迪沙泰尔伯爵说道:"陛下英明。就个人而言,我不是热衷权力之人。虽然放弃权力不会令我付出多少代价,但合法当局向暴乱分子让步不是明智之策——第一次失败会带来第二次失败。虽然从1830年6月20日至1830年8月10日的七月革命的革命时间并不长,但现在,事态如同受到蒸汽机驱动一般,发展得十分迅速。"

法兰西国王路易-腓力一世说道:"如果你这样说,那么我们一定要保持坚定。你去和王后谈谈吧——她十分焦虑。我希望你能劝劝王后。"

在过去的几天里,玛丽·阿梅莉王后对局势不抱任何幻想,认为危机已经非常严重。后来,弗朗索瓦·皮埃尔·纪尧姆·基佐写道:"面对审判时,王后的伟大的灵魂总是那样无所畏惧、热情高尚。然而,有时,王后会非常担心自己的丈夫和儿子的处境。"玛丽·阿梅莉王后明白,由于担心造成杀戮,法兰西国王路易-腓力一世不会使用严酷的手段镇压骚乱。从法兰西国王路易-腓力一世不允许正规军向国民自卫军开火的那一刻起,改组内阁便已成定局。玛丽·阿梅莉王后跟随蒙庞西耶公爵安托万·玛利·菲利普·路易·德·奥尔良见到了法兰西国王路易-腓力一世,看起来十分激动。

玛丽·阿梅莉王后对夏尔·玛利·塔内吉·迪沙泰尔伯爵说道:"我知道弗朗索瓦·皮埃尔·纪尧姆·基佐对国王和法兰西做出的贡献。如果国王听取改组内阁这一意见,那么弗朗索瓦·皮埃尔·纪尧姆·基佐会立刻被赶下台。"

夏尔·玛利·塔内吉·迪沙泰尔伯爵说道:"和其他同僚一样,弗朗索瓦·皮埃尔·纪尧姆·基佐不仅时刻准备着为国王流尽最后一滴血,而且不愿强求自己做违背国王的意愿的事。陛下才是主人,能依据王权的利益给予或收回对弗朗索瓦·皮埃尔·纪尧姆·基佐的信任。"

法兰西国王路易-腓力一世说道:"不要这样说——别让弗朗索瓦·皮埃尔·纪尧姆·基佐听到啊!"

玛丽·阿梅莉王后说道:"弗朗索瓦·皮埃尔·纪尧姆·基佐应该听到这些话——我会亲自向他转达。我十分尊重弗朗索瓦·皮埃尔·纪尧姆·基佐。弗朗索瓦·皮埃尔·纪尧姆·基佐是个讲信义的人,会理解我的。"

夏尔·玛利·塔内吉·迪沙泰尔伯爵说道:"我一定会告诉国王,我不可能不把我刚刚听到的一切都告诉弗朗索瓦·皮埃尔·纪尧姆·基佐先生——这对时局十分关键——无论是作为同僚还是朋友,我都不能对弗朗索瓦·皮埃尔·纪尧姆·基佐有所隐瞒。"

法兰西国王路易-腓力一世说道:"如果这个办法可行,那么我们必须即刻召开内阁会议。"

夏尔·玛利·塔内吉·迪沙泰尔伯爵说道:"我认为突然召开内阁会议可能有些不妥。在议院正在开会的情况下,大臣们无法脱身。我认为,您最好先和弗朗索瓦·皮埃尔·纪尧姆·基佐谈一谈。"

法兰西国王路易-腓力一世说道:"言之有理。那么,请立刻把弗朗索瓦·皮埃尔·纪尧姆·基佐叫到我这来。"

夏尔·玛利·塔内吉·迪沙泰尔伯爵虽然赶到了波旁宫,但没有进去,而是命人把弗朗索瓦·皮埃尔·纪尧姆·基佐叫了出来。随后,夏尔·玛利·塔内吉·迪沙泰尔伯爵直接把弗朗索瓦·皮埃尔·纪尧姆·基佐带去了杜伊勒里宫。在去杜伊勒里宫的路上,夏尔·玛利·塔内吉·迪沙泰尔伯爵将自己刚才与法兰西国王路易-腓力一世和玛丽·阿梅莉王后的谈话内容告诉了弗朗索瓦·皮埃尔·纪尧姆·基佐。夏尔·玛利·塔内吉·迪沙泰尔伯爵和弗朗索瓦·皮埃尔·纪尧姆·基佐一致认为,在当时的情况下,他们二人应该主动请辞。1848年2月23日14时30分,夏尔·玛利·塔内吉·迪沙泰尔伯爵与弗朗索瓦·皮埃尔·纪尧姆·基佐到达了杜伊勒里宫。在杜伊勒里宫里,法兰西国王路易-腓力一世、玛丽·阿梅莉王后、内穆尔公爵路易·夏尔·菲利普·拉斐尔和蒙庞西耶公爵安托万·玛利·菲利普·路易·德·奥尔良正坐在一起。法兰西国王路易-腓力一世仔细考虑了情况的严重性,表示自己宁愿退位也不愿与大臣们分道扬镳。

玛丽·阿梅莉王后说道:"亲爱的,你可不能这样说——你要对法兰西负责,不能只考虑自己。"

法兰西国王路易-腓力一世说道:"你说得对。我比大臣们更加不幸——我不能请辞。"

弗朗索瓦·皮埃尔·纪尧姆·基佐说道:"陛下,您必须做出决定。内阁已经做好了准备,即要么誓死保护陛下和保守派,要么毫无怨言地接受改组。陛下,如今,我们不能再自欺欺人了,只能按目前的情况解决问题。现在,为了争取一丝成功的可能性,内阁比以往更需要国王的坚定支持。最终,公众会知道国王的犹豫不决——如果公众知道了国王的犹豫,那么内阁会失去道德层面的支持以致无法完成使命。"

法兰西国王路易-腓力一世说道:"我虽然对与你的分别深感遗憾,但不得不这样做——巩固君主政体需要有人做出牺牲。"

蒙庞西耶公爵安托万·玛利·菲利普·路易·德·奥尔良对弗朗索瓦·皮埃尔·纪尧姆·基佐说道:"我的信念一定十分坚定和深沉——即使对你充满感激,我也要坚持我的信念。"

法兰西国王路易-腓力一世对弗朗索瓦·皮埃尔·纪尧姆·基佐说道:"我正在考虑让路易-马蒂厄·莫莱来接任你的职位。你认为怎么样?"

弗朗索瓦·皮埃尔·纪尧姆·基佐和夏尔·玛利·塔内吉·迪沙泰尔伯爵没有反对。

法兰西国王路易-腓力一世继续说道:"那么,我会传路易-马蒂厄·莫莱过来。"

玛丽·阿梅莉王后对弗朗索瓦·皮埃尔·纪尧姆·基佐和夏尔·玛利·塔内吉·迪沙泰尔伯爵说道:"你们永远都是国王的朋友。"

法兰西国王路易-腓力一世哭泣着拥抱了弗朗索瓦·皮埃尔·纪尧姆·基佐和夏尔·玛利·塔内吉·迪沙泰尔伯爵,并且在与他们分别时说道:"你们比我幸福多了。"

与此同时,下议院议员们已经不再工作并且变得越来越焦虑。后来,托克维尔子爵亚历克西斯·夏尔-亨利-莫里斯·克莱尔说道:"突然,我听到了外面的响亮的号角声。我明白号角声是站岗的胸甲骑兵在通过吹号角自娱自乐。欢快喜悦的乐器声与困扰我们的事务显得格格不入,扰乱了我们的思绪。很快,这不合时宜的音乐就停止了。"

1848年2月23日15时15分,弗朗索瓦·皮埃尔·纪尧姆·基佐和夏尔·玛利·塔内吉·迪沙泰尔伯爵来到了下议院,步伐坚定,公开了过去几个小时里的秘密谈话。

亚历克西斯·瓦万先生走上讲坛,说道:"先生们,我请求议院质询内阁。在过去的一天中,严重的骚乱持续威胁着巴黎。1848年2月22日,民众对正规军的失职感到惊讶又难过。这种惊讶与难过已经被无限放大了——民众得知,让军队掌控巴黎的计划虽然在1848年2月21日早晨得到了批准,但在1848年2月21日夜晚又被放弃了。从昨晚开始,有人已经开始号召武装起义,并且想让国民自卫军加入起义。巴黎人民处于水深火热中,没有来自国民自卫军的保护。致命的冲突已经爆发了。或许,现在,我们不应该谴责国民自卫军。然而,冲突开始时,怀揣着维护公共秩序与自由的信念的国民自卫军出现在街道与广场上,我们应该怎么办?就这一严酷又悲惨的情况,我请求大臣们做出解释。"

轮到弗朗索瓦·皮埃尔·纪尧姆·基佐发言了。为了不显得好像低着头，弗朗索瓦·皮埃尔·纪尧姆·基佐把头微微向后倾了一下。弗朗索瓦·皮埃尔·纪尧姆·基佐登上了讲坛。弗朗索瓦·皮埃尔·纪尧姆·基佐的行动虽然缓慢，但不失威严。

在全场肃静的情况下，弗朗索瓦·皮埃尔·纪尧姆·基佐说道："先生们，我认为现在开始质询内阁的做法不仅不符合公众利益，而且不符合下议院的利益。"弗朗索瓦·皮埃尔·纪尧姆·基佐的话引起了一阵窃窃私语。

弗朗索瓦·皮埃尔·纪尧姆·基佐左边的议员们喊道："同意！同意！"

弗朗索瓦·皮埃尔·纪尧姆·基佐说道："我的意思是，虽然尊敬的亚历克西斯·瓦万先生告知了我们质询一事，但此刻展开辩论不仅有伤下议院的尊严，而且不符合下议院的利益。国王将召唤并且信任路易-马蒂厄·莫莱。"弗朗索瓦·皮埃尔·纪尧姆·基佐的话引起了经久不息的叫好声。

卡米耶·亚森特·奥迪隆·巴罗先生说道："下议院应该维护自身的尊严。"

弗朗索瓦·皮埃尔·纪尧姆·基佐说道："刚才的打断不会让我多说或少说一句话。国王将召唤并且信任路易-马蒂厄·莫莱，让他组建一个新的内阁。然而，由于现任内阁仍然是处理各种事务的中心机构，现任内阁成员一定会遵从自己的良知并且一如既往承担维持或重建秩序的责任，让法律得到应有的尊重。"

下议院从未遭受过如此严重的打击。后来，托克维尔子爵亚历克西斯·夏尔-亨利-莫里斯·克莱尔写道："反对派成员们坐在原位，高喊着胜利和复仇成功等口号。然而，反对派领袖们保持着镇定，忙于思考如何利用这次胜利。反对派领袖们注意到自己必须对大多数议员示好——反对派可能需要其他议员的帮助。然而，遭受了前所未有的打击后,保守派议员们变得极度焦虑,像一个个震荡的石块,随时准备着滚落深谷。随后,保守派议员们簇拥在半圆形的讲坛周围,开始询问大臣们卸任的原因或向他们表示最后的敬意。在嘈杂与侮辱性的叫嚷声中,还有一些保守派议员起身开始反抗。"

会场中充斥着各种各样的声音:"真是胆小怯懦⋯⋯真让人丢脸!我们倒要看看他们怎么解决。"

在一片喧哗中,活跃的团体的成员开始各自聚集起来。

很多人说道:"我们去找国王!我们去找国王!继续开会!"

托克维尔子爵亚历克西斯·夏尔-亨利-莫里斯·克莱尔继续写道:"内阁成员的绝望不足为奇——大多数内阁成员感觉自己的政治观点和个人利益都遭到了打击⋯⋯我坐在长凳上,观察着这起伏波动的人潮。我感受到了讶异、愤怒、恐惧和贪婪等各种情绪。在没有被这些情绪完全控制前,人群已经变得躁动不安。每一张惊恐的面孔上都带有一些个人特质。在我看来,这些立法者如同嘴里满是食物却不舍得放开猎物,只能被拖拽着离开的群狗。"

在一阵骚乱中,弗朗索瓦·皮埃尔·纪尧姆·基佐泰然自若。弗朗索瓦·皮埃尔·纪尧姆·基佐虽败犹荣,并且没有葬送自己的信条。弗朗索瓦·皮埃尔·纪尧姆·基佐认为,唯一有罪之人是法兰西国王路易-腓力一世——在激烈的斗争中,法兰西国王路易-腓力一世抛弃了自己的部下。实际上,法兰西国王路易-腓力一世再给予一点点支持都可能挽救内阁。和以前一样,弗朗索瓦·皮埃尔·纪尧姆·基佐非常傲慢,没有反思自己的行为或否认自己的言行。

卡米耶·亚森特·奥迪隆·巴罗先生认为,弹劾大臣的提议不合时宜。弹劾大臣本该是1848年2月24日的议题。安德烈·玛利·让·雅克·迪潘先生表达了和卡米耶·亚森特·奥迪隆·巴罗先生同样的想法,说道:"此时此刻,我们应该就弹劾大臣的问题进行商谈吗?无论

弗朗索瓦·皮埃尔·纪尧姆·基佐的漫画形象（左）

问题得到怎样的解决，结果都会不仅与你们的目标背道而驰，而且无法平复民心或恢复秩序。我希望我们目标实现之日是一切结束之时。我认为最好的办法是请求休会——我衷心希望这样。"

弗朗索瓦·皮埃尔·纪尧姆·基佐说道："先生们，我刚才说过，只要现任内阁是处理各种事务的中心机构，现任内阁成员就必须一如既往承担维持或重建秩序的责任，让法律得到应有的尊重。内阁认为，不仅任何事务都没有理由被中断，而且在会议上提出的问题没有理由得不到解决。虽然国王会行使自己的权力——国王的权力应得到充分的尊重，但只要内阁还是处理各种事务的中心机构，只要现任内阁成员还坐在长椅上，关于公共权利的工作或讨论就不会中断。内阁准备好了回应所有问题和应对全部讨论，只等着下议院决定合适的时间。"这就是弗朗索瓦·皮埃尔·纪尧姆·基佐最后一次登上讲坛时的讲话内容。

虽然安德烈·玛利·让·雅克·迪潘先生一再坚持休会，但他的坚持只是徒劳。安德烈·玛利·让·雅克·迪潘先生大喊道："无论内阁成员和大多数人怎么想，我都请求休会。"在过去的七年多时间里，下议院一贯顺从内阁意见，而这次也不例外——下议院决定不改变自己在1848年2月24日休会的计划。1848年2月23日16时，下议院的会议结束了。

第 20 章

嘉布遣大道的暴乱

下议院的会议结束后,大臣们一同去了杜伊勒里宫。有人告诉法兰西国王路易-腓力一世,得知内阁垮台后,大臣们内心充满了麻木与愤怒。法兰西国王路易-腓力一世十分不安,开始怀疑满足暴乱分子的要求是否是明智之举,然后又开始自我安慰,认为大臣们是自愿辞职。在回忆录中,弗朗索瓦·皮埃尔·纪尧姆·基佐写道:"我积极地重申了我在和国王首次面谈时说的话。我对国王说道:'我们已经下定决心,准备维护秩序并且进行合法抵抗直至最后一刻——这是我们认为的最完美的做法。'国王虽然似乎更倾向于改组内阁,但没有再坚持。米歇尔·皮埃尔·亚历克西斯·埃贝尔先生、纳西斯-阿希尔·德·萨尔瓦迪先生和伊波利特·保罗·贾尔先生只是表达了对改组内阁的反对。离开杜伊勒里宫时,我们打算着手在遭受暴力袭击的区域维持秩序,直至新的内阁成立。"

与此同时,在国民自卫军的骑兵们面前,蒙塔利维伯爵玛尔特·卡米耶·巴哈松说道:"穿过巴黎,去各地宣告,国王正在改组内阁并且同意合理改革。"骑兵们奔向四面八方并且宣告了这一消息。喜迎佳讯时,在街头,富庶地区的人们互相拥抱。人们纷纷喊道:"亮灯!亮灯！"亮灯是号召国民自卫军武装集结的标志。在窗前，人们摆放着灯具、小蜡烛和烛台。每家每户都点亮了灯，宛如庆祝节日一般。意大利大道上的格朗·巴尔孔咖啡馆灯火辉煌。副官和军官们告诉法兰西国王路易-腓力一世，法兰西国王路易-腓力一世的谨慎决策安抚了民心，让一切重归安宁。奥尔良公爵夫人海伦·路易丝·伊丽莎白喜极而泣，拥抱着自己的儿子巴黎伯爵路易·菲利普·阿尔贝大声说道："可怜的孩

奥尔良公爵夫人海伦·路易丝·伊丽莎白与
巴黎伯爵路易·菲利普·阿尔贝

子,虽然暴乱分子让你的王位陷入了险境,但上帝将王冠还给了你。"在《1848年的二月革命的历史》一书中,阿方斯·玛利·路易·普拉·德·拉马丁先生写道:"所有公民的心中都洋溢着和平与喜悦。这就像是国王与人民争吵无果后的来自人民无言的和解。"然而,法兰西国王路易-腓力一世还没有意识到,他的王位已经朝不保夕。

1848年2月23日夜晚,内政部举行了一场盛大的晚宴。在骚乱发生前,内政部已经发出了请帖。因此,夏尔·玛利·塔内吉·迪沙泰尔伯爵没有取消晚宴。弗朗索瓦·皮埃尔·纪尧姆·基佐和大多数大臣都位于客人之列,并且就未来的内阁和艰难的处境展开了讨论。用完晚餐后,一些议员和贵族走了进来。桌子都被摆放好了。因此,这场晚宴可能会被误认为是一场普通的大臣级招待会。

在玛利·约瑟夫·路易·阿道夫·梯也尔先生家附近,人们兴高采烈。所有人都聚集在自己认定的大臣玛利·约瑟夫·路易·阿道夫·梯也尔先生周围,导致附近的道路水泄不通。玛利·约瑟夫·路易·阿道夫·梯也尔先生站在门后,向民众表示祝贺并且许下了一些承诺。

卡米耶·亚森特·奥迪隆·巴罗先生的家中充斥着躁动的气息。卡米耶·亚森特·奥迪隆·巴罗先生说道:"我的家已经变成了情绪激动的公众的集中地,也成了政治信号的发出地。有时,一群民众会带着大烛台来见我。有时,学校或国民自卫军的代表想与我议事——这些事或涉及战争与和平的问题,或涉及推翻与保留王权的问题。因此,为了处理接连不断的状况,我们不得不在客厅没完没了地开会。"有一群人举着火把,从一楼开放的小画廊偷偷潜入了卡米耶·亚森特·奥迪隆·巴罗先生的家的中庭。在中庭,人们可以看见卡米耶·亚森特·奥迪隆·巴罗先生正面对着几位左派人士进行演讲,透露出一股自信与热情。

然而,改组内阁无法使所有巴黎人都感到满意。保守派人士和革命党人都十分不满。保守派人因政府逐渐让步的做法而感到苦恼——对他们来说，这似乎是一种危险的屈从，而革命党人则认为，政府仍然没有明确的行动和郑重的承诺——仅有路易-马蒂厄·莫莱这个名字是远远不够的——国王很可能在欺骗人民。许多自由党人更加敏锐，毫不掩饰自己的担忧与恐惧。朱尔·德·拉斯泰里先生对夏尔·玛利·塔内吉·迪沙泰尔伯爵说道："我虽然十分希望内阁倒台，但不想看到你出局——我想看你继续掌权。"去拜访古斯塔夫·奥古斯特·博南·德·拉·博尼尼埃·德·博蒙伯爵时，托克维尔子爵亚历克西斯·夏尔-亨利-莫里斯·克莱尔说道："虽然那里的人们欢欣雀跃，但我丝毫感受不到快乐。我对自己信任的人说道：'巴黎的国民自卫军刚刚摧毁了内阁。在欢乐的氛围中，新的内阁大臣将走马上任。虽然人们因内阁被推翻而兴奋，但你难道没有意识到内阁倒台是国家权力的地位下降的表现吗？'"内穆尔公爵路易·夏尔·菲利普·拉斐尔没有参与改组内阁一事。在办公室内，内穆尔公爵路易·夏尔·菲利普·拉斐尔和蒙塔利维伯爵玛尔特·卡米耶·巴哈松进行了会面。内穆尔公爵路易·夏尔·菲利普·拉斐尔对蒙塔利维伯爵玛尔特·卡米耶·巴哈松说道："亲爱的伯爵，你也该满足了——弗朗索瓦·皮埃尔·纪尧姆·基佐已不再是大臣了。"蒙塔利维伯爵玛尔特·卡米耶·巴哈松回答道："阁下，不是这样的——我对弗朗索瓦·皮埃尔·纪尧姆·基佐的卸任深感悲痛。在战争最激烈的时候，国家怎么可以更换将军呢？"

虽然许多人都认为战争已经结束了，但战争不仅突然再次爆发，而且异常激烈。

整个巴黎都陷入了混乱。共和党人决心从混乱中牟利。由于内阁即将倒台，内阁的承诺已毫无意义。驻扎在林荫大道的国民自卫军疲惫不堪，不知道自己到底应该抵抗还是让步。与此同时，国民自卫军已经允许暴乱分子释放了被关押的罪犯。在巴士底广场上，一些国民自卫军、暴乱分子、巴黎街头的男孩与一些举着旗帜和火炬的人聚集起来，形成了一个

巴士底广场

游行队伍。这个游行队伍穿过林荫大道并且没有遭到拦截。虽然一些火炮和加农炮占据了街道，但炮兵们主动移开武器，让街道恢复了通行。在一片掌声中，这个游行队伍继续前进，一直走到了嘉布遣大道。

除了在弗朗索瓦·皮埃尔·纪尧姆·基佐的宅邸前的外交事务部，其他机构都无法给国民自卫军下达明确的指令。弗朗索瓦·皮埃尔·纪尧姆·基佐的宅邸已经不止一次受到了暴动的威胁。暴乱分子占据了林荫大道的拐角处。弗朗索瓦·皮埃尔·纪尧姆·基佐在内政部享用晚餐时，外交事务部和通往外交事务部的道路已经被国民自卫军的骑兵团和步兵团占领了。在巴黎，通往外交事务部的道路是唯一一条禁止自由通行的道路。弗朗索瓦·皮埃尔·纪尧姆·基佐的宅邸中的朦胧与晦暗与外交事务部的通明的灯火形成了鲜明对比。窗前的灯火在骑兵的盔甲上跳动着，宛若鲜活的生命正在跃动。为了防止国民自卫军和暴乱分子接触，由库朗上校率领的军队被召集了起来。国民自卫军第二军团的塔拉波上校及其麾下的士兵正严阵以待。不幸的是，由于一个突发状况，国民自卫军第二军团离开了。一群暴乱分子聚集在旺多姆广场的司法部门前，高喊着"打倒米歇尔·皮埃尔·亚历克西斯·埃贝尔"，不仅强烈要求点亮房子的灯，而且威胁称，如果他们的命令得不到服从，那么他们会将房屋烧毁。一个奉命保卫司法部的分遣队请求塔拉波上校增援。塔拉波上校迅速率军去了司法部。几分钟后，从巴士底狱赶来的军队抵达了外交事务部对面并且遇到了塔拉波上校率领的军队。

库朗上校接到了保护外交事务部并且切断嘉布遣大道的一切交通的正式命令——这是灾难的开端。一声枪响标志着王权的衰落。

一直以来，人们都认为，路易·安德烈·拉格朗日早有预谋并且打响了嘉布遣大道的第一枪。然而，如今看来，这种说法并不可信。在《1848年的印记》一书中，马克西姆·杜·康肯定地写道："第十四军的一位叫贾科莫尼的科西嘉军士打响了第一枪。"

1848年2月23日21时30分，从巴士底狱来的队伍正面迎上了库朗上校率领的队伍。士兵们列队，靠拢，摆好了阵势。有人高喊道："禁止通过！"因此，库朗上校率领的队伍停了下来。库朗上校向前一步，问道："你们想干什么？"有人回答道："我们想让外交部大臣把灯点亮。"库朗上校说道："这和我无关！"又有人喊道："放我们过去！"库朗上校回答道："我只是个服从上级命令的士兵。我接到了不许任何人过去的命令。因此，你不能过去。你如果想过去，那么可以从城墙根街绕行。我虽然十分理解你的处境，但有义务执行上级的命令，即不能放你过去。"

一个手持火把的暴乱分子喊道："你们就是无赖。我告诉你，我们会过去的——我们有权利过去。"

库朗上校说道："我虽然不清楚你们的权利是什么，但知道我们的责任所在。我不能失职。"

那个手持火把的暴乱分子说道："你还真是不懂事啊——不如，烧了你的胡子吧？"

说着，那个手持火把的暴乱分子将火把靠近了库朗上校的脸。库朗上校急忙转过头，而贾科莫尼则纵身向前，将枪对准了那个手持火把的暴乱分子。

德·温蒂尼上尉对贾科莫尼说道："你疯了吗？你知道你在干什么吗？"

贾科莫尼回答道："有人试图伤害上校，而我的职责是保护他，不是吗？"

德·温蒂尼上尉说道："别说话。"

人行道上的民众高呼道："放他们过去！放他们过去！打倒弗朗索瓦·皮埃尔·纪尧姆·基佐！改革万岁！点亮火把！点亮火把！"

那个手持火把的暴乱分子说道："最后问一次，你让不让我们过去？"

库朗上校回答道："不可能！掷弹兵，准备刺刀！"

贾科莫尼开了枪，那个手持火把的暴乱分子瞬间倒地身亡。国民自卫军和暴乱分子都感觉到自己受到了威胁，开始交火。最终，这场枪战造成了五十二人伤亡。

混乱的场面难以形容。人群发出惊恐的叫喊声。解散后的国民自卫军快速去了邻近的街道。骑兵全速奔向了马德莱娜广场。林荫大道瞬间空无一人，只剩下了一幅血淋淋的场景。

暴乱分子迅速抓住了这个绝佳的机会。一辆载着行李的四轮马车恰巧经过——马车上的人原本要去赶一列去鲁昂的火车。十六位枪战的受害者的尸体被堆在了这辆马车上。火把的光照亮了青灰色的血迹斑斑的尸体。暴乱分子高喊道："报仇！叛国！"这辆具有毁灭性的马车开始向前行驶——在所有的革命宣传中，这可以说是最惊人、最凶残和最具决定性的场面。

这次行动造成的恐慌超过了阿方斯·玛利·路易·普拉·德·拉马丁先生在《吉伦特派的历史》一书中描述过的任何场面。民众呼喊道："他们是在威胁人民的生命。武装起来！设置路障！"1848年2月24日2时，由于没有人敢阻挡，这辆载着死难者的尸体的马车穿过了林荫大道等人最多的地方。

第 21 章

1848年2月23日夜晚

虽然嘉布遣大道的战火仍然没有熄灭，但没有人意识到，在1848年2月23日至1848年2月24日的这个夜晚，王权必将覆灭。在内政部，弗朗索瓦·皮埃尔·纪尧姆·基佐先生与几位同僚和好友一起享用了晚餐。与此同时，弗朗索瓦·皮埃尔·纪尧姆·基佐得知了嘉布遣大道的事，立即与皮埃尔·西尔万·迪蒙①一道赶去了杜伊勒里宫。弗朗索瓦·皮埃尔·纪尧姆·基佐告诉法兰西国王路易-腓力一世应立即让伊斯利公爵托马·罗贝尔·比若统领正规军与国民自卫军。

法兰西国王路易-腓力一世曾授予托马·罗贝尔·比若伊斯利公爵的爵位并且晋升他为法兰西将军。因此，伊斯利公爵托马·罗贝尔·比若不再担任阿尔及利亚总督一职。伊斯利公爵托马·罗贝尔·比若的传记作者亨利·阿梅代·勒·洛尔涅·德·艾德维尔写道："相比于其他保守派议员，伊斯利公爵托马·罗贝尔·比若遭受到了更多明枪暗箭。伊斯利公爵托马·罗贝尔·比若为法兰西征服了阿尔及利亚，却十分谦逊。伊斯利公爵托马·罗贝尔·比若拥有崇高的品质，虽然本应是王权最忠实的拥护者，但由于受到谣言中伤与背叛，失去了民心。总而言

---

① 皮埃尔·西尔万·迪蒙（1797—1870），法兰西政治家，在1831年至1848年担任议员，在七月王朝存续的最后几年中担任财政部大臣。

之，伊斯利公爵托马·罗贝尔·比若名誉扫地，不得人心。人们虽然都在讨论通过攫取弗朗索瓦·皮埃尔·纪尧姆·基佐的政治遗产来辅佐王权一事，但都拒绝从伊斯利公爵托马·罗贝尔·比若那里得到协助——人们认为，从伊斯利公爵托马·罗贝尔·比若那里得到的协助必定是不受欢迎的。伊斯利公爵托马·罗贝尔·比若为人刚正不阿、克己奉公。革命爆发时，在巴黎，伊斯利公爵托马·罗贝尔·比若仍然谨慎履行着自己作为议员的职责。"由于深受军队爱戴，伊斯利公爵托马·罗贝尔·比若与正统主义者①和共和党人之间积怨甚深。首先，正统主义者和共和党人发出了严厉的谴责，称在贝里公爵夫人玛丽-卡罗琳·德·波旁-西西勒被囚禁期间，伊斯利公爵托马·罗贝尔·比若一直扮演着布莱城堡的统治者的角色。正统主义者和共和党人还无中生有，指责伊斯利公爵托马·罗贝尔·比若参与了和他毫无关系的特朗斯诺宁街的屠杀事件②。

法兰西国王路易-腓力一世虽然宣称自己会让伊斯利公爵托马·罗贝尔·比若执掌军队，但表示需在新内阁组建后才能发布命令。在一切已成定局前，弗朗索瓦·皮埃尔·纪尧姆·基佐离开了杜伊勒里宫。

路易-马蒂厄·莫莱一直在尝试组建新内阁。后来，阿方斯·玛利·路易·普拉·德·拉马丁先生说道："路易-马蒂厄·莫莱是一位富有政治气息、对危机习以为常、拥护王室并且颇受保守派尊重与上层中产阶级爱戴之人。路易-马蒂厄·莫莱的优越气质注定了他生来便是独裁者——即使是嫉妒心最强的民主党人也都以认可和热爱路易-马蒂厄·莫莱的气质为荣。"在《1848年革命史》一书中，阿方斯·玛利·路易·普拉·德·拉马丁先生补充道："路易-马蒂厄·莫莱为人谨慎。毫无疑问，路易-马蒂厄·莫莱如果能提前三天开始组建新内阁，那

---

① 正统主义者，属于保皇派，坚持波旁王朝的最大分支的后代对法兰西王室的继承权。
② 特朗斯诺宁街的屠杀事件，发生于1834年4月15日，是一场因七月王朝政府出兵镇压巴黎的贫民区的骚乱而发生的屠杀市民的悲剧。

贝里公爵夫人玛丽－卡罗琳·德·波旁－西西勒

么会找到维持君主制度所需的调解方法。实际上，维持君主制是路易-马蒂厄·莫莱一生都在坚持的原则，也是他树敌的原因。"然而，到了1848年2月23日后，一切都为时已晚。路易-马蒂厄·莫莱原本希望能和朱尔·阿曼德·斯坦尼斯拉斯·杜弗尔先生、伊波利特·菲利贝尔·帕西先生和阿道夫·奥古斯丁·玛利·比罗特共事，但朱尔·阿曼德·斯

伊波利特·菲利贝尔·帕西

坦尼斯拉斯·杜弗尔先生、伊波利特·菲利贝尔·帕西先生和比罗特先生都认为,他们如果没有玛利·约瑟夫·路易·阿道夫·梯也尔先生的帮助,那么将一事无成。路易-马蒂厄·莫莱去了圣乔治广场并且与玛利·约瑟夫·路易·阿道夫·梯也尔先生进行了长时间洽谈。结束了与玛利·约瑟夫·路易·阿道夫·梯也尔先生的谈话后,路易-马蒂厄·莫莱选择了放弃组建内阁。最终,法兰西国王路易-腓力一世得知了路易-马蒂厄·莫莱的决定。

1848年2月24日1时左右,弗朗索瓦·皮埃尔·纪尧姆·基佐收到了法兰西国王路易-腓力一世的传召。法兰西国王路易-腓力一世对弗朗索瓦·皮埃尔·纪尧姆·基佐说道:"路易-马蒂厄·莫莱不可能成功组建内阁。虽然我已经传召了玛利·约瑟夫·路易·阿道夫·梯也尔先生,但与此同时，动乱也愈演愈烈。因此，在新内阁被组建前，我们急需一位举足轻重、能力超群的军队统领来顶住压力。我命令你迅速任命伊斯利公爵托马·罗贝尔·比若统领国民自卫军和正规军。或许玛利·约瑟夫·路易·阿道夫·梯也尔先生不会属意伊斯利公爵托马·罗贝尔·比若。然而，我毫不怀疑，玛利·约瑟夫·路易·阿道夫·梯也尔先生如果发现伊斯利公爵托马·罗贝尔·比若已经被正式委派和任命，那么会同意的——这就是君主政体的力量，而我曾用它获得了大臣们的支持。"弗朗索瓦·皮埃尔·纪尧姆·基佐答道："您知道，我们都准备好了为您效忠。"随后，法兰西国王路易-腓力一世召来了夏尔·玛利·塔内吉·迪沙泰尔伯爵与卡米耶·阿方斯·特雷泽尔将军——只有他们签名，委任伊斯利公爵托马·罗贝尔·比若统领国民自卫军和正规军的王室命令才能生效。夏尔·玛利·塔内吉·迪沙泰尔伯爵和卡米耶·阿方斯·特雷泽尔将军仓促赶来，签署了王室命令。

1848年10月19日，在一封给莱昂斯·德·吉约德·拉韦涅先生的信中，伊斯利公爵托马·罗贝尔·比若终于提及了自己被赋予重责一事。伊斯利公爵托马·罗贝尔·比若写道："1848年2月24日2时，国王的侍从武官叫我去面见国王。国王命我统领正规军和国民自卫军。我虽然明白一切都已经太晚了，但却之不恭。大臣们都被传召签署我的委任状。签署委任状费了很长时间。1848年2月24日3时，在卡鲁索广场和杜伊勒里宫，我见到了士兵们。我迅速召集现役军官和非现役军官并且做了一场鼓舞人心的动员演讲……分散在巴士底狱、市政厅、林荫大道和万神殿的军队都接到了命令，将在破晓时分撤回到杜伊勒里宫附近。我命令士兵们坚守岗位以确保我们可以掌握主动权。"

侍从武官一直在寻找玛利·约瑟夫·路易·阿道夫·梯也尔先生。在从圣乔治广场去杜伊勒里宫的路上，玛利·约瑟夫·路易·阿道夫·梯也尔先生必须穿过重重障碍。1848年2月24日2时30分，玛利·约瑟夫·路易·阿道夫·梯也尔先生觐见了法兰西国王路易-腓力一世。一见到玛利·约瑟夫·路易·阿道夫·梯也尔先生,法兰西国王路易-腓力一世便叫道:"啊!是你,玛利·约瑟夫·路易·阿道夫·梯也尔先生!谢谢你能来。我非常惭愧——你知道,我不得不与大臣们分道扬镳。虽然我任命了路易-马蒂厄·莫莱组建新内阁,但他刚刚把权力还给了我。现在,我需要你——我恳求你帮我组建新内阁。"玛利·约瑟夫·路易·阿道夫·梯也尔先生回答道:"陛下,在现在的环境下,虽然组建新内阁非常困难,但我会遵从您的命令。然而,在开始组建新内阁前,我们应该先了解哪些人是可用之才。"法兰西国王路易-腓力一世与玛利·约瑟夫·路易·阿道夫·梯也尔先生交谈了很久。终于,法兰西国王路易-腓力一世放下了自己内心的反感,同意让卡米耶·亚森特·奥迪隆·巴罗先生进入内阁。然而,关于解散下议院的问题,法兰西国王路易-腓力一世固执己见。"解散下议院?"法兰西国王路易-腓力一世喊道,"我不同意,我永远不会同意!"随后,法兰西国王路易-腓力一世表示自己已经任命伊斯利公爵托马·罗贝尔·比若统领军队。法兰西国王路易-腓力一世对玛利·约瑟夫·路易·阿道夫·梯也尔先生说道:"伊斯利公爵托马·罗贝尔·比若是你的朋友。我相信你们会相处得很好。"玛利·约瑟夫·路易·阿道夫·梯也尔先生略感难堪,抱怨法兰西国王路易-腓力一世没有与新内阁商议就做出了如此重大的决策。法兰西国王路易-腓力一世对玛利·约瑟夫·路易·阿道夫·梯也尔先生说道:"你有什么?我不仅需要一个人来保护我,而且只对伊斯利公爵托马·罗贝尔·比若有信心……其他人能说你什么?任命他的人不是你,而是夏尔·玛利·塔内吉·迪沙泰尔伯爵。"谈完话后,法兰西国王路易-腓力一世让玛利·约瑟夫·路易·阿道夫·梯也尔先生在1848年2月24日8时带着组建内阁的官员一起返回杜伊勒里宫。终于,1848年2月24日4时,法兰西国王路易-腓力一世就寝了。

实际上,法兰西国王路易-腓力一世没有垂头丧气。"国王的战场,"后来,阿方斯·玛利·路易·普拉·德·拉马丁先生说道,"一直是有关他的个人观念的转变问题。国王想改变自己的观念,希望通过让步和妥协迅速接受新的观念。然而,国王如同一个吝啬而谨慎的政治家,试图在新的观念与自己的国王身份之间寻找平衡以便能在和解时尽可能少地损害君主制度和他作为国王的尊严。国王认为自己虽然会逐渐失去民心,但仍然能找到适当的方式维持王权。在国王看来,虽然长夜漫漫,但在天亮前,他有足够的时间躲避白天威胁自己的紧急情况。"

弗朗索瓦·皮埃尔·纪尧姆·基佐也认为,即使1848年2月23日至1848年2月24日的夜晚,法兰西国王路易-腓力一世也是十分自信的。弗朗索瓦·皮埃尔·纪尧姆·基佐说道:"毅力和希望都没有从国王的灵魂中消失。无论是与生俱来的能力,还是从兴衰荣辱与境遇变迁中得到的智慧,国王都是那种相信危机中包含着机遇的人,而在危机中,他只要知道如何幸存与等待就足够了。我十分确信,即使有失算或沮丧的时刻,国王也从未对自己的未来感到绝望。此外,即使权位下移,国王也会希望能重新获得必要的影响力并且被赋予合法的权力来制定有利于国家福祉和王权稳固的必要政策。然而,人们没有给国王足够的时间,上帝也没有赐予国王恩典。"

告别法兰西国王路易-腓力一世后,玛利·约瑟夫·路易·阿道夫·梯也尔先生来到卡鲁索广场,看到伊斯利公爵托马·罗贝尔·比若正在发号施令。刚看见玛利·约瑟夫·路易·阿道夫·梯也尔先生,伊斯利公爵托马·罗贝尔·比若便叫道:"嘿,见到你真高兴!我统领着军队,而你是内阁大臣。因此,我们应该合作共赢……如果国民自卫军拒绝服从命令,那么后果无疑会十分严重。然而,如果事情已成定局,那么请你直截了当地告诉士兵们,让我放弃权力的理由还不够充分。"

出生于1784年的伊斯利公爵托马·罗贝尔·比若仍然精神矍铄、

体格强壮——甚至一些年轻人都没有他精力旺盛。伊斯利公爵托马·罗贝尔·比若刚刚去找弗朗索瓦·皮埃尔·纪尧姆·基佐谈了话，询问了政府关于1848年2月24日的计划。伊斯利公爵托马·罗贝尔·比若说道："虽然现在的计划只是亡羊补牢，但我从未被打倒过。我不会坐以待毙。请让我统领军队并且允许我开火。虽然我可能会制造杀戮，但到1848年2月24日夜晚后，不仅军队将拥护法律，而且暴民会得到应得的惩罚。"伊斯利公爵托马·罗贝尔·比若对玛利·约瑟夫·路易·阿道夫·梯也尔先生非常有信心。在前文提及的给莱昂斯·德·吉约德·拉韦涅先生的信中，伊斯利公爵托马·罗贝尔·比若写道："我抓住了所有机会来提高军队的士气，并且取得了成功。我看到大家虽然一开始很沮丧，但慢慢地，即看到我采取的措施后，变得活跃了起来。至少有一百五十位正规军和国民自卫军的参谋，以及一群将军来找我并且想为我效命。实际上，每个人都想吸引我的注意。大家都在浪费我宝贵的时间。这些参谋和将军给我带来了数条新闻并且要求我下达数条指令。"

随后，玛利·约瑟夫·路易·阿道夫·梯也尔先生去了卡米耶·亚森特·奥迪隆·巴罗先生的家里。"1848年2月24日3时左右，"在回忆录中，卡米耶·亚森特·奥迪隆·巴罗先生写道，"我的侍从叫醒并且告诉我，雷米萨伯爵夏尔·弗朗索瓦·玛利、普罗斯珀·迪韦吉耶·德·豪兰和玛利·约瑟夫·路易·阿道夫·梯也尔先生正在会客厅等我。我匆忙穿好衣服。玛利·约瑟夫·路易·阿道夫·梯也尔先生告诉我，国王已经授权我们组建一个新内阁。我回复称自己已经准备好了去杜伊勒里宫报到。听到国王说让我们等一等时，我真的非常恼火。"法兰西国王路易-腓力一世小睡时，他的新上任的大臣们正在尽力达成协议。与此同时，暴乱分子正在组织起义、开枪射击、引发警报、进行秘密集会和在街上设置路障。

政府如果要镇压这次叛乱，那么应该允许伊斯利公爵托马·罗贝尔·比若像拿破仑一世在葡月暴动①时那样采取无情的战术，让炮弹爆炸的声音响彻整个巴黎。"在伊斯利公爵托马·罗贝尔·比若的外表下，"阿方斯·玛利·路易·普拉·德·拉马丁先生说道，"从他的做事风格和简短而不伤人的发言中，我们可以看到他质朴明理、雷厉风行、威严无比的特质，而这些特质引起了民众的注意，鼓舞了军队的士气，引起了敌人的恐惧。如果伊斯利公爵托马·罗贝尔·比若能早一天正式统领巴黎的军队，那么结局可能会完全不同。伊斯利公爵托马·罗贝尔·比若的字典里没有"妥协"二字。然而，王室犹豫着是否该妥协时，巴黎人民根本不想接受妥协。"如果法兰西国王路易-腓力一世和新上任的大臣们没有决定采取反抗政策，那么伊斯利公爵托马·罗贝尔·比若的任命将没有任何意义。

伊斯利公爵托马·罗贝尔·比若一直在督军备战并且决定把自己麾下的正规军分成四个纵队以抵挡攻击、驱赶暴乱分子和摧毁路障。塞巴斯蒂亚尼·德·拉·波尔塔子爵让·安德烈·蒂比尔斯将带领第一纵队去市政厅。玛利·阿方斯·贝多将军将带领第二纵队去巴士底狱。第三纵队将跟着第一纵队和第二纵队以防暴乱分子重新建起路障。第四纵队将去万神殿与皮埃尔·伊波利特·普布利乌斯·雷诺将军会合。没有被编入纵队的正规军士兵将留守卡鲁索广场。在伊斯利公爵托马·罗贝尔·比若的计划中，国民自卫军没有被分配任何任务。伊斯利公爵托马·罗贝尔·比若有足够的理由怀疑国民自卫军的忠诚。"1848年2月24日5时30分，"后来，伊斯利公爵托马·罗贝尔·比若写道，"从卡鲁索广场出发的四个纵队虽然斗志昂扬，但由于长期的冲突，只有简陋的装备。各个纵队的队长和许多军官们都接到了指令，被要求立刻进行摧毁路障、驱散人群和进屋搜查等工作。每个人都自信满满。我觉得，战争已经开始了。"

---

① 葡月暴动，发生于1795年10月5日，是发生在巴黎街头的一场革命军与皇家军队的战斗的名称。

然而，伊斯利公爵托马·罗贝尔·比若没有意识到一个事实，即法兰西国王路易-腓力一世和新上任的大臣们都毫不关心这场战争。法兰西国王路易-腓力一世和新上任的大臣们一心想要和平，和英勇好战的伊斯利公爵托马·罗贝尔·比若形成了鲜明的对比——一边是橄榄枝，另一边是利剑。玛利·约瑟夫·路易·阿道夫·梯也尔先生和卡米耶·亚森特·奥迪隆·巴罗先生即将摧毁伊斯利公爵托马·罗贝尔·比若已经获取的战果。

第 22 章

1848 年 2 月 24 日早晨

1848年2月24日早晨，伊斯利公爵托马·罗贝尔·比若仍然希望自己能控制局面。1848年2月24日，塞巴斯蒂亚尼·德·拉·波尔塔子爵让·安德烈·蒂比尔斯率领第一纵队到达了市政厅。第一纵队由第三十排、第三十四营、第六十九排的一个营、胸甲骑兵队的一个骑兵中队组成，携带着两门大炮。与此同时在万神殿，由布吕内上校带领的第四纵队由第十五排和第十四排的两个班组成，已经和皮埃尔·伊波利特·普布利乌斯·雷诺将军成功会合。

在去巴士底狱途中，由玛利·阿方斯·贝多将军带领的第二纵队遭到了拦截。有一千八百人的第二纵队由第一轻装甲部队的两个营、第二十一轻装甲部队的两个营、轻装甲步兵团的一支分遣队、第八骑兵队的一支骑兵中队组成，携带着两门大炮。第二纵队摧毁了位于小场街、薇薇安街区等地的几个路障并且来到了林荫大道。为了防守设在蒙马特尔街的路障，一些暴乱分子对第二纵队的排头兵进行了射击，导致两个士兵受伤。第二纵队发起了反攻，冲向并且很快摧毁了路障。

接着，第二纵队开始向巴士底狱前进。玛利·阿方斯·贝多将军曾说过，他期待并且时刻准备着战斗。然而，很快，玛利·阿方斯·贝多将军从国民自卫军军官和一些平易近人、手无寸铁的民众那里得知，民众不仅不知道政府已经进行了改革，而且相信嘉布遣大道的不幸事件是政府为威吓民众而事先预谋的，十分愤怒。玛利·阿方斯·贝多将军非常震惊。"如果政府真的进行了改革，"国民自卫军的军官们大声喊道，"那么巴黎很快就能恢复平静。然而，由于大部分国民自卫军还在路障后面，我们需要一些时间传递政府已经进行了改革的消息。""面对这样出乎意料的局面，"后来，玛利·阿方斯·贝多将军写道，"我有责任继续进军、不断进攻并且以此来证实支持暴乱分子的党派散布的谣言吗？我觉得没有。因此，我命令部队停止前进并且在玛丽·贝尔体育馆剧场就地休息。我将局势汇报给了上级组织。"

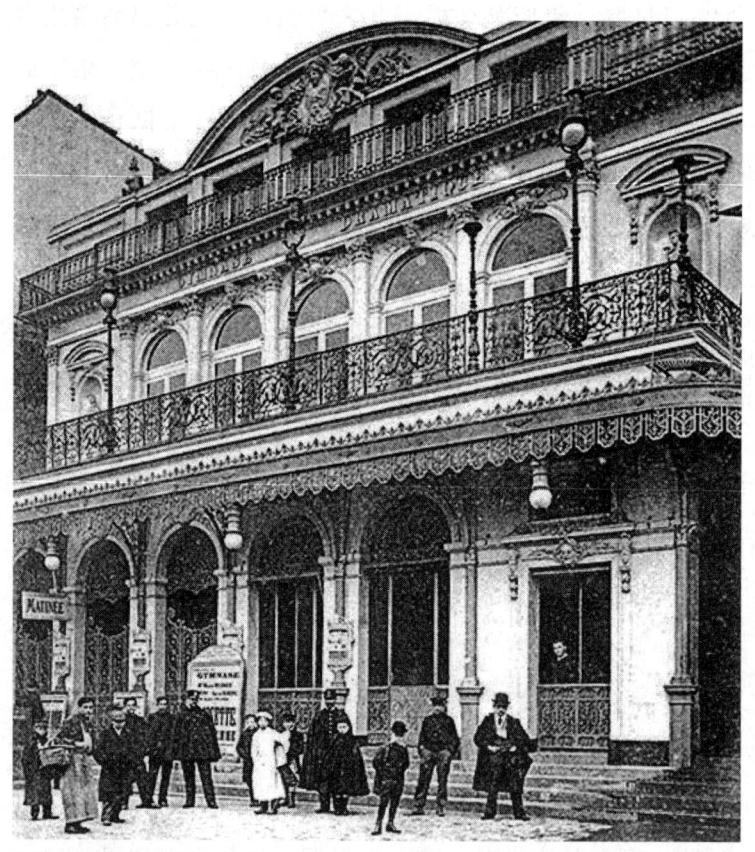

玛丽·贝尔体育馆剧场

在给伊斯利公爵托马·罗贝尔·比若的便条上，玛利·阿方斯·贝多将军写道："我面对的是一群手无寸铁、平易近人、遭受蒙蔽的民众。由于不相信政府部门正在改革，民众仍然高喊着'改革万岁'。上帝保佑！请给我一些宣传单来发放给民众。为了方便国民自卫军集结，我已经命令部队就地休整了。"实际上，玛利·阿方斯·贝多将军派遣了一支步兵分遣队护送国民自卫军的鼓手们去向邻近街道的军队击鼓传信。

在便条上，伊斯利公爵托马·罗贝尔·比若回复道："我赞同你的做法。我会给你送去宣传单。鉴于传达消息兹事体大，请务必尽力。你必须明白，如果暴乱分子出现，那么你必须执行我们的计划，即诉诸武力予以驱散。"玛利·阿方斯·贝多将军希望所有事都能马上平静下来。虽然玛利·阿方斯·贝多将军驻扎的博讷-努韦勒大道上没有人高喊"共和国万岁"，但玛利·阿方斯·贝多将军的部队停留越久，他们周围的民众就越多。民众希望军队不要强行通过博讷-努韦勒大道。福韦勒-德拉巴尔先生自愿去告知伊斯利公爵托马·罗贝尔·比若局势，并且声称会带回伊斯利公爵托马·罗贝尔·比若的确切指令，而玛利·阿方斯·贝多将军则承诺自己不会在得到指令前发起任何进攻。

抵达参谋总部所在的卡鲁索广场后，福韦勒-德拉巴尔先生立刻对伊斯利公爵托马·罗贝尔·比若说道："如果军队开火，那么不仅政府会损失惨重，失去调停的机会，而且巴黎将被鲜血染红。"福韦勒-德拉巴尔先生不仅成功地说服了伊斯利公爵托马·罗贝尔·比若，而且得到了大部分人的支持。法兰西国王路易-腓力一世和新上任的大臣们也认同福韦勒-德拉巴尔先生的意见。伊斯利公爵托马·罗贝尔·比若虽然前一秒似乎还固执己见，但现在也选择了妥协。伊斯利公爵托马·罗贝尔·比若正在考虑通过和解来避免流血冲突，想着自己是否可能成为国防部大臣。派出纵队发起进攻时，伊斯利公爵托马·罗贝尔·比若正在给玛利·约瑟夫·路易·阿道夫·梯也尔先生写信。伊斯利公爵托马·罗贝尔·比若写道:"你与我一同受召保卫君主政体。我期盼已久……如今,我必须镇压暴乱,我们应该镇压暴乱。保守和不愿援助这部分国民自卫军的想法也无法阻止我镇压暴乱。我如果能作为国防部大臣与你一起组建内阁,那么将十分高兴。然而,我如果真的像其他人谣传的,即不得民心,那么会建议你重用杰出的玛利·阿方斯·贝多将军并且与马涅联系。我已经见识过了马涅的雄才伟略。"

由于国防部大臣仍然没有被任命,最新一期的《通报》刊登了一则官方新闻,宣布伊斯利公爵托马·罗贝尔·比若被任命为正规军和国民自卫军统帅。然而,官方新闻里没有提到玛利·约瑟夫·路易·阿道夫·梯也尔先生和卡米耶·亚森特·奥迪隆·巴罗先生。虽然一些非官方新闻报道了玛利·约瑟夫·路易·阿道夫·梯也尔先生正在组建内阁,但《辩论杂志》似乎用了一整个版面来报道路易-马蒂厄·莫莱组建内阁一事。因此,我们不难理解民众的困惑。

后来,即在一次官方沙龙中再一次见到福韦勒-德拉巴尔先生时,伊斯利公爵托马·罗贝尔·比若说道:"我认出你了。你做了许多伤天害理的事。我不应该听你的,应该让你从我面前消失,应该对你的人和国民自卫军的恸哭装聋作哑。我应该保护国王,让国王待在杜伊勒里宫。我应该毫不留情地把你们全部射杀。国王原本应该手握王权,而你则应该为我歌功颂德。我被一群懦夫和马屁精折磨得神志不清。那群懦夫把我变得和他们一样愚蠢。"在给莱昂斯·德·吉约德·拉韦涅先生的信中,伊斯利公爵托马·罗贝尔·比若写道:"在那个陌生的环境里,我感到十分无力,根本无法利用上天给予我的经验和军事能力。除了权力的庇护,我一无所有。所有的事都束缚着我的手脚。"

屈从于福韦勒-德拉巴尔先生的恳求,伊斯利公爵托马·罗贝尔·比若对玛利·阿方斯·贝多将军发出了以下指令:

我亲爱的将军,计划需做如下变更:传令所有人停止开火,让国民自卫军负责治安并且听取和解之言。

元帅伊斯利公爵

另:请撤退到卡鲁索广场。

据路易-安托万·加尼耶-帕热斯①说,给玛利·阿方斯·贝多将军的这个便条是由法巴尔队长根据伊斯利公爵托马·罗贝尔·比若的口述和路易-朱尔·特罗许的附言完成的。

路易-朱尔·特罗许

---

① 路易-安托万·加尼耶-帕热斯(1803—1878),法兰西政治家、活跃的互济会会员,在七月革命期间为路障而战。

福韦勒-德拉巴尔先生将伊斯利公爵托马·罗贝尔·比若的便条带给了玛利·阿方斯·贝多将军。一收到便条，玛利·阿方斯·贝多将军便率军掉头去了马德莱娜广场。

现在来看看新上任的大臣们的情况如何。1848年2月24日7时30分，玛利·约瑟夫·路易·阿道夫·梯也尔先生和自己属意的内阁成员候选人，包括卡米耶·亚森特·奥迪隆·巴罗先生、普罗斯珀·迪韦吉耶·德·豪兰、雷米萨伯爵夏尔·弗朗索瓦·玛利、弗朗索瓦·让·莱昂·德·马勒维尔先生、雅克-皮埃尔·夏尔·阿巴图奇、克里斯托夫·莱昂·路易·朱绍·德·拉摩里西尔将军，离开圣乔治广场去了杜伊勒里宫。在去杜伊勒里宫途中，玛利·约瑟夫·路易·阿道夫·梯也尔先生一行越过了多重路障。玛利·约瑟夫·路易·阿道夫·梯也尔先生经过时，许多国民自卫军士兵询问政府有何指令。"很简单，"卡米耶·亚森特·奥迪隆·巴罗先生答道，"齐心协力，穿好军装，拿好武器，保卫巴黎。巴黎的土地应该属于国民自卫军。否则，一切都完了。"抵达杜伊勒里宫时，玛利·约瑟夫·路易·阿道夫·梯也尔一行看见杜伊勒里宫的护卫正在与对面的屋顶上的敌人交火。虽然实际上，只需少量士兵或消防兵便足以驱逐这些敌人，但杜伊勒里宫并未如此安排，导致情形非常不妙。

新上任的大臣们一出现，法兰西国王路易-腓力一世便说道："很高兴见到你，卡米耶·亚森特·奥迪隆·巴罗先生——我毫不怀疑你的忠诚。"卡米耶·亚森特·奥迪隆·巴罗先生回应称，由于已经错失了良机，政府必须想方设法与民众取得联系并且将革命者和民众分开。如果政府能将革命者和民众分开，那么其他事都将易如反掌。随后，卡米耶·亚森特·奥迪隆·巴罗先生又建议法兰西国王路易-腓力一世任命克里斯托夫·莱昂·路易·朱绍·德·拉摩里西尔将军去伊斯利公爵托马·罗贝尔·比若麾下统领国民自卫军。最终，经过一系列讨论后，法兰西国王路易-腓力一世说道："好了！去和伊斯利公爵托马·罗贝尔·比若一起安排和部署吧。"玛利·约瑟夫·路易·阿道夫·梯也尔先生说道："我们必须强调一下另一件事，即陛下您必须正式允诺解散下议院——即使不是立刻，我们也希望不要太久。""哦！那件事，"法兰西国王路易-腓力一世答道，"我自有主张。"

"然而，陛下，"普罗斯珀·迪韦吉耶·德·豪兰说道，"您知道我们如何才能从这么多人手中夺回权力吗？不久前，这些人还视我们为盲人和敌人？"

"什么！"法兰西国王路易-腓力一世叫道，"你已经可以改革了，难道还不知足吗？"

"我和玛利·约瑟夫·路易·阿道夫·梯也尔先生一直强调，"在回忆录中，卡米耶·亚森特·奥迪隆·巴罗先生写道，"如果国王不能确保解散下议院，那么夺回权力将是天方夜谭。然而，国王固执地重申道：'不！不！'国王不仅走进了弗朗索瓦·皮埃尔·纪尧姆·基佐所在的书房，而且当着我们的面关上了门。面对这种情况，虽然弗朗索瓦·皮埃尔·纪尧姆·基佐十分震惊，但我觉得很正常。只要新内阁没有成立——正如大家所见，距新内阁成立之日还很远——前任大臣们就仍然会支持国王。"弗朗索瓦·皮埃尔·纪尧姆·基佐出现在杜伊勒里宫的目的只是为了辞别法兰西国王路易-腓力一世。

法兰西国王路易-腓力一世的虚与委蛇起了作用。玛利·约瑟夫·路易·阿道夫·梯也尔先生和卡米耶·亚森特·奥迪隆·巴罗先生及克里斯托夫·莱昂·路易·朱绍·德·拉摩里西尔将军一同去了参谋总部所在的卡鲁索广场。"先生们，"伊斯利公爵托马·罗贝尔·比若喊道，"我告诉你们，如果被镇压的人也能拥有自由，那么统治就是无稽之谈。"卡米耶·亚森特·奥迪隆·巴罗先生对伊斯利公爵托马·罗贝尔·比若说道："如果你高兴，那么我们可以找一个更方便的时间讨论一下此事。然而，现在的时间十分紧迫。你愿不愿意让克里斯托夫·莱昂·路易·朱绍·德·拉摩里西尔将军统领国民自卫军？""哦，好啊！如你所愿。"伊斯利公爵托马·罗贝尔·比若答道。

当时，克里斯托夫·莱昂·路易·朱绍·德·拉摩里西尔将军仍然身着便服。"赶快找件制服穿上，"卡米耶·亚森特·奥迪隆·巴罗先生对克里斯托夫·莱昂·路易·朱绍·德·拉摩里西尔将军说道，"来林荫大道和我会合——我现在就过去。"下楼梯时，卡米耶·亚森特·奥迪隆·巴罗先生遇见了埃米尔·让-奥拉斯·韦尔内[①]。埃米尔·让-奥拉斯·韦尔内是国民自卫军的上校。

埃米尔·让-奥拉斯·韦尔内

① 埃米尔·让-奥拉斯·韦尔内（1789—1863），法兰西战争画家、肖像画家和东方学家。

法兰西剧院

"怎么样?"卡米耶·亚森特·奥迪隆·巴罗先生问道。

"我已经通知了法兰西剧院,说玛利·约瑟夫·路易·阿道夫·梯也尔先生已受命组建内阁。然而,结果和我预期的不一样。虽然我提到了你,但没有人相信我。'荒谬,'那些人叫道,'卡米耶·亚森特·奥迪隆·巴罗先生和伊斯利公爵托马·罗贝尔·比若不可能互相协作——他们在耍我们。'"埃米尔·让-奥拉斯·韦尔内回答道。

"行!如果那些人不相信你,那么我也不会亲自去告诉那些人。"卡米耶·亚森特·奥迪隆·巴罗先生说道。

玛利·约瑟夫·路易·阿道夫·梯也尔先生想和卡米耶·亚森特·奥迪隆·巴罗先生一起去林荫大道。"不,"卡米耶·亚森特·奥迪隆·巴罗先生说道,"待在这里。我们如果可能会受伤,那么选择露面会毫无意义。此外,国王也需要你的忠告。请待在这里保护自己。我会尽力让大家明白道理。""实际上,"在回忆录中,卡米耶·亚森特·奥迪隆·巴罗先生写道,"玛利·约瑟夫·路易·阿道夫·梯也尔先生非但不能帮到我,反倒会阻碍我的行动。玛利·约瑟夫·路易·阿道夫·梯也尔先生、雷米萨伯爵夏尔·弗朗索瓦·玛利和普罗斯珀·迪韦吉耶·德·豪兰一直和国王待在一块,直到一切结束。1848年2月24日一整天,我再也没见过玛利·约瑟夫·路易·阿道夫·梯也尔先生。1848年2月24日9时30分,我和雅克-皮埃尔·夏尔·阿巴图奇、让·路易·埃德加·基内先生、古斯塔夫·奥古斯特·博南·德·拉·博尼尼埃·德·博蒙伯爵、弗朗索瓦-阿道夫·尚博勒、莱昂诺尔-约瑟夫·哈温和埃米尔·让-奥拉斯·韦尔内一起出发并且穿过了里沃利街。"

让·路易·埃德加·基内

弗朗索瓦-阿道夫·尚博勒

在距里沃利街两百到三百步处，卡米耶·亚森特·奥迪隆·巴罗先生一行遇到了障碍。卡米耶·亚森特·奥迪隆·巴罗先生报出自己的名号并且获得了通行许可。在嘉布遣大道上，卡米耶·亚森特·奥迪隆·巴罗先生遇到了一个步兵团。这个步兵团非但不像一支部队，反倒混在民众中。"一旦我们决定撤走正规军，"在回忆录中，卡米耶·亚森特·奥迪隆·巴罗先生写道，"那么随之而来的国民自卫军就能避免再次激怒民众等诸如此类的事情的发生——这再好不过。我们应该要求正规军撤退，而不是继续留守并且处于强制的不抵抗状态。此外，国民自卫军队去替换正规军时，我们不能让士兵们与人民接触。然而，1848年2月24日的不幸是没有人知道如何维持和平或发动战争。"

卡米耶·亚森特·奥迪隆·巴罗先生沿着嘉布遣大道前进，而沿途的民众则越来越不友善，高喊着"打倒伊斯利公爵托马·罗贝尔·比若！打倒玛利·约瑟夫·路易·阿道夫·梯也尔先生"。在圣但尼街的入口处，暴乱分子建起了一个巨大的路障并且在路障顶上插了一面红色的旗帜。守卫路障的暴乱分子对卡米耶·亚森特·奥迪隆·巴罗先生一行的到来无动于衷。"接下来该怎么办呢？"在回忆录中，卡米耶·亚森特·奥迪隆·巴罗先生写道，"为了去市政厅，我们应该穿过路障走上圣但尼街吗？然而，显然，我们前面的暴乱分子想要的不只是一场简单的改革。让我们穿过路障后，暴乱分子会让我们继续向前吗？会阻止我们返回吗？如果暴乱分子要阻止我们返回，那么我们还能不受约束地完成所有行动并且达到目的吗？想到这里后，我们立刻决定返回参谋总部所在的卡鲁索广场。"

在返回参谋总部所在的卡鲁索广场的过程中，卡米耶·亚森特·奥迪隆·巴罗先生身边的国民自卫军无力抵挡人群。卡米耶·亚森特·奥迪隆·巴罗先生被劝上了马，而国民自卫军士兵则将手拉起来组成了一道屏障以保护卡米耶·亚森特·奥迪隆·巴罗先生一行的安全。快到目的地时，卡米耶·亚森特·奥迪隆·巴罗先生遇见了克里斯托夫·莱昂·路易·朱绍·德·拉摩里西尔将军。克里斯托夫·莱昂·路易·朱绍·德·拉摩里西尔将军的巡视同样不是很顺利。卡米耶·亚森特·奥迪隆·巴罗先生一行到达旺多姆广场时，民众大喊道："去杜伊勒里宫！去杜伊勒里宫！"后来，卡米耶·亚森特·奥迪隆·巴罗先生描述道："令人畏惧的呼喊警醒了我，让我明白了自己的处境。我很清楚自己先去杜伊勒里宫再回来统领国民自卫军的后果——毫无疑问，先从内阁离开去平息骚乱，再作为暴乱分子首领返回并且迫使法兰西国王路易-腓力一世退位的做法会损害我的名誉。然而，这种做法正是民众要求的。国民自卫军士兵牵着我的马，而我则鞠着躬，坚决地说道：'不，不，我的朋友们，我不去杜伊勒里宫。你们看看，我已经筋疲力尽了。我得回家好让我的妻子放心！'得到了国民自卫军士兵的理解后，我掉转马头，没有穿过旺多姆广场，转而经过嘉布遣大道朝我住的弗姆马修林大街走去。许多民众也朝我家走来,导致弗姆马修林大街像被洪水淹没了一般。有个女人拿着一面三色旗,走在人群前面。那个女人把三色旗插在了我家的一个窗户上。有人登上了梯子,开始悬挂标语牌。标语牌上面镂刻着'国民之父大街'的字样。几个月后,这些标语牌上的字仍然清晰可见。人们的呼声持续了好几分钟!"

卡米耶·亚森特·奥迪隆·巴罗先生的行程不尽人意,而玛利·阿方斯·贝多将军的撤退同样不太顺利。放弃博讷-努韦勒大道前,玛利·阿方斯·贝多将军命令一支连队赶在第二纵队前面去摧毁路障以便通过和避免引起民众的误解。站在蒙马特尔街上时,玛利·阿方斯·贝多将军看见整条街上人山人海、水泄不通。每前进一步,玛利·阿方斯·贝多将军都需要通过宣布政府已经开始改革的消息来平息民众骚动。在民众的叫喊声中,玛利·阿方斯·贝多将军没有听见任何要求推翻政府的声音。

在意大利大道上,玛利·阿方斯·贝多将军遇到了卡米耶·亚森特·奥迪隆·巴罗先生。当时,所有民众都在为卡米耶·亚森特·奥迪隆·巴罗先生欢呼。"这次和民众的正面接触,"后来,玛利·阿方斯·贝多将军说道,"比我接到的任何命令都让我更加深刻地认识到,和平的意愿左右着政府的政策。"在人群中,第二纵队艰难前进。在舒瓦瑟尔街的路障前,第二纵队丢弃了两门大炮。此外,一些国民自卫军士兵已经扔掉了自己的武器。直到到达皇家街时,玛利·阿方斯·贝多将军才报告了大炮被丢弃一事。第二纵队的士兵们混杂在乱哄哄的暴乱分子中,导致位于香榭丽舍大街拐角处的加百列大街车站的二十名市政警卫认为暴乱分子已经到达并且因此而全副武装了起来。市政警卫被攻击了——或者说,他们相信自己被攻击了。因此,市政警卫发起了进攻,而暴乱分子则开始反攻。"这时,"玛利·阿方斯·贝多将军说道,"我相信政府仍然想避免战争。我认为自己能做的最好的事便是去交火的双方之间斡旋并且阻止他们交火。然而，我失败了。市政警卫从警卫室出来了。一些市政警卫迅速行动，开始进行防卫工作，而另一些则对暴乱分子发起了进攻。在这场悲惨的冲突中，两名市政警卫被杀；数位市政警卫受伤；三位市政警卫和我在一起；其余市政警卫都躲起来了。"很快，由于被另一个警报蒙骗，协和广场中间的平旋桥的市政警卫开始射击，导致三人死亡，包括保守派议员托马·若利韦先生。在仗义相助一位被暴乱分子追杀的市政警卫时，托马·若利韦先生不幸身亡。

1848年2月24日10时30分左右，即这些灾难性的事件发生后，玛利·阿方斯·贝多将军成功重整国民近卫军并且将士兵们带到了协和广场上的指定位置。玛利·阿方斯·贝多将军注意到了托克维尔子爵亚历克西斯·夏尔-亨利-莫里斯·克莱尔。"玛利·阿方斯·贝多将军从马上跳下来，"后来，托克维尔子爵亚历克西斯·夏尔-亨利-莫里斯·克莱尔写道，"和我握了手。从握手的方式可以看出，玛利·阿方斯·贝多将军十分烦躁……玛利·阿方斯·贝多将军正义凛然、心胸开阔、慷慨大方、宽厚仁爱、谦逊有礼、品行端正。玛利·阿方斯·贝多将军绝没有因懦弱而做一些看起来十分懦弱的事——他有足够的勇气应对任何考验。玛利·阿方斯·贝多将军没有充分的理由叛国……玛利·阿方斯·贝多将军唯一的不幸就是搅入了一些自己无法承受的事件中。玛利·阿方斯·贝多将军一无所有，却觉得精神，尤其是个人的革命精神，是最重要的。玛利·阿方斯·贝多将军能根据事实做出判断并且规范自己的行为。"

玛利·阿方斯·贝多将军告诉自己的同僚，反对派成员应该一起去大街上平息众怒。与此同时，一群人借着行道树的掩护穿过香榭丽舍大街，朝着协和广场去了。"一发现有人想去协和广场，"托克维尔子爵亚历克西斯·夏尔-亨利-莫里斯·克莱尔补充道，"玛利·阿方斯·贝多将军就拖着我一起离开骑兵中队，到了最多离骑兵中队一百步远的地方。随

二月革命期间的玛利·阿方斯·贝多

后,玛利·阿方斯·贝多将军开始斥责人群。在我见过的所有武官中,玛利·阿方斯·贝多将军是最会发表斥责言论的。玛利·阿方斯·贝多将军斥责人群时,人群散开并且包围了我们。有人说道:'是伊斯利公爵托马·罗贝尔·比若!'我轻轻地回应道:'带上我的剑,立刻回到马上去——你如果继续待在这里,那么在五分钟之内就会被杀掉或者抓走。'玛利·阿方斯·贝多将军相信我的话并且骑马离开了。"

伊斯利公爵托马·罗贝尔·比若虽然想和暴乱分子达成和解,但未能如愿。伊斯利公爵托马·罗贝尔·比若对国民自卫军士兵说道:

"朋友们、同志们，一切都结束了。给军队的命令已经下发——整个巴黎的安危都被托付给国民自卫军的爱国之志了。"伊斯利公爵托马·罗贝尔·比若走进里沃利街，命令一个营分成数个小队跟着自己。虽然没有人违抗伊斯利公爵托马·罗贝尔·比若的命令，但一切都是徒劳。最终，政府开始明白一个道理——正如伊斯利公爵托马·罗贝尔·比若说的——要打消敌人的气焰不能靠撤军，要打消暴乱分子的气焰也不能靠让步。

第 23 章

路易-腓力一世最后一次阅兵

法兰西国王路易-腓力一世相信这次骚乱只是一次暴动，不仅没有料到自己会退位，而且没有预见法兰西第二共和国即将建立。1848年2月24日10时30分，法兰西国王路易-腓力一世与家人一起坐在黛安娜画廊里共进早餐——法兰西国王路易-腓力一世没有想到，这是他在杜伊勒里宫里的最后一餐。除了卡米耶·亚森特·奥迪隆·巴罗先生在林荫大道的消息，法兰西国王路易-腓力一世对外界的事一无所知。

法兰西国王路易-腓力一世没有流露出一丝沮丧。由于生平坎坷，无论骚乱多么糟糕，法兰西国王路易-腓力一世都已经见怪不怪了。玛丽·阿梅莉王后虽然准备效仿伟大的玛丽亚·特蕾西娅·沃尔布加·阿马利娅·克里斯蒂娜①，但从未重视这次骚乱的严重性。玛丽·阿梅莉王后知道，最后的危机已经来临。对玛丽·阿梅莉王后来说，刚刚结束的夜晚是一个痛苦之夜。玛丽·阿梅莉王后虔诚恭顺，却很难从祈祷书中寻求慰藉。

在痛苦的1848年2月23日夜晚，奥尔良公爵夫人海伦·路易丝·伊丽

---

① 玛丽亚·特蕾西娅·沃尔布加·阿马利娅·克里斯蒂娜（1717—1780），哈布斯堡王朝史上唯一的女性统治者。婚后的玛丽亚·特蕾西娅·沃尔布加·阿马利娅·克里斯蒂娜成为洛林公爵夫人、托斯卡纳大公夫人和神圣罗马帝国皇后，是著名的女强人。

莎白陪伴玛丽·阿梅莉王后度过了几个小时。"我们甚至无力祈祷。"后来,奥尔良公爵夫人海伦·路易丝·伊丽莎白说道。

法兰西国王路易-腓力一世用早餐时,玛利·约瑟夫·路易·阿道夫·梯也尔先生、普罗斯珀·迪韦吉耶·德·豪兰和雷米萨伯爵夏尔·弗朗索瓦·玛利皆列于席上。突然,一扇门打开了。参谋长德·洛贝潘先生走进黛安娜画廊,带来了一系列坏消息。由于刚刚目睹了玛利·阿方斯·贝多将军艰难的撤退之路,德·洛贝潘先生觉得,法兰西国王路易-腓力一世在杜伊勒里宫的安全已经得不到保障了。玛利·约瑟夫·路易·阿道夫·梯也尔先生立刻提议撤退去圣克卢。接着,玛利·约瑟夫·路易·阿道夫·梯也尔先生又说道:"在接下来几天里,在圣克卢,我们应该能召集六万名士兵。有了这六万名士兵后,我们可以在1848年2月26日前返回巴黎……我相信,在共和党的手里待上两天后,巴黎的民众会成为我们忠实的朋友。我们应该使用大炮摧毁市政厅,却没有这样做——为了镇压革命,我宁愿摧毁十座宫殿。"然而,玛利·约瑟夫·路易·阿道夫·梯也尔先生的提议遭到了拒绝。

德·洛贝潘先生出现在黛安娜画廊后,一些军官被派去卡鲁索广场打探消息。返回杜伊勒里宫后,打探消息的军官报告称局势已经有所好转——由于玛利·阿方斯·贝多将军重整了国民自卫军,暴乱分子无法进一步对杜伊勒里宫构成威胁。

现在,法兰西国王路易-腓力一世面临的考验是在卡鲁索广场上等待检阅的军队。

和路易十六在1792年8月10日永别杜伊勒里宫的情景一样,法兰西国王路易-腓力一世仓促地穿上国民自卫军的一位将军的制服并且主持了一场阅兵。1792年8月10日,许多国民自卫军士兵离开阅兵队伍,围着经过的路易十六并且七嘴八舌地恐吓他。看到路易十六被恐吓时,玛丽·安托瓦内特王后失声痛哭。"这次阅兵,"玛丽·安托瓦内特王后哭着说

玛丽·安托瓦内特王后

道,"弊大于利。"法兰西国王路易-腓力一世的最后一次阅兵也将重演路易十六的历史,而玛丽·阿梅莉王后也会和玛丽·安托瓦内特王后一样,伤心欲绝、痛不欲生。

1848年2月24日11时许,在内穆尔公爵路易·夏尔·菲利普·拉斐尔、蒙庞西耶公爵安托万·玛利·菲利普·路易·德·奥尔良、伊斯利公爵托马·罗贝尔·比若、克里斯托夫·莱昂·路易·朱绍·德·拉摩里西尔将军和其他一些将军陪同下,法兰西国王路易-腓力一世翻身上马,准备开始阅兵。玛利·约瑟夫·路易·阿道夫·梯也尔先生和雷米萨伯爵夏尔·弗朗索瓦·玛利步行跟随着法兰西国王路易-腓力一世。在法兰西国王路易-腓力一世左侧的克里斯托夫·莱昂·路易·朱绍·德·拉摩里西尔将军裹着一件缀着国民自卫军将军肩章的大衣，戴着一顶陈旧的帽子。看到克里斯托夫·莱昂·路易·朱绍·德·拉摩里西尔将军时，人们惊讶不已——帽子和大衣似乎是被强行穿在他身上的——不仅大衣不合身，而且帽子的大小同样不合适。然而，克里斯托夫·莱昂·路易·朱绍·德·拉摩里西尔将军的着装证实了几分钟前的一条消息，即国民自卫军拒绝视伊斯利公爵托马·罗贝尔·比若为统帅，而克里斯托夫·莱昂·路易·朱绍·德·拉摩里西尔将军则取而代之。

在卡鲁索广场，四千名士兵带着十六门大炮列着队等待检阅。代表国民自卫军参加检阅的部队包括一个由蒙塔利维伯爵玛尔特·卡米耶·巴哈松指挥的骑兵分遣队、国民自卫军第十军团的一些小分队、国民自卫军第一军团的一个营，以及国民自卫军第四军团的一个营。代表国民自卫军参加检阅的这支部队绕着码头转圈，迫使指挥官带队朝杜伊勒里宫进发，穿过圣父桥大门，进入了卡鲁索广场。代表国民自卫军参加检阅的部队公然无视队几个高级军官的反对，排成了作战队形。

玛丽·阿梅莉王后、奥尔良公爵夫人海伦·路易丝·伊丽莎白、内穆尔公爵夫人维多利亚·弗兰齐斯卡·安东尼娅·朱利安娜·路易丝和蒙庞西耶公爵夫人西班牙的玛丽亚·路易莎·费尔南达和奥尔良公爵夫人海伦·路易丝·伊丽莎白的两个儿子，即巴黎伯爵路易·菲利普·阿尔贝和罗贝尔·菲利普·路易·欧仁·斐迪南王子，都透过窗户紧张地注视着法兰西国王路易-腓力一世。提议举办此次阅兵的是玛丽·阿梅莉王后。同样，努力促进积极和强有力的改革的也是玛丽·阿梅莉王后。"作为一位可爱的妻子和母亲，"后来，阿方斯·玛利·路易·普拉·德·拉马丁先生说道，"王后一直无忧无虑。王后脸上洋溢着对丈夫和孩子们的深情厚爱，而王后的这种深情逐渐转化为对丈夫和孩子们的荣誉的热切关心。实际上，比起荣誉，王后的丈夫和孩子们的生活只能屈居第二。几绺白发与王后眼中的火焰和红润的脸颊形成了鲜明的对比，在她的脸上同时印上了悲伤与圣洁。"阅兵开始后，玛丽·阿梅莉王后颤抖着，感觉到了一丝希望。一进入卡鲁索广场，法兰西国王路易-腓力一世首先看到了国民自卫军第一军团的士兵。国民自卫军第一军团的士兵们热情地迎接着法兰西国王路易-腓力一世，欢呼着"国王万岁"和"改革万岁"。

"你们会得到你们期盼的改革，我的朋友们，"法兰西国王路易-腓力一世说道，"因此，你们没有任何制造骚乱的借口。"虽然国民自卫军第十军团的士兵们的态度也很热情，但国民自卫军第四军团的士兵们的态度截然相反。国民自卫军第四军团的士兵们挥舞着武器，愤怒地叫嚣道："改革万岁！打倒君主制！打倒弗朗索瓦·皮埃尔·纪尧姆·基佐！"法兰西国王路易-腓力一世虽然心有不悦，想平息国民自卫军第四军团的士兵们的怒火，但徒劳无功——士兵们的呼喊声更大了。法兰西国王路易-腓力一世已经习惯了将这群发出威胁和恐吓的人视为朋友、护卫者和王权的最佳支持者，然而，愤怒的士兵们给了法兰西国王路易-腓力一世意外一击。法兰西国王路易-腓力一世转过身，无视等待着检阅的其他部队，在弗洛拉馆下马，再次进入了杜伊勒里宫。一个小时后，法兰西国王路易-腓力一世将永远离开杜伊勒里宫。法兰西国王路易-腓力一世蜷在一个扶手椅里，把头在手里埋了好一会儿，一动不动，也没有说话。

塞巴斯蒂亚尼·德·拉·波尔塔子爵让·安德烈·蒂比尔斯带领的第一纵队接到了停止向被暴乱分子占领的市政厅开火的命令。暴乱以惊人的速度蔓延开来——不仅警察局受到暴乱分子威胁，而且万神殿被暴乱分子封锁了。与此同时，路障也正在以惊人的速度增加。暴乱分子不断地占领桥梁、警卫室和兵营，抢夺武器，窃取军火。

在这一非常时刻，法兰西国王路易-腓力一世的阅兵仪式结束了。

一群平民和国民自卫军持着军刀、步枪和铁棒，穿过当时在杜伊勒里宫和卡鲁索广场中间的狭小街道，进入了开阔地带。伊斯利公爵托马·罗贝尔·比若骑在马背上，进行了一番振奋人心的演讲。"我成功的证据，"在给莱昂斯·德·吉约德·拉韦涅先生的信中，伊斯利公爵托马·罗贝尔·比若写道，"就是人们向我蜂拥而来并且伸出了自己的手。一个穿着像国民自卫军的男人对我说道：'你是伊斯利公爵托马·罗贝尔·比若吗？''是，我就是。'我回答道。'在特朗斯诺宁街，你屠杀了我们同胞。'那个男人说道。我回答道：'你说谎——我根本不在那。'那个男人拿着自己的步枪，动了一下。为了夺取那杆步枪，我稍稍靠近了一些那个男人。然而，那个男人旁边的人让他闭了嘴，开始大喊道：'伊斯利公爵托马·罗贝尔·比若万岁！军队以你为荣！'我和上千人握了手，不断劝说他们回家。许多人向我承诺称自己会回家并且努力恢复秩序。"

这最后一线希望，在暴风雨中微弱但仍然照在托马·罗贝尔·比若元帅身上的希望的光芒，很快就熄灭了。饱经磨难的杜伊勒里宫出现了一幅悲惨的图景——警卫室门户大开，而警卫已经身首异处。军官、议员、记者、知情的人和不知情的人都涌进了杜伊勒里宫。一些人甚至已经进了会客厅。不幸的法兰西国王路易-腓力一世打算放弃改革，同意退位。决定性的时刻即将到来。玛丽·阿梅莉王后临危不惧。

第 24 章
路易-腓力一世退位

在杜伊勒里宫一楼的书房里，法兰西国王路易-腓力一世虽然愁肠百结、万念俱灰，但做梦也没想到自己会退位。玛丽·阿梅莉王后和公主们待在法兰西国王路易-腓力一世隔壁的房间里。虽然有居心不良之人指责奥尔良公爵夫人海伦·路易丝·伊丽莎白狼子野心，但在如此重要的时刻，奥尔良公爵夫人海伦·路易丝·伊丽莎白仍然希望自己可以站在法兰西国王路易-腓力一世身边。奥尔良公爵夫人海伦·路易丝·伊丽莎白不仅和法兰西国王路易-腓力一世一起用了早餐，而且在巴黎伯爵路易·菲利普·阿尔贝和罗贝尔·菲利普·路易·欧仁·斐迪南王子的陪伴下，看着法兰西国王路易-腓力一世进行了最后的阅兵。

一些人问奥尔良公爵夫人海伦·路易丝·伊丽莎白道："那些暴乱分子准备干什么？夫人，您又要做什么？""我不知道自己会做什么，"奥尔良公爵夫人海伦·路易丝·伊丽莎白答道，"我知道的只是我离国王很近。我不该，也不会阻止国王。"玛丽·阿梅莉王后头脑清醒、坚毅果敢、富有激情，并且时刻准备面对最大的危险。由于对著名的革命的历史了如指掌，玛丽·阿梅莉王后知道自己的勇敢能阻止1830年8月10日的历史重演。虽然如果玛丽·阿梅莉王后身边的法兰西国王路易-腓力一世能有她那样的智慧和冷静,那么王权或许能得以保全,但在那个不幸的年代,只有女人才有男人本该有的气概。

骚乱仍然在持续着。政府决定进行改革,不允许军队开火。然而,从这一刻开始,一切都完了。发生在杜伊勒里宫里的骚乱是最彻底的——不仅所有规矩都被打破了,而且人们进进出出,就像身处酒馆。

由蒙庞西耶公爵安托万·玛利·菲利普·路易·德·奥尔良引荐的伊萨克-雅各布·阿道夫·克雷米厄[①]说道:"陛下,我刚刚穿过了几个街区,发现要赢得这场游戏并不容易。确实,民众想要一个忠于左派的

伊萨克-雅各布·阿道夫·克雷米厄

---

① 伊萨克-雅各布·阿道夫·克雷米厄(1796—1880),法兰西律师、政治家和法兰西犹太人的权利的坚定捍卫者。

大臣。玛利·约瑟夫·路易·阿道夫·梯也尔先生的存在是一个特例。卡米耶·亚森特·奥迪隆·巴罗先生必须接任玛利·约瑟夫·路易·阿道夫·梯也尔先生的职位。我认为，您如果做出如此牺牲，那么便能重建秩序。如果您再拖下去，那么一切都完了。"

法兰西国王路易-腓力一世转过头，对玛利·约瑟夫·路易·阿道夫·梯也尔先生说道："啊！我亲爱的大臣，看来，你的改革不得人心啊！你看，拒绝你的不是我。"

伊萨克-雅各布·阿道夫·克雷米厄又说道："民众对伊斯利公爵托马·罗贝尔·比若很生气。伊斯利公爵托马·罗贝尔·比若的职位必须由格拉尔德伯爵艾蒂安·莫里斯·格拉尔德接替。"

这时，伊斯利公爵托马·罗贝尔·比若走了进来。

法兰西国王路易-腓力一世说道："亲爱的将军，大家要我放弃你。"

和玛利·约瑟夫·路易·阿道夫·梯也尔先生一样，伊斯利公爵托马·罗贝尔·比若同意了法兰西国王路易-腓力一世的决定。

法兰西国王路易-腓力一世叫来费恩男爵，命令他准备法令——虽然这条法令本该由费恩男爵与卡米耶·阿方斯·特雷泽尔将军联合署名，但由于卡米耶·阿方斯·特雷泽尔将军已经身陷囹圄，联合署名的规定已经无法被执行了。

克里斯托夫·莱昂·路易·朱绍·德·拉摩里西尔将军说道："陛下，民众不满意于我以您的名义做出的允诺。民众要求更多东西。"

法兰西国王路易-腓力一世问道："更多？那一定是要我退位。然而，我不会答应退位——只要我没死，那些人休想得逞。"

突然，杜伊勒里宫外传来了一声枪响。杜伊勒里宫外有一个大型警卫室。这个警卫室下面是一个有水流过的遍布鹅卵石的洞室。因此，这个警卫室被称为杜伊勒里宫的水堡。这个警卫室的窗户上装着坚硬无比的铁棍。在这个警卫室外，一个国民自卫军的分遣队建立了一条防线。

遭到暴乱分子攻击时，国民自卫军士兵拒不投降。因此，一场持久战开始了。国民自卫军士兵从这个警卫室的窗户后射击，而暴乱分子则躲在杜伊勒里宫的圆柱后面反击。

1848年2月24日12时左右，埃米尔·德·吉拉尔丹①拿着一张纸来到了杜伊勒里宫。

法兰西国王路易-腓力一世问道："出什么问题了？"

埃米尔·德·吉拉尔丹回答道："陛下，您已经错失了良机。如果您再多浪费一分钟，那么在一小时内，法兰西将不再有国王和王室。"

埃米尔·德·吉拉尔丹

---

① 埃米尔·德·吉拉尔丹（1802—1881），法兰西记者、出版商和政治家。

法兰西国王路易-腓力一世问道:"接下来,我应该怎么办?"

埃米尔·德·吉拉尔丹回答道:"退位吧,陛下!您必须退位并且支持奥尔良公爵夫人海伦·路易丝·伊丽莎白摄政——革命者不会接受内穆尔公爵路易·夏尔·菲利普·拉斐尔摄政。我手里拿的是准备好的退位公告。为了争分夺秒,这份退位公告已经被交给印刷工人了。"

这份退位公告上写道:

法兰西国王路易-腓力一世退位。

奥尔良公爵夫人海伦·路易丝·伊丽莎白摄政。

下议院解散。

大赦天下。

蒙庞西耶公爵安托万·玛利·菲利普·路易·德·奥尔良说道:"如果事情真如埃米尔·德·吉拉尔丹所言,那么,陛下,事不宜迟——退位吧!"

玛丽·阿梅莉王后对法兰西国王路易-腓力一世说道:"不,不,您不能这样做!虽然革命者想夺走您的王权,但王权非您莫属。我宁愿死,也不愿从那扇门逃出去!上马吧!军队会追随您的!……我感到不可思议——居然有人会在这个时候抛弃自己的国王……那些革命者会追悔莫及……革命者不配拥有您这样的好国王。"

奥尔良公爵夫人海伦·路易丝·伊丽莎白跪在法兰西国王路易-腓力一世面前,说道:"陛下,我恳求您不要退位!"

特奥巴尔德·埃米尔·阿康巴尔-皮斯卡托里[①]说道:"不,陛下,请不要退位!我刚走遍了整个巴黎。如果不仅您能待在杜伊勒里宫宫墙

---

① 特奥巴尔德·埃米尔·阿康巴尔-皮斯卡托里(1800—1870),法兰西政治家和外交官。

和隔栏后面四个小时，而且军队一直在您身边，那么我相信一切都会安然无恙。您即使不顾我们的恳求，决定屈服，也不应该在杜伊勒里宫退位，而应该在万塞讷或者蒙特瓦勒里昂堡垒①。"

法兰西国王路易-腓力一世说道："我还没有签署任何文件。"

达尔马提亚公爵让-德-迪厄·苏尔特一言不发。

达尔马提亚公爵让－德－迪厄·苏尔特

---

① 蒙特瓦勒里昂堡垒，巴黎西部郊区叙雷讷的一个堡垒，建于1841年，是城市现代防御工事的一部分，可以俯瞰布洛涅森林。

枪声似乎已经近在咫尺了。

蒙庞西耶公爵安托万·玛利·菲利普·路易·德·奥尔良说道："时不我待！箭在弦上，不得不发！"

法兰西国王路易-腓力一世问道："所有的抵抗不都是无谓的吗？"

一些人附和道："是啊！是啊！"

虽然特奥巴尔德·埃米尔·阿康巴尔-皮斯卡托里试图提出另一个请求，但玛丽·阿梅莉王后对特奥巴尔德·埃米尔·阿康巴尔-皮斯卡托里说道："谢谢。然而，你已经尽力了。多说无益——这里有很多叛徒。"

奥尔良公爵夫人海伦·路易丝·伊丽莎白对法兰西国王路易-腓力一世说道："陛下，不仅没有人准备让我摄政，而且我没有准备好。在执政对您来说都如此困难的情况下，有人居然还想冒着风险对一个弱女子委以重任！"

法兰西国王路易-腓力一世说道："身为一个统治者，我崇尚和平。如果抵抗都是徒劳，那么我也不会让法兰西人民做无谓的牺牲。我选择退位。"

在回忆录中，蓬泰库朗伯爵路易·古斯塔夫·勒·杜尔塞写道："让国王退位这条路无疑会带领七月王朝走向灭亡。相对而言，其他所有能想到的路都会更好。然而，在国王的内阁中，有人可能已经投靠了暴乱分子。"

在回忆录中，安德烈·玛利·让·雅克·迪潘先生写道："所有将士仍然意志坚定、忠心耿耿；所有议员仍然一心效忠国王；所有政府部门仍然各司其职。然而，国王因几个国民自卫军连队的造反活动而一蹶不振、自暴自弃。国王选择出人意料、迅速并且彻底地退位是明智的做法吗……他们用什么方法才能说服处于危险中的国王立刻把权力交给一个孩子并且让国王认为这样做是明智之举呢？究竟是谁提出了如此孤注一掷的建议？肯定不是玛丽·阿梅莉王后。那天，和大家一直传颂的一样,作为妻子、王后和母亲——尤其是王后,玛丽·阿梅莉王后表现出了她应有的尊严和超越了女性身份的坚韧不拔的品质。"

法兰西国王路易-腓力一世虽然勇敢无畏,但十分害怕自己的家人会受到伤害。法兰西国王路易-腓力一世想起了连女人都没有被放过的法国大革命,想起了玛丽·安托瓦内特王后和其他许多无辜的受害者。法兰西国王路易-腓力一世博爱温和,不愿看到血流成河。法兰西国王路易-腓力一世虽然年轻时曾多次成功镇压叛乱,但如今已经年迈,不忍向自己的子民开火或者杀掉那些被他长时间视为朋友和护卫者的国民自卫军士兵。此外,法兰西国王路易-腓力一世相信,如果他选择退位,那么牺牲的人只有他,而其他人则都会安然无恙。法兰西国王路易-腓力一世认为自己的退位将挽救七月王朝,并且希望通过退位来避免猜忌、平息骚乱、促成摄政统治。

格拉尔德伯爵艾蒂安·莫里斯·格拉尔德受命向民众宣布法兰西国王路易-腓力一世退位的消息。

玛丽·阿梅莉王后对格拉尔德伯爵艾蒂安·莫里斯·格拉尔德说道:"请尽你所能、救你所能救。"

由于没有时间换上制服,格拉尔德伯爵艾蒂安·莫里斯·格拉尔德只能穿着便服。格拉尔德伯爵艾蒂安·莫里斯·格拉尔德拿着一根象征和平的绿树枝,跨上了马背。有人提醒说,格拉尔德伯爵艾蒂安·莫里斯·格拉尔德没有任何宣告退位的文书。"是啊!"格拉尔德伯爵艾蒂安·莫里斯·格拉尔德说道。随后,格拉尔德伯爵艾蒂安·莫里斯·格拉尔德请了两个人去要退位文书。

法兰西国王路易-腓力一世仍然犹豫着是否应该签署退位文书,并且因此慢条斯理地准备着纸笔。

许多人说道:"快一点!快一点!"

法兰西国王路易-腓力一世说道:"先生们,我已经在尽快了。"

即将退位的法兰西国王路易-腓力一世

蒙庞西耶公爵安托万·玛利·菲利普·路易·德·奥尔良:"陛下,我恳求您三思。"

法兰西国王路易-腓力一世对人们说道:"我写字一向很慢。现在不是改变习惯的好时机。"

随后,法兰西国王路易-腓力一世抬起手,费力地写下了几行硕大的字母:

民曾授吾王权,而吾今退位于吾孙巴黎伯爵路易·菲利普·阿尔贝。

愿吾孙不负吾今日所托,成就伟业!

法兰西国王路易-腓力一世

1848年2月24日

站在法兰西国王路易-腓力一世身后的一个人——我们姑且称其为无名氏——说道:"我们终于成功了。"

玛丽·阿梅莉王后问道:"先生,你是谁?"

无名氏回答道:"夫人,我是一个省级地方法官。"

玛丽·阿梅莉王后说道:"哦,是啊!你们虽然成功了,但会后悔的。哦,天哪!你们会追悔莫及!"

退位时,法兰西国王路易-腓力一世没有任命奥尔良公爵夫人海伦·路易丝·伊丽莎白摄政,而伊萨克-雅各布·阿道夫·克雷米厄和其他一些人对此颇有怨言。

法兰西国王路易-腓力一世说道:"其他人如果觉得有必要,那么会让奥尔良公爵夫人海伦·路易丝·伊丽莎白摄政的。然而,我不会让奥尔良公爵夫人海伦·路易丝·伊丽莎白摄政。让奥尔良公爵夫人海

法兰西国王路易－腓力一世与他的五个儿子

伦·路易丝·伊丽莎白摄政有悖法律——感谢上帝,我不仅从未违法,而且在此非常时期,更不会违法。"

大部分之前涌入杜伊勒里宫的人都作鸟兽散。

一个年轻人奉命将退位文书带给格拉尔德伯爵艾蒂安·莫里斯·格拉尔德。然而,这个年轻人没有成功见到格拉尔德伯爵艾蒂安·莫里斯·格拉尔德。退位文书落入了暴乱分子之手,导致格拉尔德伯爵艾蒂安·莫里斯·格拉尔德的和平策略失败了。一个号兵走在格拉尔德伯爵艾蒂安·莫里斯·格拉尔德前面，而另外两个士兵则拽着缰绳，牵着马，大喊道："让路！让路！"然而，没过多久，格拉尔德伯爵艾蒂安·莫里斯·格拉尔德一行不得不返回了杜伊勒里宫。

守在杜伊勒里宫外的警卫室的国民自卫军士兵都牺牲了。在卡鲁索广场，一些骑兵和龙骑兵对暴乱分子发起了猛攻。这些骑兵和龙骑兵本该给那些勇敢的国民自卫军士兵创造撤退的机会。克里斯托夫·莱昂·路易·朱绍·德·拉摩里西尔将军虽然想阻止战斗，但徒劳无功。一枚炮弹击倒了克里斯托夫·莱昂·路易·朱绍·德·拉摩里西尔将军的马。被刺伤后，克里斯托夫·莱昂·路易·朱绍·德·拉摩里西尔将军成为暴乱分子的阶下囚。在圣托马大街，暴乱分子找到了国王放置马车和干草的马厩。随后，暴乱分子推倒了马厩旁的警卫室并且将其与马厩付之一炬。

与此同时，法兰西国王路易-腓力一世正准备离开杜伊勒里宫。法兰西国王路易-腓力一世没有想到自己将不得不背井离乡。法兰西国王路易-腓力一世认为，去厄尔城堡只是一趟旅行，而巴黎将被摄政政权控制。在玛丽·阿梅莉王后的帮助下，法兰西国王路易-腓力一世脱下制服，换上平民的装束并且打包了行李。为了这次旅行，法兰西国王路易-腓力一世命人去圣托马大街的马厩取两辆四马四轮双座篷盖马车。然而，去取马车的人刚从圣托马大街出来就被暴乱分子抓住了。

看到法兰西国王路易-腓力一世准备离开，奥尔良公爵夫人海伦·路易丝·伊丽莎白说道："啊！陛下，不要抛下我。我只是一个可怜的女人。没有您的忠告和保护，我能做什么呢？"

法兰西国王路易-腓力一世说道："我亲爱的孩子，这是你亏欠法兰西和你儿子的——你必须留下。"

格拉尔德伯爵艾蒂安·莫里斯·格拉尔德失败的消息传遍了大街小巷。暴乱分子不断取得胜利，逐渐靠近卡鲁索广场。

法兰西国王路易-腓力一世出走

伊萨克-雅各布·阿道夫·克雷米厄说道:"陛下,我们必须争分夺秒。敌人过来了——在几分钟内,他们就会到达杜伊勒里宫。"

1848年2月24日12时30分,法兰西国王路易-腓力一世离开了杜伊勒里宫。

法兰西国王路易-腓力一世一行步行穿过了杜伊勒里宫的花园中的通道。玛丽·阿梅莉王后挽着法兰西国王路易-腓力一世的胳膊。跟在法兰西国王路易-腓力一世和玛丽·阿梅莉王后后面的分别是蒙庞西耶公爵安托万·玛利·菲利普·路易·德·奥尔良,内穆尔公爵夫人维多利亚·弗兰齐斯卡·安东尼娅·朱利安娜·路易丝和她的三个孩子,即生于1842年的欧尔伯爵路易·菲利普·玛利·斐迪南·加斯东、生于1844年的阿朗松公爵斐迪南·菲利普·玛利·德·奥尔良和生于1846年的玛格丽特·阿德莱德·玛丽公主,萨克森-科堡-哥达亲王奥古斯特·维克托·路德维希、萨克森-科堡-哥达亲王夫人玛丽·克莱芒蒂娜·莱奥波尔迪娜·卡罗琳·克洛蒂尔德·德·奥尔良和她的三个孩子,即生于1844年斐迪南·菲利普·玛利·奥古斯特·拉斐尔王子、生于1845年的路德维希·奥古斯特·玛利·厄德王子和生于1846的玛丽·阿德尔海德·阿马莉·克洛蒂尔德公主,伊萨克-雅各布·阿道夫·克雷米厄,以及阿里·斯海弗①、迪马将军和一些侍从。蒙塔利维伯爵玛尔特·卡米耶·巴哈松带领着几个国民自卫军士兵负责护送法兰西国王路易-腓力一世一行。

阿里·斯海弗

---

① 阿里·斯海弗（1795—1858）,浪漫主义画家,颇有名望和影响力,是人物肖像的多产画家。

前路凄凉，不禁让人想起了当年的路易十六。1792年8月10日，路易十六离开了杜伊勒里宫，准备去立法议会。立法议会有记者席，却没有属于路易十六的一席之地。瞧瞧！法兰西国王路易-腓力一世一行逃亡到了曾被称为平旋桥大门的协和广场的大门处。平旋桥得名于一座悬在护城河上的可闭合的吊桥。在协和广场的大门处，法兰西国王路易-腓力一世希望能看到自己此前命人去圣托马大街的马厩里取的马车。然而，法兰西国王路易-腓力一世没有看见马车——暴乱分子已经将马车夺走并且付之一炬。然而，法兰西国王路易-腓力一世还有可以利用别的资源——离开杜伊勒里宫时，他看见庭院中有两辆被叫作"布鲁厄姆"的单马四轮马车和一辆篷式单马双轮轻便马车。这三辆马车虽然属法兰西国王路易-腓力一世所有，但可供侍从武官和在城中有短途差使的人使用。思维敏捷的内穆尔公爵路易·夏尔·菲利普·拉斐尔意识到，这三辆马车远不能满足需要。内穆尔公爵路易·夏尔·菲利普·拉斐尔带着几位王室成员穿过中庭大门和依然畅通的码头，到达了位于协和广场的指定地点——马车正在那里等着他们。

法兰西国王路易-腓力一世看了一眼他的父亲奥尔良公爵路易-菲利普二世的断头台所在的地方，然后和玛丽·阿梅莉王后、斐迪南·菲利普·玛利·奥古斯特·拉斐尔王子、路德维希·奥古斯特·玛利·厄德王子、阿朗松公爵斐迪南·菲利普·玛利·德·奥尔良坐进了一辆小型一马四轮马车。从杜伊勒里宫开始便跟着法兰西国王路易-腓力一世的股票经纪人兼国民自卫军参谋长巴希尔先生坐在了驾驶座上。内穆尔公爵夫人维多利亚·弗兰齐斯卡·安东尼娅·朱利安娜·路易丝、玛丽·阿德尔海德·阿马莉·克洛蒂尔德公主和三位女随从坐进了另一辆小型一马四轮马车。蒙庞西耶公爵安托万·玛利·菲利普·路易·德·奥尔良、迪马将军和玛丽·阿梅莉王后的一位女仆坐进了那辆带篷的双轮轻便马车。萨克森-科堡-哥达亲王夫人玛丽·克莱芒蒂娜·莱奥波尔迪娜·卡罗琳·克洛蒂尔德·德·奥尔良非但没有离开，反倒和萨克森-科堡-哥达亲王奥古斯特·维克托·路德维希拿着武器混入了人群中。在国民自卫军和第二胸甲骑兵队的两个骑兵中队的护送下，罗贝尔上校指挥着三辆马车朝着圣克卢方向飞奔而去。

第25章

内穆尔公爵路易·夏尔·菲利普·拉斐尔

法兰西国王路易-腓力一世退位后，巴黎变得更加混乱。正规军和国民自卫军群龙无首。不仅没有文件授以玛利·约瑟夫·路易·阿道夫·梯也尔先生和卡米耶·亚森特·奥迪隆·巴罗先生权力，而且没有公告宣布伊斯利公爵托马·罗贝尔·比若不再担任军队统帅。因此，合乎法律的只剩下了两件事，即巴黎伯爵路易·菲利普·阿尔贝的王权和内穆尔公爵路易·夏尔·菲利普·拉斐尔的摄政权。依照制定于1842年8月30日的法例，退位后，法兰西国王路易-腓力一世不能剥夺属于巴黎伯爵路易·菲利普·阿尔贝的王权。制定于1842年8月30日的法例的第三条规定，自即位起，巴黎伯爵路易·菲利普·阿尔贝拥有王权。法兰西国王路易-腓力一世的意愿十分强大，甚至内穆尔公爵路易·夏尔·菲利普·拉斐尔拒绝承认也不足以修改制定于1842年8月30日的法例。一项新法律必须在下议院和上议院一致获得通过。有一个错误的说法，即法兰西国王路易-腓力一世退位时，内穆尔公爵路易·夏尔·菲利普·拉斐尔宣布奥尔良公爵夫人海伦·路易丝·伊丽莎白将进行摄政统治。实际上，内穆尔公爵路易·夏尔·菲利普·拉斐尔不仅从未宣称奥尔良公爵夫人海伦·路易丝·伊丽莎白将进行摄政统治，而且一直没有放弃自己的权利。在回忆录中，卡米耶·亚森特·奥迪隆·巴罗先生写道："国王离开时,奥尔良公爵夫人海伦·路易丝·伊丽莎白曾请求国王下一些命令。然而,国王回答道:'我无令可下。内穆尔公爵路易·夏尔·菲利普·拉斐尔将进行摄政统治,而你必须效忠他。'"

法兰西国王路易-腓力一世刚离开,奥尔良公爵夫人海伦·路易丝·伊丽莎白就牵着自己的两个儿子穿过长长的画廊去了马尔桑馆。奥尔良公爵夫人海伦·路易丝·伊丽莎白的画廊里有一幅由让-奥古斯特-多米尼克·安格尔所作的奥尔良公爵斐迪南·菲利普·路易·夏尔·埃里克·罗萨利诺·德·奥尔良的全身画像。奥尔良公爵夫人海伦·路易

让－奥古斯特－多米尼克·安格尔

丝·伊丽莎白想起自己曾在1843年写道："这幅画像见证了我的一切重要行动。"想到这里，奥尔良公爵夫人海伦·路易丝·伊丽莎白平静地说道："我们必死无疑。"奥尔良公爵夫人海伦·路易丝·伊丽莎白虽然已经听见了暴乱分子的叫喊，但无所畏惧，下令打开所有的门。

为了确保法兰西国王路易-腓力一世安然无恙，内穆尔公爵路易·夏尔·菲利普·拉斐尔已经挂帅，在杜伊勒里宫中庭安排了两个营的士兵构筑防线，在杜伊勒里宫一楼的窗户处安插了另外两个营，命令胸甲骑兵进入花园并且穿过叙利阁的前厅。内穆尔公爵路易·夏尔·菲利普·拉斐尔以为奥尔良公爵夫人海伦·路易丝·伊丽莎白已经和王室成员一道离开了杜伊勒里宫，却得到消息称奥尔良公爵夫人海伦·路易丝·伊丽莎白仍然在杜伊勒里宫内。因此，内穆尔公爵路易·夏尔·菲利普·拉斐尔派了几个军官去告诉奥尔良公爵夫人海伦·路易丝·伊丽莎白迅速离开并且去平旋桥大门。

安德烈·玛利·让·雅克·迪潘先生和格拉蒙侯爵来到马尔桑馆，看见了奥尔良公爵夫人海伦·路易丝·伊丽莎白和她的两个儿子，以及一位女仆——维昂·德·佩萨科。奥尔良公爵夫人海伦·路易丝·伊丽莎白正面对奥尔良公爵斐迪南·菲利普·路易·夏尔·埃里克·罗萨利诺·德·奥尔良的画像站着。为防止暴乱分子的攻击，朝着里沃利街的百叶窗已经被关上了。"哦！安德烈·玛利·让·雅克·迪潘先生，"奥尔良公爵夫人海伦·路易丝·伊丽莎白叫道，"你是第一个来找我的人。"接着，奥尔良公爵夫人海伦·路易丝·伊丽莎白叫路易·菲利普·阿尔贝和德烈·玛利·让·雅克·迪潘先生及格拉蒙侯爵行握手礼。巴黎伯爵路易·菲利普·阿尔贝欣然应允。这时，一位信使告诉奥尔良公爵夫人海伦·路易丝·伊丽莎白，法兰西国王路易-腓力一世正在平旋桥大门等着她。因此，奥尔良公爵夫人海伦·路易丝·伊丽莎白决定离开。奥尔良公爵夫人海伦·路易丝·伊丽莎白将自己原本持于左手的武器交给了安德烈·玛利·让·雅克·迪潘先生,用右手牵着巴黎伯爵路易·菲利普·阿尔贝。格拉蒙侯爵将武器交给了巴黎伯爵路易·菲利普·阿尔贝。沙特尔公爵罗贝尔·菲利普·路易·欧仁·斐迪南身体不适,只能跟着布拉什医生。奥尔良公爵夫人海伦·路易丝·伊丽莎白一行穿过叙利阁和花园,通过法兰西国王路易-腓力一世刚刚走过的小路离开了杜伊勒里宫。奥尔良公爵夫人海伦·路易丝·伊丽莎白一行走上大路时,一位骑马赶来的副官告诉奥尔良公爵夫人海伦·路易丝·伊丽莎白,他们必须加快速度。安德烈·玛利·让·雅克·迪潘先生回答说,考虑到沙特尔公爵罗贝尔·菲利普·路易·欧仁·斐迪南的病情,

沙特尔公爵罗贝尔·菲利普·路易·欧仁·斐迪南

他们已经是以最快的速度在前进了。因此，那位副官立刻离开了。奥尔良公爵夫人海伦·路易丝·伊丽莎白一行快走到大八角形水库时，那位副官又回来了，说法兰西国王路易-腓力一世没有等到卡米耶·亚森特·奥迪隆·巴罗先生，已经去了圣克卢。

与此同时，内穆尔公爵路易·夏尔·菲利普·拉斐尔命令驻守杜伊勒里宫的军队立即撤退。内穆尔公爵路易·夏尔·菲利普·拉斐尔骑马穿过叙利阁前厅，与身处八角水库和平旋桥大门之间的奥尔良公爵夫人海伦·路易丝·伊丽莎白会合了。内穆尔公爵路易·夏尔·菲利普·拉斐尔对奥尔良公爵夫人海伦·路易丝·伊丽莎白说道："巴黎已经不再安全。然而，其他地方可能也一样。我有一辆拉着大炮的马车，可以带你和孩子去瓦勒里昂山——这是我应该做的。"随后，内穆尔公爵路易·夏尔·菲利普·拉斐尔又赶去了协和广场，准备与各支部队的统领进行协商。

作为卡米耶·亚森特·奥迪隆·巴罗先生的特使，莱昂诺尔-约瑟夫·哈温和别斯塔找到奥尔良公爵夫人海伦·路易丝·伊丽莎白，转达了卡米耶·亚森特·奥迪隆·巴罗先生的话，即奥尔良公爵夫人海伦·路易丝·伊丽莎白不应被带去下议院。"我感觉，"后来，奥尔良公爵夫人海伦·路易丝·伊丽莎白写道，"相比政府，这个无法保护任何人的下议院更不受待见——不幸的是，我将这一切看得太清楚了。"别斯塔多次重复卡米耶·亚森特·奥迪隆·巴罗先生的话，补充道："夫人，您知道怎么骑马吗？""当然，"奥尔良公爵夫人海伦·路易丝·伊丽莎白回答道，"我如果找不到带有女士专用马鞍的马，那么会让一个龙骑兵下马以便我能骑上他的马。"

"荒唐，"安德烈·玛利·让·雅克·迪潘先生叫道，"夫人，您要去的是下议院——在那里，您的摄政权将得到肯定。"

在回忆录中，安德烈·玛利·让·雅克·迪潘先生开诚布公，写道:"毫无疑问,如果卡米耶·亚森特·奥迪隆·巴罗先生和奥尔良公爵夫人海伦·路易丝·伊丽莎白在一起,或者奥尔良公爵夫人海伦·路易丝·伊丽莎白有一辆自由出入的马车,那么奥尔良公爵夫人海伦·路易丝·伊丽莎白便能进入下议院,有足够的勇气表露自己的身份,以及和巴黎伯爵路易·菲利普·阿尔贝驾车穿过林荫大道。然而,当时,上述条件都无法被实现。除了去下议院,我们似乎无事可做。离开时,我们没有料到事情会发展成后来的模样。"

是时候做出决定了。士兵们正在巡视街道,而聚集在平旋桥大门周围的群众注视着奥尔良公爵夫人海伦·路易丝·伊丽莎白、巴黎伯爵路易·菲利普·阿尔贝和沙特尔公爵罗贝尔·菲利普·路易·欧仁·斐迪南。安德烈·玛利·让·雅克·迪潘先生摘下帽子,大喊道:"法兰西人民的国王——巴黎伯爵路易·菲利普·阿尔贝万岁!摄政王——奥尔良公爵夫人海伦·路易丝·伊丽莎白万岁!"随后,国民自卫军和人群为奥尔良公爵夫人海伦·路易丝·伊丽莎白和她的两个儿子敞开了从平旋桥大门直到远处的协和桥的道路。奥尔良公爵夫人海伦·路易丝·伊丽莎白接受了安德烈·玛利·让·雅克·迪潘先生的建议,决定去下议院。

奥尔良公爵夫人海伦·路易丝·伊丽莎白去下议院的决定与内穆尔公爵路易·夏尔·菲利普·拉斐尔毫无相干。在艰难困厄的1848年2月24日,内穆尔公爵路易·夏尔·菲利普·拉斐尔具体扮演了什么角色仍然不完全为人所知。然而,内穆尔公爵路易·夏尔·菲利普·拉斐尔曾向历史学家保罗·蒂罗-丹然先生透露过一些信息。保罗·蒂罗-丹然先生将这些信息收录进了自己精妙绝伦的作品里。从这些信息来看,内穆尔公爵路易·夏尔·菲利普·拉斐尔不仅不希望奥尔良公爵夫人海伦·路易丝·伊丽莎白去下议院,而且曾打算用一辆拉着大炮的马车带奥尔良公爵夫人海伦·路易丝·伊丽莎白去瓦勒里昂山——为此,内穆尔公爵路易·夏尔·菲利普·拉斐尔费尽了心机。

协和桥

后来，保罗·蒂罗-丹然先生写道："内穆尔公爵路易·夏尔·菲利普·拉斐尔计划让自己麾下的胸甲骑兵团保护奥尔良公爵夫人海伦·路易丝·伊丽莎白，让步兵团向前推进，而即将撤离杜伊勒里宫的军队将组成后卫部队以抵挡追击——这种部署不仅从军事角度看无懈可击，而且从政治层面来说，不也是最好的安排吗？内穆尔公爵路易·夏尔·菲利普·拉斐尔如果实现自己的这个计划，那么不仅可以根据情况来判断应该去圣克卢还是去瓦勒里昂山，而且能赢得几个小时的时间以便弄清楚事态的发展，结束混乱，尽可能地集结足够的有效兵力，以及让法兰西和巴黎进行反思……奥尔良公爵夫人海伦·路易丝·伊丽莎白和她的两个儿子乘坐一辆拉着大炮的马车出现在民众面前的场景难道不是很能打动民众并且给民众留下深刻印象吗？"

内穆尔公爵路易·夏尔·菲利普·拉斐尔在协和广场发号施令时，有人告诉他，奥尔良公爵夫人海伦·路易丝·伊丽莎白正准备去下议院。内穆尔公爵路易·夏尔·菲利普·拉斐尔不仅震惊不已，而且感到非常悲哀。在混乱中，奥尔良公爵夫人海伦·路易丝·伊丽莎白是没听到，还是曲解了内穆尔公爵路易·夏尔·菲利普·拉斐尔的意图？内穆尔公爵路易·夏尔·菲利普·拉斐尔认为，奥尔良公爵夫人海伦·路易丝·伊丽莎白如果在下议院出现，那么会立刻陷入危险。下议院中没有任何支持奥尔良公爵夫人海伦·路易丝·伊丽莎白的力量。内穆尔公爵路易·夏尔·菲利普·拉斐尔决定快马加鞭，赶上奥尔良公爵夫人海伦·路易丝·伊丽莎白——如果奥尔良公爵夫人海伦·路易丝·伊丽莎白还没有到达下议院，那么内穆尔公爵路易·夏尔·菲利普·拉斐尔必须努力阻止她；如果奥尔良公爵夫人海伦·路易丝·伊丽莎白已经到了下议院，那么内穆尔公爵路易·夏尔·菲利普·拉斐尔必须让她离开。奥尔良公爵斐迪南·菲利普·路易·夏尔·埃里克·罗萨利诺·德·奥尔良曾嘱咐内穆尔公爵路易·夏尔·菲利普·拉斐尔照顾奥尔良公爵夫人海伦·路易丝·伊丽莎白。因此，内穆尔公爵路易·夏尔·菲利普·拉斐尔只能火速赶往下议院去援助奥尔良公爵夫人海伦·路易丝·伊丽莎白。当时，内穆尔公爵路易·夏尔·菲利普·拉斐尔勇敢忠诚，没有任何野心。路易-安托万·加尼耶-帕热斯虽然是共和党人，但坦率承认道："内穆尔公爵路易·夏尔·菲利普·拉斐尔谦冲自牧、孝悌忠信，值得所有优秀的人敬重。"

然而，七月王朝一定对内穆尔公爵路易·夏尔·菲利普·拉斐尔没有留在协和广场的行为深感痛惜。如果玛利·阿方斯·贝多将军与儒利雷将军刚从卡鲁索广场带来的军队能得到内穆尔公爵路易·夏尔·菲利普·拉斐尔的指挥，那么不仅冲击下议院的暴乱分子会被轻松驱散，而且巴黎伯爵路易·菲利普·阿尔贝的王位也应该能被保住。然而，内穆尔公爵路易·夏尔·菲利普·拉斐尔没有想到，军队居然会让一小撮暴乱分子长驱直入，冲击了下议院。内穆尔公爵路易·夏尔·菲利普·拉斐尔不仅信任玛利·阿方斯·贝多将军和儒利雷将军的能力，而且命令年长的儒利雷将军统领协和广场的所有军队，守住通往下议院的各个路口。给另一支部队下达了相似的指令后，内穆尔公爵路易·夏尔·菲利普·拉斐尔立刻朝着奥尔良公爵夫人海伦·路易丝·伊丽莎白所在的方向奔去了。内穆尔公爵路易·夏尔·菲利普·拉斐尔到达时，奥尔良公爵夫人海伦·路易丝·伊丽莎白已经进入了下议院。内穆尔公爵路易·夏尔·菲利普·拉斐尔迅速下马，准备去和奥尔良公爵夫人海伦·路易丝·伊丽莎白会合，根本无暇顾及其他事。

在去下议院的路上，奥尔良公爵夫人海伦·路易丝·伊丽莎白一直在自我鼓励。安德烈·玛利·让·雅克·迪潘先生一直陪伴在奥尔良公爵夫人海伦·路易丝·伊丽莎白左右。后来，安德烈·玛利·让·雅克·迪潘先生写道："我发现奥尔良公爵夫人海伦·路易丝·伊丽莎白这位勇敢的女人沉着冷静、坚韧不拔、无所畏惧……在来得及的情况下，奥尔良公爵夫人海伦·路易丝·伊丽莎白甚至曾准备跟随国王去圣克卢……奥尔良公爵夫人海伦·路易丝·伊丽莎白如果有辆马车或者某位大臣的帮助，那么会成为另一个玛丽亚·特蕾西娅·沃尔布加·阿马利娅·克里斯蒂娜，勇敢地面对动荡的局势……为了向下议院议员介绍巴黎伯爵路易·菲利普·阿尔贝，奥尔良公爵夫人海伦·路易丝·伊丽莎白必须到下议院议员中去。当时，奥尔良公爵夫人海伦·路易丝·伊丽莎白满怀信心……奥尔良公爵夫人海伦·路易丝·伊丽莎白没有任何言语和行为流露出困难、苦恼、脆弱或者犹豫的情绪。相反，引人注目的是奥尔良公爵夫人海伦·路易丝·伊丽莎白的沉着自尊、勇敢决绝和冷静从容。"

第 26 章

奥尔良公爵夫人海伦·路易丝·伊丽莎白

1848年2月24日13时30分，奥尔良公爵夫人海伦·路易丝·伊丽莎白带着自己的两个儿子到达了下议院。下议院的众人感到非常疑惑。在著名的《七月王朝史》一书中，维克托·杜布莱写道："政府没有和下议院进行任何对话或建立任何关系。人们都认为，下议院已经解散了。政府似乎在无视下议院的存在，就像下议院不知道政府的存在、政府在哪里或者什么是政府一样。"下议院应该先讨论弹劾大臣的议题，再召开公开会议和讨论那家波尔多银行的问题。然而，下议院没有按计划进行工作——弹劾大臣的议题被压了下来。1848年2月24日12时30分，保罗·让·皮埃尔·索泽先生坐在扶手椅里。没有人想讨论那家波尔多银行的问题。

大臣们的长椅上空无一人。下议院的气氛十分诡异。据说，卡米耶·亚森特·奥迪隆·巴罗先生刚刚被任命为议长。然而，卡米耶·亚森特·奥迪隆·巴罗先生缺席了会议，导致众人惊愕不已。虽然有传闻称法兰西国王路易-腓力一世已经退位，但没有事实能证明这个传闻。玛利·约瑟夫·路易·阿道夫·梯也尔先生只是简单地露了个面。由于在协和广场遇到的民众充满敌意，玛利·约瑟夫·路易·阿道夫·梯也尔先生感到非常困惑，唯恐自己会命丧当场。没有人意识到奥尔良公爵夫人海伦·路易丝·伊丽莎白会来下议院。玛利·约瑟夫·路易·阿道夫·梯也尔先生的唯一的想法是逃跑——据目击者法卢伯爵弗雷德里克-阿尔弗雷德-皮埃尔说，玛利·约瑟夫·路易·阿道夫·梯也尔先生曾询问都有哪些门通往外面和那些门何时会畅通无阻等问题。奥尔良公爵夫人海伦·路易丝·伊丽莎白到达下议院时，玛利·约瑟夫·路易·阿道夫·梯也尔先生已经不见了。玛利·约瑟夫·路易·阿道夫·梯也尔先生回到了自己的房间，疯狂又绝望。为了不引起众人注意，玛利·约瑟夫·路易·阿道夫·梯也尔先生偷偷规划着最隐秘的逃跑路线。

有人高声宣布道："巴黎伯爵路易·菲利普·阿尔贝及其奥尔良公爵夫人海伦·路易丝·伊丽莎白莅临下议院。"话音刚落，奥尔良公爵夫人海伦·路易丝·伊丽莎白牵着巴黎伯爵路易·菲利普·阿尔贝和沙特尔公爵罗贝尔·菲利普·路易·欧仁·斐迪南进入了下议院。人们连连喝彩。许多议员高喊道："奥尔良公爵夫人海伦·路易丝·伊丽莎白万岁！巴黎伯爵路易·菲利普·阿尔贝万岁！国王万岁！摄政王万岁！"很快，议员们坐在了讲坛下方的听众席上，而奥尔良公爵夫人海伦·路易丝·伊丽莎白、巴黎伯爵路易·菲利普·阿尔贝、沙特尔公爵罗贝尔·菲利普·路易·欧仁·斐迪南和内穆尔公爵路易·夏尔·菲利普·拉斐尔也坐在那里。

在吵闹的人群中间，贝特朗·特奥巴尔德·约瑟夫·拉克罗斯先生说道："安德烈·玛利·让·雅克·迪潘先生带着巴黎伯爵路易·菲利普·阿尔贝阁来到了下议院。我请求安德烈·玛利·让·雅克·迪潘先生发表讲话。"

安德烈·玛利·让·雅克·迪潘先生说道："我没有要求发言。"

许多人喊道："说吧！说吧！"

因此，安德烈·玛利·让·雅克·迪潘先生说道："先生们，你们

贝特朗·特奥巴尔德·约瑟夫·拉克罗斯

既清楚巴黎的局势,也知道已经发生的示威游行,而这两件事导致了尊贵的法兰西国王路易-腓力一世的退位。法兰西国王路易-腓力一世已经宣布自己的权力将归于巴黎伯爵路易·菲利普·阿尔贝,而奥尔良公爵夫人海伦·路易丝·伊丽莎白将进行摄政统治。"

后来,安德烈·玛利·让·雅克·迪潘先生写道:"我只是根据谣言说了那些话——实际上,我没有亲眼看到法兰西国王路易-腓力一世退位。"在回忆录中,卡米耶·亚森特·奥迪隆·巴罗先生写道:"这

第 26 章 奥尔良公爵夫人海伦·路易丝·伊丽莎白 | 249

是一个政治谎言,即国王已经正式支持内穆尔公爵路易·夏尔·菲利普·拉斐尔摄政。"

许多人大喊道:"国王万岁!巴黎伯爵路易·菲利普·阿尔贝万岁!摄政王万岁!"

安德烈·玛利·让·雅克·迪潘先生说道:"先生们,对新国王来说,你们的喝彩弥足珍贵。然而,摄政王奥尔良公爵夫人海伦·路易丝·伊丽莎白已经习惯了你们的喝彩。在国民自卫军和民众的护送下,摄政王奥尔良公爵夫人海伦·路易丝·伊丽莎白步行穿过了杜伊勒里宫和协和广场。摄政王奥尔良公爵夫人海伦·路易丝·伊丽莎白展示了自己担当管理者的决心,而她的目的是为公众谋求利益、为法兰西谋求荣耀与繁荣。"

欢呼声更大了。安德烈·玛利·让·雅克·迪潘先生坐了下来。

一些议员喊道:"卡米耶·亚森特·奥迪隆·巴罗先生!让卡米耶·亚森特·奥迪隆·巴罗先生到看台上去!"

其他议员喊道:"卡米耶·亚森特·奥迪隆·巴罗缺席了会议。"

安德烈·玛利·让·雅克·迪潘先生坐在座位上,说道:"依我看来,议员们的一致欢呼传达出了一个明确的态度……"

许多人附和道:"是啊!是啊!"

然而,许多左派人士打断道:"不!不!我们必须等卡米耶·亚森特·奥迪隆·巴罗先生!成立临时政府!"

安德烈·玛利·让·雅克·迪潘先生说道:"卡米耶·亚森特·奥迪隆·巴罗先生可能会带来退位的消息。在国家意志的保障下,人们表达了对作为法兰西国王的巴黎伯爵路易·菲利普·阿尔贝和作为摄政王的奥尔良公爵夫人海伦·路易丝·伊丽莎白的敬意。因此,我提议,在等待卡米耶·亚森特·奥迪隆·巴罗先生的这段时间里,下议院应该记录下人们的欢呼。"

"好的！好的！""太好了！""不行！"

各种声音纷至沓来。一时间，群情激愤。

保罗·让·皮埃尔·索泽先生说道："先生们，在我看来，一致的欢呼……"

然而，保罗·让·皮埃尔·索泽先生的声音很快被淹没在了吵闹声中。

安德烈·玛利·让·雅克·迪潘先生说道："首先，我证明，民众和国民自卫军的确是在欢呼。"

阿方斯·玛利·路易·普拉·德·拉马丁先生即将到达下议院，而他的意见将是具有决定性意义的。让我们先来看看阿方斯·玛利·路易·普拉·德·拉马丁先生在1848年2月24日早晨干了些什么。阿方斯·玛利·路易·普拉·德·拉马丁先生煞费苦心，让我们知晓真相。"阿方斯·玛利·路易·普拉·德·拉马丁先生，"在《1848年革命史》中，阿方斯·玛利·路易·普拉·德·拉马丁先生写道，"由于没有意识到任何针对君主制的阴谋，酣睡了一整晚。林荫大道血流成河，阿方斯·玛利·路易·普拉·德·拉马丁先生虽然感到十分惊慌，但坚信夜晚的战斗已经停止，而到了白天后，王室会平息这场骚乱。在没有党派支持和可以勾结的同伙，以及身体不适的情况下，阿方斯·玛利·路易·普拉·德·拉马丁先生根本不想出门——为什么要仅仅为了听听新政府成员的名字和计划而出席会议呢？1848年2月24日10时30分，有人告诉阿方斯·玛利·路易·普拉·德·拉马丁先生，民众可能会冲击下议院。阿方斯·玛利·路易·普拉·德·拉马丁先生立刻站起身来，虽然不太相信有五万驻军的巴黎会如此不堪一击，但仍然认为自己有责任告知同僚们可能到来的危险"。然而，赶到议会时，阿方斯·玛利·路易·普拉·德·拉马丁先生认为危险已经消失了。

七至八个反对派记者和共和党人正等着阿方斯·玛利·路易·普

拉·德·拉马丁先生。此外，朱尔·巴斯蒂德先生、阿曼德·阿芒·马拉斯特先生、皮埃尔-朱尔·埃策尔和演员皮埃尔·弗朗索瓦·图泽也在等着阿方斯·玛利·路易·普拉·德·拉马丁先生。共和党人将阿方斯·玛利·路易·普拉·德·拉马丁先生拉进了一间会议室，要求他在摄政统治和共和政体之间选择一个。阿方斯·玛利·路易·普拉·德·拉马丁先生虽然在短短几分钟前还是一个保皇派人，但现在俨然已经成为一个共和党人。最终，共和党人和阿方斯·玛利·路易·普拉·德·拉马丁先生达成了协议——共和党人会赋予阿方斯·玛利·路易·普拉·德·拉马丁先生权力，而阿方斯·玛利·路易·普拉·德·拉马丁先生则会支持共和党人建立共和政体。

出现在下议院的奥尔良公爵夫人海伦·路易丝·伊丽莎白让阿方斯·玛利·路易·普拉·德·拉马丁先生感到羞愧难当，唯恐自己会因同情奥尔良公爵夫人海伦·路易丝·伊丽莎白而心软。后来，就奥尔良公爵夫人海伦·路易丝·伊丽莎白出现在下议院的场景，阿方斯·玛利·路易·普拉·德·拉马丁先生描述道："下议院出现了一位女人——奥尔良公爵夫人海伦·路易丝·伊丽莎白穿着丧服，半掩着脸。奥尔良公爵夫人海伦·路易丝·伊丽莎白虽然伤心欲绝，但年轻美丽。在丈夫离世、儿子年幼的情况下，奥尔良公爵夫人海伦·路易丝·伊丽莎白苍白的脸颊上残留着泪痕。见到此情此景，任何男子都会动容。对君主制的所有不满都已经消失殆尽。奥尔良公爵夫人海伦·路易丝·伊丽莎白茫然地转动着自己的蓝眼睛，向每一位看向她的人求助。身形纤弱单薄的奥尔良公爵夫人海伦·路易丝·伊丽莎白朝着迎接自己的人们屈身行礼。灾难中出现了一线希望。悲痛中有了一丝快乐。奥尔良公爵夫人海伦·路易丝·伊丽莎白的双颊上出现了一抹淡红，而她优雅的微笑正透过泪水闪耀着。显然，奥尔良公爵夫人海伦·路易丝·伊丽莎白觉得，环绕在她身边的都是她的朋友。在台阶上，巴黎伯爵路易·菲

朱尔·巴斯蒂德

皮埃尔－朱尔·埃策尔

利普·阿尔贝跌倒了。奥尔良公爵夫人海伦·路易丝·伊丽莎白用右手抱起年轻的巴黎伯爵路易·菲利普·阿尔贝，用左手抱着沙特尔公爵罗贝尔·菲利普·路易·欧仁·斐迪南。对巴黎伯爵路易·菲利普·阿尔贝和沙特尔公爵罗贝尔·菲利普·路易·欧仁·斐迪南来说，成人世界的灾难就像一场演出。穿着外面翻着白领子的黑色夹克的巴黎伯爵路易·菲利普·阿尔贝和沙特尔公爵罗贝尔·菲利普·路易·欧仁·斐迪南看起来像是安东尼·范·戴克爵士所作的肖像画。"

所有拥护奥尔良公爵夫人海伦·路易丝·伊丽莎白的人都对阿方斯·玛利·路易·普拉·德·拉马丁先生信心十足。阿方斯·玛利·路

安东尼·范·戴克爵士

易·普拉·德·拉马丁先生不仅是王室的守护者和忠肝义胆的诗人，而且对奥尔良公爵夫人海伦·路易丝·伊丽莎白满腔热忱。1842年，阿方斯·玛利·路易·普拉·德·拉马丁先生曾不顾奥尔良公爵夫人海伦·路易丝·伊丽莎白的意愿，极力支持她的儿子担任摄政王。阿方斯·玛利·路易·普拉·德·拉马丁先生这位吟游诗人毫不犹豫地为奥尔良公爵夫人海伦·路易丝·伊丽莎白这位贵族寡妇和勇敢无畏的母亲高声辩护。

不知不觉间，危机已经愈演愈烈。暴乱分子虽然尚未完全侵入下议院，但一些男人已经涌入了下议院的大堂和半圆形的议会厅。这些男人像海浪向前翻涌的第一道波浪一样，可以淹没一切。托克维尔子爵亚历克西斯·夏尔-亨利-莫里斯·克莱尔认为，只有阿方斯·玛利·路易·普拉·德·拉马丁先生才能阻止这一切。发觉阿方斯·玛利·路易·普拉·德·拉马丁先生正站在长椅旁边时，托克维尔子爵亚历克西斯·夏尔-亨利-莫里斯·克莱尔穿过人群走了过去。"我们就要完了，"托克维尔子爵亚历克西斯·夏尔-亨利-莫里斯·克莱尔急切地对阿方斯·玛利·路易·普拉·德·拉马丁先生耳语道，"在这个关键时刻，除了你，没有人能让人们听话。请发表演讲。"

阿方斯·玛利·路易·普拉·德·拉马丁先生似乎陷入了沉思。阿方斯·玛利·路易·普拉·德·拉马丁先生指着奥尔良公爵夫人海伦·路易丝·伊丽莎白和巴黎伯爵路易·菲利普·阿尔贝，说道："只要那个女人和那个孩子在那里，我就不会发言。"实际上，阿方斯·玛利·路易·普拉·德·拉马丁先生对"那个女人和那个孩子"深感同情，或许会因放弃维护这对孤儿寡母的王权而深感自责。

站在看台上的阿方斯·玛利·路易·普拉·德·拉马丁先生虽然努力想让大家听他说话，但徒劳无功。阿方斯·玛利·路易·普拉·德·拉马丁先生说道："由于备受下议院议员的尊敬的奥尔良公爵夫人海伦·路易丝·伊丽莎白正站在我们面前，我请求保罗·让·皮埃尔·索泽先生宣布暂停会议。"

由于阿方斯·玛利·路易·普拉·德·拉马丁先生的言语中充满了同情，保罗·让·皮埃尔·索泽先生宣布暂停会议，直到奥尔良公爵夫人海伦·路易丝·伊丽莎白和巴黎伯爵路易·菲利普·阿尔贝离开。

一些下议院议员走近奥尔良公爵夫人海伦·路易丝·伊丽莎白，似乎想说服她离开。然而，奥尔良公爵夫人海伦·路易丝·伊丽莎白断然拒绝离开，坐着一动不动。

阿曼德·勒波特先生对保罗·让·皮埃尔·索泽先生说道："奥尔良公爵夫人海伦·路易丝·伊丽莎白希望留在这。"

保罗·让·皮埃尔·索泽先生说道："每个人——无论是持什么观点的人，都必须明白，在一位公主面前，尊重是理所应当的。"保罗·让·皮埃尔·索泽先生的话引起了一片嘈杂声。

奥尔良公爵夫人海伦·路易丝·伊丽莎白和她的两个孩子仍然待在下议院，而他们身边则环绕着许多议员。

雷焦公爵尼古拉-夏尔-维克托·乌迪诺说道："我要求议会给我一分钟时间。请各位发发慈悲——你们也听到了，奥尔良公爵夫人海伦·路易丝·伊丽莎白走过了杜伊勒里宫和协和广场，孤身一人，只带着她的孩子，而民众都为她欢呼。如果奥尔良公爵夫人海伦·路易丝·伊丽莎白想离开，那么请为她敞开所有出口。和巴黎的民众一样，我们对奥尔良公爵夫人海伦·路易丝·伊丽莎白也充满了敬意。无论奥尔良公爵夫人海伦·路易丝·伊丽莎白想去哪，我们都陪着她。如果奥尔良公爵夫人海伦·路易丝·伊丽莎白要求留在这个大厅，那么请让她留下。奥尔良公爵夫人海伦·路易丝·伊丽莎白会是正义的一方，而我们的忠诚则会保护她。"

保罗·让·皮埃尔·索泽先生说道："我们第一项要做的事就是请

雷焦公爵尼古拉-夏尔-维克托·乌迪诺

所有无关人员离开大厅。议员们已经无法思考了。先生们，出于对下议院和《宪法》的尊重，你们能否离开大厅？"然而，到处都充斥着拒绝的声音。

面对汹涌的人潮，奥尔良公爵夫人海伦·路易丝·伊丽莎白开始一寸一寸地往后退。奥尔良公爵夫人海伦·路易丝·伊丽莎白选择了离开——如果她继续待在下议院，那么她的两个儿子可能会被绞死。在内穆尔公爵路易·夏尔·菲利普·拉斐尔的陪同下，奥尔良公爵夫人海伦·路易丝·伊丽莎白和她的两个儿子准备离开下议院。突然，奥尔良公爵夫人海伦·路易丝·伊丽莎白又下定了决心，要留在下议院。在一片喧闹声中，奥尔良公爵夫人海伦·路易丝·伊丽莎白、巴黎伯爵路易·菲利普·阿尔贝、沙特尔公爵罗贝尔·菲利普·路易·欧仁·斐迪南和内穆尔公爵路易·夏尔·菲利普·拉斐尔走到大厅后面靠左的位置并且坐了下来。

阿方斯·玛利·路易·普拉·德·拉马丁先生感到十分高兴。奥尔良公爵夫人海伦·路易丝·伊丽莎白虽然没有离开，但离阿方斯·玛利·路易·普拉·德·拉马丁先生已经不像刚才那样近了。

国民自卫军士兵和各种无关人员的数量正在不断增加，而造成这一情况的正是内穆尔公爵路易·夏尔·菲利普·拉斐尔。暴乱分子最惧怕和最恨的人就是内穆尔公爵路易·夏尔·菲利普·拉斐尔。内穆尔公爵路易·夏尔·菲利普·拉斐尔的制服引起了人们的注意。然而，内穆尔公爵路易·夏尔·菲利普·拉斐尔纹丝不动。内穆尔公爵路易·夏尔·菲利普·拉斐尔不仅相信自己的职责就是陪在奥尔良公爵夫人海伦·路易丝·伊丽莎白身边，而且下定决心，无论发生什么情况，都不会离开她。后来，阿方斯·玛利·路易·普拉·德·拉马丁先生写道："不幸的事件让内穆尔公爵路易·夏尔·菲利普·拉斐尔对奥尔良公爵夫人海伦·路易丝·伊丽莎白的支持更显崇高。冒着失去生命的危险，内穆尔公爵路易·夏尔·菲利普·拉斐尔承担着自己的责任，勇敢无畏，想得到完成使命的满足感。"

阿方斯·玛利·路易·普拉·德·拉马丁先生说道："先生们，以巴黎目前的形势，留给我们的时间已经不多了。你们应该立即采取一些措施，而一旦被宣布，这些措施便有了权威……奥尔良公爵夫人海伦·路易丝·伊丽莎白摄政权刚刚被承认。你们可以依法任命内穆尔公爵路易·夏尔·菲利普·拉斐尔为摄政王。然而，今天，你们不能建立摄政政权——显然，这样是违法的。此外，我们需要一个权威的政府领导巴黎和整个法兰西。我请求成立一个省政府。"阿方斯·玛利·路易·普拉·德·拉马丁先生说完这番话后，旁听席上的人发出了一片叫好声。

伊萨克-雅各布·阿道夫·克雷米厄说道："在这种危急时刻，

让所有人都同意任命奥尔良公爵夫人海伦·路易丝·伊丽莎白为摄政王和拥立巴黎伯爵路易·菲利普·阿尔贝为国王的想法是不可能实现的。1830年，我们匆匆忙忙地拥立了国王。然而，1848年，我们必须重新开始。先生们，1848年，我们不会仓皇失措，而是会循规蹈矩、依法办事、沉着冷静。就个人而言，我非常尊重奥尔良公爵夫人海伦·路易丝·伊丽莎白。虽然那个场景十分凄凉，但我感到荣幸之至——我带领一些王室成员登上马车并且送走了他们。我没有失职。此外，我还想说，在仓促离开的过程中，虽然法兰西国王路易-腓力一世及其家人悲痛不已，但民众都非常热情。现在，先生们，大部分巴黎民众和忠诚的国民自卫军都已经表明了自己的合法观点……让我们成立一个省政府……如今，我们的革命已经到了这个阶段，而在这个阶段，成立临时政府是革命的要求。让我们试着成就伟业，造福人民，不要将继续大革命的任务留给我们的子孙。"左边和旁听席的人发出了一片赞许声。旁听席的人没有离开——没有规定能让他们离开。

正统主义者热努先生说道："你们不能建立一个省政府或拥立一个摄政王。国家必须团结一心。你们还有事要做。不得民心将一事无成。想想1830年吧，当时，你们没有号召全国人民团结一致。你们看看自己都遭受了什么。如今，悲剧即将重演。比起你们已经制造的麻烦，更大的麻烦即将来临。"

奥尔良公爵夫人海伦·路易丝·伊丽莎白和整个下议院都在焦急地等着卡米耶·亚森特·奥迪隆·巴罗先生。终于，卡米耶·亚森特·奥迪隆·巴罗先生来到了下议院。人们虽然可能会因卡米耶·亚森特·奥迪隆·巴罗先生被许多假象蒙蔽而责怪他，但不会指责他不忠诚、不奉献或不勇敢。从1848年2月24日早晨起，卡米耶·亚森特·奥迪隆·巴罗先生就一直在努力拯救七月王朝。卡米耶·亚森特·奥迪隆·巴罗先生不仅去了林荫大道，而且甚至站在街头的路障前，想用三寸不烂之舌和暴乱分子达成和解。由于夏尔·玛利·塔内吉·迪沙泰尔伯爵的离开导致内政部大臣一职出缺，卡米耶·亚森特·奥迪隆·巴罗先生曾短暂掌管内政部。卡米耶·亚森特·奥迪隆·巴罗先生和路易-安托万·加尼耶-帕热斯、莱昂诺尔-约瑟夫·哈温、雅克-皮埃尔·夏尔·阿巴图奇、别斯塔、洛朗-安托万·佩尔尔格尼、德古夫-德南克一起到达了下议院。卡米耶·亚森特·奥迪隆·巴罗先生一行虽然有的坐在马车里，有的站在马车外，但都不仅自称为奥尔良公爵夫人海伦·路易丝·伊丽莎白一派，而且补充称，他们如果能掌握国家命运，那么会万分小心，绝不会让共和国成立。卡米耶·亚森特·奥迪隆·巴罗先生曾匆忙赶去杜伊勒里宫寻找奥尔良公爵夫人海伦·路易丝·伊丽莎白。然而，由于没有找到奥尔良公爵夫人海伦·路易丝·伊丽莎白，卡米耶·亚森特·奥迪隆·巴罗先生只能返回内政部。为了安抚各个政府部门的官员，卡米耶·亚森特·奥迪隆·巴罗先生发出了电报，宣称"多亏了所有善良市民的合作，一直兵荒马乱的巴黎就要恢复秩序了"。

毋庸置疑，卡米耶·亚森特·奥迪隆·巴罗先生如果能早点去下议院，那么会做得更好。然而，卡米耶·亚森特·奥迪隆·巴罗先生甚至不知道奥尔良公爵夫人海伦·路易丝·伊丽莎白在下议院。一开始，没有人怀疑下议院会在1848年2月24日的事件中扮演重要角色。古斯塔夫·奥古斯特·博南·德·拉·博尼尼埃·德·博蒙伯爵跟着卡米耶·亚森特·奥迪隆·巴罗先生一起去了内政部。有人问古斯塔夫·奥古斯特·博南·德·拉·博尼尼埃·德·博蒙伯爵道："您有什么措施可以保护下议院吗？"古斯塔夫·奥古斯特·博南·德·拉·博尼尼埃·德·博蒙伯爵回答道："谁想到了下议院？下议院有什么用？从目前的事态来看，下议院能出什么乱子？"

然而，古斯塔夫·奥古斯特·博南·德·拉·博尼尼埃·德·博蒙伯爵错了。后来，托克维尔子爵亚历克西斯·夏尔-亨利-莫里斯·克莱尔说道："古斯塔夫·奥古斯特·博南·德·拉·博尼尼埃·德·博蒙伯爵忘记了，尤其是在革命爆发时，一些机构虽然规模小并且长期被边缘化，但有合法权力。这些机构和人往往至关重要。在社会处于无序和骚乱中时，人们会觉得有必要恢复某种传统和权威的象征以便挽救已经被破坏的政体或完成对政体的完全破坏。议员们虽然不情愿，但如果任命了摄政王，那么可能已经获胜了。此外，不可否认的一个事实是，在很大程度上，临时政府得以成立要归因于下议院的推波助澜。"

终于，卡米耶·亚森特·奥迪隆·巴罗先生来到了下议院。这时，一群人几乎是用蛮力把卡米耶·亚森特·奥迪隆·巴罗先生拉进了一个会议室。除了多米尼克·弗朗索瓦·让·阿拉戈①、朱尔·巴斯蒂德先生和雅克·莱昂·克莱门特·托马，会议室里还有一些共和党人。

多米尼克·弗朗索瓦·让·阿拉戈

---

① 多米尼克·弗朗西斯·让·阿拉戈（1786—1853），法兰西数学家、物理学家、天文学家、共济会会员、烧炭党支持者、政治家。

会议室里的众人问道:"卡米耶·亚森特·奥迪隆·巴罗先生,您有什么打算?"

卡米耶·亚森特·奥迪隆·巴罗先生回答道:"在这非常时刻,我必须宣布巴黎伯爵路易·菲利普·阿尔贝为国王并且让奥尔良公爵夫人海伦·路易丝·伊丽莎白摄政。"

有人说道:"为时已晚。情况正在不停地变化。一个省政府已经被成立了。您如果支持省政府成为法兰西政府的一部分,那么仍然会有一定的影响力。"

卡米耶·亚森特·奥迪隆·巴罗先生说道:"你们的提议简直愚蠢至极、罪不可恕!难道你们不知道,建立省政府无异于引发革命,会让法兰西陷入内战和黑暗吗?我宁愿死,也不会参与建立省政府的工作。"

有人说道:"然而,您是在拒绝承认主权人民的权利。"

卡米耶·亚森特·奥迪隆·巴罗先生说道:"真正的人民,即那些曾想或仍想建立七月王朝的人会对我交口称赞的。"

在会议室里,卡米耶·亚森特·奥迪隆·巴罗先生没有停留很久,甚至没有落座,很快摆脱了试图阻拦他的人。

卡米耶·亚森特·奥迪隆·巴罗先生走上讲坛,说道:"先生们,我们从没有像现在这样需要沉着冷静和深思熟虑。为了拯救国家于水深火热和避免内战,我希望所有人都能团结一致。国家虽然不会灭亡——这是事实,但可能会因内部的动乱而衰弱。法兰西从没有像现在这样需要保存实力和地位。我们的职责界定很明确。幸运的是,这份职责简单明了,足以给整个国家留下烙印。国家需要的是包容、勇气、荣耀和最真实的情感!从此以后,七月王朝的王冠便会落在一个女人和一个孩子头上。"卡米耶·亚森特·奥迪隆·巴罗先生说完这番话后,人群爆发出了热烈的欢呼声。

奥尔良公爵夫人海伦·路易丝·伊丽莎白站起身来向人们致敬,

并且让巴黎伯爵路易·菲利普·阿尔贝向人们致敬。看见奥尔良公爵夫人海伦·路易丝·伊丽莎白站起来后，卡米耶·亚森特·奥迪隆·巴罗先生不再说话，想让奥尔良公爵夫人海伦·路易丝·伊丽莎白发言。然而，奥尔良公爵夫人海伦·路易丝·伊丽莎白身边的人让她重新落座。

卡米耶·亚森特·奥迪隆·巴罗先生继续说道："在如此艰难的环境中，为了保护我们的国家，以自由和秩序的名义，我请求大家齐心协力，帮助这对母子和在七月革命中表现优秀的下议院议员。在保护纯洁与纯真这一事业中，我们越是伟大和慷慨，法兰西就会越来越认同我们。就个人而言，为了自由，我愿意用尽浑身解数争取胜利。"

拉·罗什雅克兰侯爵亨利-奥古斯特-乔治·杜韦吉尔说道："我请求离席讲话。"

卡米耶·亚森特·奥迪隆·巴罗先生说道："还有没有人会故意再次质疑我们在七月革命时做的决定？"

有人欢呼道："非常好！"

卡米耶·亚森特·奥迪隆·巴罗先生继续说道："先生们，我承认，我们目前的处境十分艰难。然而，这个国家拥有如此崇高、慷慨并且是非分明的一群人。我坚信，我们如果呼吁这些崇高的人加入我们，那么能引导全体法兰西人民一往无前。我必须向代表法兰西的慷慨之士致敬。如果有人有勇气承担进行内战的责任，那么我会宣布对自由、法兰西和整个世界来说，他都是有罪的——罪大恶极！显然，我承担不起进行内战的责任。奥尔良公爵夫人海伦·路易丝·伊丽莎白的摄政政府将是一个代表绝大多数人的意见的政府，会比其他任何团体都更加无保留支持自由。在奥尔良公爵夫人海伦·路易丝·伊丽莎白的领导下，不仅自由能得到充分的保证，而且法兰西不会被竞争对手引入歧途或卷入战争。"

卡米耶·亚森特·奥迪隆·巴罗先生走下讲坛，回到了座位上。由于发觉自己寡不敌众，共和党人开始去下议院外寻求增援。

拉·罗什雅克兰侯爵亨利-奥古斯特-乔治·杜韦吉尔说道:"先生们,一些人,自由虽然可能曾属于那些侍奉国王的人,但现在属于国家和人民。"

一些人喊道:"好极了!好极了!"

拉·罗什雅克兰侯爵亨利-奥古斯特-乔治·杜韦吉尔继续说道:"今天,在这里,你谁都不是——你再也不是什么重要人物了!"

一些人问道:"那是什么?那是什么?"

莫尔尼伯爵夏尔·奥古斯特·路易·约瑟夫·迪莫里·德·莫尔尼喊道:"我们无法接受你的话。"

保罗·让·皮埃尔·索泽先生说道:"请保持秩序。"

拉·罗什雅克兰侯爵亨利-奥古斯特-乔治·杜韦吉尔说道:"请允许我继续发言。我说你们谁都不是的目的不是引起暴动。我,一名议员,不会是告诉你们下议院已经不再存在的人。法兰西人民必须团结一心,然后再……"

这时,暴乱分子闯入了下议院。

第 27 章

暴乱分子闯入下议院

一群由一些国民自卫军和工人组成的暴乱分子突然闯入了下议院，一度进攻到了半圆形的议事区。占领了杜伊勒里宫后，暴乱分子叫嚷道："打倒政府！把决议提交表决！推翻波旁王朝！打倒叛徒！解散下议院！"在儒利雷将军和玛利·阿方斯·贝多将军的授意下，协和广场上的军队没有阻止暴乱分子，毫不理会内穆尔公爵路易·夏尔·菲利普·拉斐尔的命令。

下议院中出现了激烈的骚动。中间席位上的多数议员都撤退到了上层席位。一名闯入者，即知名的波拿巴主义者夏尔·迪穆兰先生登上讲坛，立起了一面旗帜，大喊道："今天和1830年一样——人民将重获自由和独立。杜伊勒里宫的王权已逝，而宝座已经被扔出了窗外。"

亚历山大·奥古斯特·勒德律-洛兰先生和阿方斯·玛利·路易·普拉·德·拉马丁先生同时走上了讲坛。混乱持续升温，而阿方斯·玛利·路易·普拉·德·拉马丁先生意识到，在如此嘈杂的环境下，想让人们听清楚他的话很难。后来，卡米耶·亚森特·奥迪隆·巴罗先生写道："我比阿方斯·玛利·路易·普拉·德·拉马丁先生更了解他的意图。共和党人早已知道阿方斯·玛利·路易·普拉·德·拉马丁先生要说什么。我承认自己完全不知所措，只是站在讲坛下。我记得，夏尔·迪穆兰先生表示自己会支持奥尔良公爵夫人海伦·路易丝·伊丽莎白摄政。我想，夏尔·迪穆兰先生如果有机会通过演讲表达自己的意见，那么自然会宣布支持奥尔良公爵夫人海伦·路易丝·伊丽莎白。"

保罗·让·皮埃尔·索泽先生和阿方斯·玛利·路易·普拉·德·拉马丁先生都不知所措。在会议记录中，保罗·让·皮埃尔·索泽先生写道："我仍然怀有一丝希望。阿方斯·玛利·路易·普拉·德·拉马丁先生曾请求发言……这位富有诗意与骑士精神的先生全然不顾被围困的苦苦哀求的母子。他高贵又和谐的声音充当了这些无法无天的乌合之众的喉舌。这些乌合之众虽然为他鼓掌，但侮辱并且用武器威胁着他的同僚——这些是连阿方斯·玛利·路易·普拉·德·拉马丁先生的死敌也不曾预料到的。"

阿方斯·玛利·路易·普拉·德·拉马丁先生是一位杰出的诗人。"站起来！"在《1848年革命史》一书中，阿方斯·玛利·路易·普拉·德·拉马丁先生对奥尔良公爵夫人海伦·路易丝·伊丽莎白和巴黎伯爵路易·菲利普·阿尔贝说道，"你是奥尔良公爵斐迪南·菲利普·路易·夏尔·埃里克·罗萨利诺·德·奥尔良的遗孀。人们对已故的奥尔良公爵斐迪南·菲利普·路易·夏尔·埃里克·罗萨利诺·德·奥尔良的记忆会附着于你！你的儿子失去了父亲，由国家抚养！你和儿子都是王位纷争的无辜受害者，是来这里寻求帮助的人！这场革命是正义的！是宽容的！是属于法兰西的！这场革命不以妇孺为敌，不会剥夺寡妇与孤儿所有，更不会剥夺囚犯与宾客财产。去统治吧！王位将被归还于你——你仅仅是受害者罢了。你的祖父的大臣们挥霍了属于你的遗产。人们不仅会把王位归还于你，而且会接纳你。因此，王位会成为你的先祖。虽然你曾经只有一位亲王的指引，但现在，你的母亲和国家将指引你前进。"

阿方斯·玛利·路易·普拉·德·拉马丁先生声称，他如果早点发表这篇演讲，那么不仅能促成摄政统治，而且能带着奥尔良公爵夫人海伦·路易丝·伊丽莎白和巴黎伯爵路易·菲利普·阿尔贝凯旋杜伊勒里宫。然而，这无疑是阿方斯·玛利·路易·普拉·德·拉马丁先生因想象力丰富而产生的错觉。人们为阿方斯·玛利·路易·普拉·德·拉马丁先生鼓掌欢呼是因为他已经沦为了革命的工具。

然而，阿方斯·玛利·路易·普拉·德·拉马丁先生的开篇演讲让奥尔良公爵夫人海伦·路易丝·伊丽莎白的拥护者重新看见了希望。"先生们，"阿方斯·玛利·路易·普拉·德·拉马丁先生说道，"和你们一样，我十分激动。我目睹了感人至深的一幕，而这一幕不仅引发了议会的骚动，而且足以载入史册。端庄的奥尔良公爵夫人海伦·路易丝·伊丽莎白带着她的两个儿子走出宫殿并且加入了人民的行列。"听到阿方斯·玛利·路易·普拉·德·拉马丁先生的演讲后，当时仍然身处下议院的奥尔良公爵夫人海伦·路易丝·伊丽莎白露出了甜蜜又忧郁的微笑，轻轻地敲动着手指。虽然奥尔良公爵夫人海伦·路易丝·伊丽莎白没有过分沉溺于幻想，但她的朋友们甚是满意。

阿方斯·玛利·路易·普拉·德·拉马丁先生急于安抚共和党人。"先生们，"阿方斯·玛利·路易·普拉·德·拉马丁先生说道，"我与你们共同感受人类历史上的最大灾难带来的同情，与你们一样可以感受到尊敬的力量。尊敬让在座的每一个人备受鼓舞。无论共和党人持何种政见，我都和你们一样尊重他们。三天来，共和党人一直在努力惩戒背信弃义的政府，试图重建充满秩序与自由的帝国。为了公共和平，为了人们流的血，为了三天来为完成这项光荣任务而饱受煎熬的仁人志士们，我请求建立一个临时政府——一个不会预先决定任何事的权威政府，一个无论我们如何表现都不能左右的、可以满足国家需求的政府。"

人群中爆发出一阵掌声。有人嚷嚷道:"名字!说出临时政府成员的名字!"阿方斯·玛利·路易·普拉·德·拉马丁先生回答道:"别急!我认为,临时政府有几项任务——一是建立公民之间的和平;二是立即采取必要措施,召集全国有公民权利的人;三是让五十年来的政权更迭……"从旁听席方向传来的一阵急促的敲门声打断了阿方斯·玛利·路易·普拉·德·拉马丁先生的话。随着一声枪响,门被迅速打开了。包括一些国民自卫军的暴乱分子快速分散到旁听席的各处,喊道:"解散下议院!铲除议员!"

一名暴乱分子脚踩窗户的内檐,拿枪指着保罗·让·皮埃尔·索泽先生和阿方斯·玛利·路易·普拉·德·拉马丁先生。阿方斯·玛利·路易·普拉·德·拉马丁先生不得不终止演讲。暴乱分子开始攻击其他下议院议员。有人哭喊道:"不要开枪!演讲者是阿方斯·玛利·路易·普拉·德·拉马丁先生!"虽然用枪指着阿方斯·玛利·路易·普拉·德·拉马丁先生的人抬起了枪口,但现场的混乱有增无减。暴乱分子发出了威胁式的喊叫声,愤怒地要求成立临时政府,并且表示如果下议院坚持不投票表决革命提案,那么一场血腥的战争会立刻爆发。

后来,目睹了这一切的托克维尔子爵亚历克西斯·夏尔-亨利-莫里斯·克莱尔说道:"当时,所有对新政权的幻想都被阿方斯·玛利·路易·普拉·德·拉马丁先生泼洒在吉伦特派人士身上的墨水遮盖了。经历过法国大革命的人仍然活在想象中,而他们的言语和行为一直都摆脱不了法国大革命的影子。1848年2月24日,我目之所及都带着以往的革命的烙印——人们是在模仿法国大革命,而不是在进行1848年的二月革命。"

保罗·让·皮埃尔·索泽先生仍然端坐在自己的位置上,按着铃,要求人们保持肃静。然而,面对混乱的局面,保罗·让·皮埃尔·索泽先生感到无可奈何,只得宣布道:"由于你们无法保持肃静,现在开

阿方斯·玛利·路易·普拉·德·拉马丁发表演讲

始休会！"随后，保罗·让·皮埃尔·索泽先生离开了自己的位置。一些官员和大多数下议院议员随保罗·让·皮埃尔·索泽先生通过讲坛边的一扇小门离开了议事区。一群暴乱分子懒洋洋地坐在长椅上，喊道："占领卖国贼的地盘！"暴乱分子们举枪到处瞄准，一会儿瞄准这边，一会儿瞄准那边。突然，暴乱分子看到奥尔良公爵夫人海伦·路易丝·伊丽莎白和巴黎伯爵路易·菲利普·阿尔贝正坐在议事区的上层席位处。一些忠心耿耿的下议院议员挡在暴乱分子和奥尔良公爵夫人海伦·路易丝·伊丽莎白中间，用自己的身体为奥尔良公爵夫人海伦·路易丝·伊丽莎白和她的两个儿子筑起了一道人墙。在这种非常危险的情况下，奥尔良公爵夫人海伦·路易丝·伊丽莎白依然非常冷静，缓缓地问道："你们建议我怎么做？"有人回答道："议员们已经离席，您应该去找保罗·让·皮埃尔·索泽先生来恢复秩序。"

"然而，我要怎么过去呢？"奥尔良公爵夫人海伦·路易丝·伊丽莎白回复道。穿过号叫着和充满威胁的人群撤退的做法非常危险。议会席上方有一个环形大厅，而这个环形大厅的几扇门连着通向楼下的走廊的楼梯。奥尔良公爵夫人海伦·路易丝·伊丽莎白和她的两个儿子被人群推着，跟着内穆尔公爵路易·夏尔·菲利普·拉斐尔走向最左边的座椅上方的一扇门。打开门后，众人看到了一截通向一个黑暗狭小、靠近中央大厅的门厅的楼梯。奥尔良公爵夫人海伦·路易丝·伊丽莎白和她的两个儿子虽然一直紧紧拉着手，但没有抵达门厅时，由于混乱的环境，被人群冲散了。

摔倒后，巴黎伯爵路易·菲利普·阿尔贝爬了起来，被人群挤着拽着，非常恐惧，大声呼喊自己的母亲奥尔良公爵夫人海伦·路易丝·伊丽莎白。巴黎伯爵路易·菲利普·阿尔贝虽然被厄舍尔·德波特救了起来，但没有与奥尔良公爵夫人海伦·路易丝·伊丽莎白重聚。奥尔良公爵夫人海伦·路易丝·伊丽莎白非常不安。厄舍尔·德波特的兄弟塞萨尔·李普曼先生把沙特尔公爵罗贝尔·菲利普·路易·欧仁·斐迪南抱在怀里离开了议事区。安德烈·玛利·让·雅克·迪潘先生走在塞萨尔·李普曼先生前面，打开了门。门里的楼梯连接着议事区、寄存处和勃艮第街。塞萨尔·李普曼先生上楼去仆人的公寓。塞萨尔·李普曼先生走进一个房间，轻轻放下了沙特尔公爵罗贝尔·菲利普·路易·欧仁·斐迪南。与此同时，在靠近中央大厅的厅堂里，奥尔良公爵夫人海伦·路易丝·伊丽莎白被人潮推着一次次撞在玻璃门上。虽然玻璃碎成了碎片，但门没有被撞开——门越是被挤压便越无法被打开。然而，终于，玻璃门被打开了。奥尔良公爵夫人海伦·路易丝·伊丽莎白穿过中央大厅到达了主席台，却没有看见自己的两个儿子。

几分钟后，巴黎伯爵路易·菲利普·阿尔贝被带到了中央大厅。这时，两名国民自卫军士兵从中央大厅的第三扇窗户跳了出来，抱住了巴黎伯爵路易·菲利普·阿尔贝。这两名国民自卫军士兵带着巴黎伯爵路易·菲利普·阿尔贝跑向底层的第一扇窗户，打破窗格并且进入了奥尔良公爵夫人海伦·路易丝·伊丽莎白所在的房间。然而，沙特尔公爵罗贝尔·菲利普·路易·欧仁·斐迪南仍然下落不明，导致奥尔良公爵夫人海伦·路易丝·伊丽莎白十分焦虑。为了防止被袭击，这两名国民自卫军士兵敦促奥尔良公爵夫人海伦·路易丝·伊丽莎白尽快坐上马车并且带着巴黎伯爵路易·菲利普·阿尔贝去荣军院。

与此同时，刚刚对奥尔良公爵夫人海伦·路易丝·伊丽莎白表现出极大忠心的内穆尔公爵路易·夏尔·菲利普·拉斐尔陷入了危险中，被推挤着进入了中央大厅。在一群忠心的下议院议员身后，内穆尔公爵路易·夏尔·菲利普·拉斐尔脱下了制服——他如果继续穿着这身制服，那么将无法活下去。安全进入预算委员会的办公室后，内穆尔公爵路易·夏尔·菲利普·拉斐尔换上国民自卫军士兵的制服以便能混进国民自卫军的队伍而不被发现。内穆尔公爵路易·夏尔·菲利普·拉斐尔顺利到达了荣军院并且与奥尔良公爵夫人海伦·路易丝·伊丽莎白和巴黎伯爵路易·菲利普·阿尔贝成功会合。直到此时，内穆尔公爵路易·夏尔·菲利普·拉斐尔仍然没有丧失对胜利的信心。

现在，让我们一起来看看，议员们离开下议院后，被暴乱分子占领的下议院里发生了什么。

第28章

临时政府

下议院不再召开议会,俨然成为一个俱乐部,一个暴动、骚乱和乌合之众的聚会场所。几乎所有下议院议员都离开了下议院——仅有十多名左派议员正在与入侵者交涉——暴乱分子控制了局面。民众要求经验丰富、自由开明的雅克-夏尔·杜邦·德·厄尔担任议长。雅克-夏尔·杜邦·德·厄尔接受了这个提议。半圆形的议事区聚集着无数人,包括著名小说家亚历山大·仲马和两名演员,即皮埃尔·弗朗索瓦·图泽和罗古。阿方斯·玛利·路易·普拉·德·拉马丁先生仍然在讲坛上,在两名挥舞着旗帜的暴乱分子中间。民众吵吵嚷嚷,要求表决成立临时政府。阿方斯·玛利·路易·普拉·德·拉马丁先生大声喊道:"各位,你们成立临时政府的主张和用欢呼认可的提议都会得到满足。临时政府即将成立。"

雅克-夏尔·杜邦·德·厄尔说道:"下面是临时政府成员的姓名:多米尼克·弗朗索瓦·让·阿拉戈、阿方斯·玛利·路易·普拉·德·拉马丁先生、雅克-夏尔·杜邦·德·厄尔、伊萨克-雅各布·阿道夫·克雷米厄。"雅克-夏尔·杜邦·德·厄尔的话引起了一阵喧闹。

阿方斯·玛利·路易·普拉·德·拉马丁先生说道:"各位,请保持安静！如果你们想让临时政府成员接受你们托付的任务，那么至少，这项任务必须被公开宣布。在这样嘈杂的环境中，我们尊敬的朋友雅克-夏尔·杜邦·德·厄尔无法让你们听清他的话。"

一个人喊道："让他们知道人民不需要君主制！人民需要共和国！"

另一个人喊道："我们会马上考虑你的提议。"

还有人喊道："席位！席位！坐下来！让我们取代叛徒。"

还有人喊道："取代受贿者！"

还有人喊道："取代酒囊饭袋！"

与此同时，在原本由大臣和议员们坐的长凳上，一些平民、学生、理工学院的学生，以及一直站在议事区、紧挨着讲坛或台阶的国民自卫军嬉笑和喊叫着，表现得仿佛下议院即将进行一场常规辩论。

一个人挥舞着旗帜，喊道："打倒波旁王朝！建立共和国！"

人群中一位议员喊道："打倒波旁王朝！将老的和小的一并铲除！"

还有人喊道："酒囊饭袋！"

人群中的另一位议员惊叹道："啊！小公爵们真漂亮！"

拉·罗切亚奎琳侯爵夫人说道："小公爵们没有盗窃王位——王位本就属于他们，应被归还给他们。"

有人喊道："请安静片刻。否则，我们将一事无成。"

另一个人喊道："我们要求宣布成立共和国。"

雅克-夏尔·杜邦·德·厄尔宣读了一些名字，包括阿方斯·玛利·路易·普拉·德·拉马丁先生、亚历山大·奥古斯特·勒德律-洛兰先生、多米尼克·弗朗索瓦·让·阿拉戈、雅克-夏尔·杜邦·德·厄尔等。一些记者大声重复着这些名字。似乎大部分民众都接受了这些人成为临时政府成员。

有人喊道："在获得提名和被民众接受前，临时政府成员应呐喊'共和国万岁'。"

另一个人喊道:"临时政府应该服务于市政厅。我们期待一个谨慎、温和的政府。我们希望临时政府能在不制造流血事件的情况下建立共和国。"

博凯奇说道:"去市政厅!让阿方斯·玛利·路易·普拉·德·拉马丁先生带头!"

阿方斯·玛利·路易·普拉·德·拉马丁先生没有立即按博凯奇的意思开始行动,而是和雅克-夏尔·杜邦·德·厄尔及一大波群众一起离开了下议院。没有离开的人分散在长椅上、议事区和大厅等地。混乱仍然持续着。亚历山大·奥古斯特·勒德律-洛兰先生或许已经把阿方斯·玛利·路易·普拉·德·拉马丁先生当成了对手,下定决心留在下议院,期待自己的这种做法能发挥一些作用。

"公民们,"阿方斯·玛利·路易·普拉·德·拉马丁先生说道,"现在,你们必须知道,你们正在进行一项严肃的工作,即提名临时政府。"

人群中发出了"我们不要临时政府!""对!对!""我们需要临时政府"等不同的叫喊声。

亚历山大·奥古斯特·勒德律-洛兰先生说道:"我们即将进行严肃的工作。然而,现在,反对的声音已经出现了。在这种情况下,临时政府是不可能轻易提名成功的。请允许我向你们宣读提名——这些人似乎是由多数派提名的。"

有人说道:"安静!听着!听着!"

亚历山大·奥古斯特·勒德律-洛兰先生继续说道:"现在,我将宣读提名。你如果对这些名字满意,那么可以喊'通过'。你如果对这些名字不满意,那么可以喊'淘汰'。为了郑重起见,我恳请速记员在我宣读时记下这些姓名——我们不能向法兰西提供未经你们许可的名字。下面,我开始宣读提名:雅克-夏尔·杜邦·德·厄尔、阿方斯·玛利·路易·普拉·德·拉马丁先生、亚历山大·奥古斯特·勒德律-洛兰先生、路易-安托万·加尼耶-帕热斯、伊萨克-雅各布·阿道夫·克雷米厄。"

亚历山大·奥古斯特·勒德律-洛兰先生每念一个名字，人群中都会爆发出一阵"通过"的声音。

有人喊道："伊萨克-雅各布·阿道夫·克雷米厄——通过！然而，路易-安托万·加尼耶-帕热斯不能获得通过。"这句话引起了一阵喧闹。

另一个人喊道："保持安静！维持秩序！"

亚历山大·奥古斯特·勒德律-洛兰先生说道："请不同意的人举手。"人群中发出了"通过"和"淘汰"两种声音。

亚历山大·奥古斯特·勒德律-洛兰先生继续说道："各位，请允许我再补充一点！刚刚提名通过的临时政府有着重要而艰巨的任务需要完成。我们即将通过召开会议来调整政府工作的重心和采取必要措施制止暴力行为——只有这样，人民的权利才能得到维护。"

无数人同时喊道："同意！同意！去市政厅！"

一名理工学院的学生喊道："在你们临时政府的成员中，没有一个人想成立共和国。和1830年一样，我们会再次遭到背叛。"

其他人喊道："共和国万岁！亚历山大·奥古斯特·勒德律-洛兰万岁！去市政厅！"

有个年轻人喊道："政府工作的中心不是市政厅，而是这里。"

临时政府的成员的选举已经完成，而这个选举正如雅克-夏尔·杜邦·德·厄尔所言，是以拍卖的形式进行的。由于认为继续留在下议院已经没有任何作用，亚历山大·奥古斯特·勒德律-洛兰先生去了市政厅。阿方斯·玛利·路易·普拉·德·拉马丁先生将担任外交部部长，而亚历山大·奥古斯特·勒德律-洛兰先生将担任内政部部长。

随着亚历山大·奥古斯特·勒德律-洛兰先生的离开，人群逐渐散去。然而，混乱和喧闹仍然没有消失。

一个年轻人站在讲坛上，喊道："王室特权至此为止！"

另一个人喊道："王室存在至此为止！"

人们将注意力集中到了悬挂在座椅后的桌子上方的画像上。画像上的法兰西国王路易-腓力一世正在向《1830年宪章》宣誓效忠。"必须毁掉这幅画像！"有人喊道。站在桌旁的人正准备用军刀毁掉这幅画像时，一个站在议事区的拿着步枪的工人喊道："等等！让我枪毙他！"紧接着，随着两声枪响，法兰西国王路易-腓力一世被"枪毙"了。另一名工人跳上讲坛的台阶，说道："请尊重纪念品！尊重这些财产！我们为什么要损毁财产？为什么要向画像开枪？我们已经表明了自己的观点，即人民不得受到虐待。现在，让我们表明自己的另一个观点，即人民知道如何尊重纪念品和自己的胜利！"这名工人的话获得了掌声。一群人围在这名工人周围，询问他的姓名。这名工人自称为泰奥多尔，是一名家具商。随后，人们逐渐离开了下议院，而时间已经来到了1848年2月24日16时。

托克维尔子爵亚历克西斯·夏尔-亨利-莫里斯·克莱尔虽然随亚历山大·奥古斯特·勒德律-洛兰先生离开了下议院，但由于不愿被去市政厅的人群拖着走，选择了另一条路线，即下楼去波旁宫的内院。托克维尔子爵亚历克西斯·夏尔-亨利-莫里斯·克莱尔看见一列武装的国民自卫军士兵正朝他走来。这些国民自卫军士兵带着刺刀，从一处楼梯上了楼。领头的两个公民装扮的人起劲地喊道："奥尔良公爵夫人海伦·路易丝·伊丽莎白万岁！摄政万岁！"一位领头者是雷焦公爵尼古拉-夏尔-维克托·乌迪诺，而另一位领头者是甘古夫-菲利普-弗朗索瓦-亚历山大·安德里亚尼先生。

甘古夫-菲利普-弗朗索瓦-亚历山大·安德里亚尼先生抓着托克维尔子爵亚历克西斯·夏尔-亨利-莫里斯·克莱尔的手臂，说道："先生，你必须加入我们去营救奥尔良公爵夫人海伦·路易丝·伊丽莎白，保护君主制。""你的想法虽然很好，"托克维尔子爵亚历克西斯·夏尔-

亨利-莫里斯·克莱尔回答道，"但为时已晚——不仅奥尔良公爵夫人海伦·路易丝·伊丽莎白已经消失，而且议会解散了。"后来，托克维尔子爵亚历克西斯·夏尔-亨利-莫里斯·克莱尔又补充道："在1848年2月24日夜晚勇敢拥护君主制的护卫者甘古夫-菲利普-弗朗索瓦-亚历山大·安德里亚尼先生在哪里？他不仅加入了亚历山大·奥古斯特·勒德律-洛兰先生的内阁，而且以共和党人的身份担任内政部的秘书长。为了取悦他领导的内阁，我加入了他。然而，我不期待他们会努力取得任何结果。我机械地参加了反抗运动并且到达了下议院。见证了刚刚发生在下议院的事情后，国民自卫军士兵转身向四面八方逃散。半个小时前，这支人数极少的国家自卫军本能改变法兰西的命运，就如同1848年5月15日一样。国民自卫军士兵从我身边经过时，我正走在回家的路上，独自沉思着。我虽然在过去的九年中于下议院中听过无数雄辩，但没有回头看寂静荒凉的下议院最后一眼。"

民众非常麻木。接下来，让我们听听法卢伯爵弗雷德里克-阿尔弗雷德-皮埃尔是怎么描述当时的情况的。

"我打开一扇通向勃艮第街的小门，"法卢伯爵弗雷德里克-阿尔弗雷德-皮埃尔说道，"到达了波旁宫广场。一切平静如常。走了几步后，我遇到了圣布朗卡尔侯爵阿曼德二世·德·贡托。圣布朗卡尔侯爵阿曼德二世·德·贡托轻松地问我道：'嘿！嘿！最近发生了什么事？''发生了一场革命，'我说道，'或者说，市政厅刚刚发生了一场革命。'然后，我简短地告诉了圣布朗卡尔侯爵阿曼德二世·德·贡托会议的细节。我说话时，圣布朗卡尔侯爵阿曼德二世·德·贡托说道：'真没想到！'实际上，刚刚见证了这一切的我也没有想到。"

与此同时，受到众人拥护的阿方斯·玛利·路易·普拉·德·拉马丁先生正从下议院走向市政厅。在去市政厅的途中，即奥尔赛码头的骑兵营前，阿方斯·玛利·路易·普拉·德·拉马丁先生停了下来。骑兵

二月革命期间的遇难者

们已经关上了营门。"士兵们,"阿方斯·玛利·路易·普拉·德·拉马丁先生说道,"喝杯酒吧!"有人将一个酒杯递到了阿方斯·玛利·路易·普拉·德·拉马丁先生面前。"朋友们,"阿方斯·玛利·路易·普拉·德·拉马丁先生喊道,"这是一场宴会。让民众、士兵和我一起友好交往吧。"说完这番话,阿方斯·玛利·路易·普拉·德·拉马丁先生将那杯酒一饮而尽——革命结束了。

然而,不到四个月后,即1848年5月15日,这些骑兵们将受命从奥尔赛码头的骑兵营出发去驱逐入侵议会的暴乱分子。

第29章

洗劫杜伊勒里宫

聚集在卡鲁索广场和通往杜伊勒里宫的路上的人群被疏散后,杜伊勒里宫的庭院里空无一人。然而,很快,杜伊勒里宫里又挤满了人。涌入杜伊勒里宫时,人群没有遭到阻拦。涌入杜伊勒里宫的人群中有两位名人,即古斯塔夫·福楼拜和马克西姆·杜·康。就人群涌入杜伊勒里宫的场景,马克西姆·杜·康描述道:

"我们点亮了杜伊勒里宫的花园里的灯。在一楼,我们看见了摆放在餐厅里的桌子,装着很多面包卷的篮子,巨大、洁白的桌布,以及桌上的牛奶、银质咖啡壶。银质咖啡壶壶身上刻着国王的名字。一些人坐下开始用餐。一个人喊道:'这是我们的革命宴会。'这个笑话引起了哄堂大笑。我们来到二楼,看见饰有浮雕的海绿色大理石壁炉上有一个钟表。我瞥了一眼时间——13时10分。"起初,由于民众的好奇心比愤怒更加强烈,这次入侵没有造成过多暴行。有个人虽然划破了大厅里的一幅肖像画,但为了避免弄破枝形吊灯或撕下帘子,又将刀放回了刀鞘中。杜伊勒里宫里有不超过两百名入侵者。在这一刻,除了王位,杜伊勒里宫里的一切都应该得到尊重。"先生们,"有个人说道,"在你们身上,我总是能找到新的乐趣。"这句话经常作为国王登上王位时发表的演讲的开头，而那些小杂志则经常嘲笑这句话。人群中爆发出了一阵哄笑。

破坏圣像和破坏财产的人正在逼近杜伊勒里宫。当时的杜伊勒里宫四周有一些小巷子——直到拿破仑三世修整完卢浮宫，这些小巷才消失。随后，一群妓女和抢劫者涌了出来，像冲向猎物般冲向了杜伊勒里宫。一些原本在杜伊勒里宫附近打斗的叛乱分子也跟着跑了起来。

最先遭到入侵的是奥尔良公主路易丝·玛丽·阿德莱德·欧仁妮·德·奥尔良的房间。自奥尔良公主路易丝·玛丽·阿德莱德·欧仁妮·德·奥尔良去世后，她的房间就未曾被打开过。巨大的百叶窗被撕开，而窗格的碎片则飞入了奥尔良公主路易丝·玛丽·阿德莱德·欧仁妮·德·奥尔良的房间里。人们吵嚷着。突然，外面响起了枪击声——一个被遗忘在卡鲁索广场上的暴乱分子正朝着空中开枪，导致人们以为自己中了圈套。踩踏事件发生了，而一楼的入侵者随即跳入了护城河。同样的恐慌也包围了那些身处卡鲁索码头的人。身处卡鲁索码头的人疯狂地冲进停在塞纳河上的驳船，丢下了他们手中的刺刀、火枪和棍棒。几分钟后，这种恐慌被证明是不必要的，而杜伊勒里宫随之遭到了洗劫。

最先遭到洗劫的是杜伊勒里宫的一楼，包括法兰西国王路易-腓力一世的书房、卧室和玛丽·阿梅莉王后的沙龙。随后，入侵者上到二楼。马克西姆·杜·康记录道："现场充斥着人们的叫嚷声和武器的碰撞声。我们朝大台阶的尽头跑去，却发现一群暴乱分子正在往上爬。这群暴乱分子涌上来，压着楼梯旁的栏杆——楼梯栏杆都被压弯了。到达楼梯口后，这群暴乱分子迅速冲进了二楼的房间。我们听见了几声爆炸声——有人开枪击碎了镜子。这群善于毁灭与破坏的人闯进了杜伊勒里宫。"

混乱破坏了早晨的安静。大堆艺术珍品散落在地上，而破碎的半身像、飞扬的镜子碎片、撕裂的帷幔则在尘土中翻滚着。有入侵者爬到了叙利阁顶端，把飘扬在杜伊勒里宫的圆顶上的旗帜扯了下来。钟上的大

暴乱分子闯进杜伊勒里宫

钟摆被拆了下来当作锤子，而这把锤子砸下来时，包括书橱、马桶、衣柜在内的一切都被打破了。在房间里，登记册、文件夹和信函填满了巨大的壁炉。在花园中、窗台下的大火盆里，暴乱分子正在焚烧被丢出窗户的书籍和信函。甚至厨房和地窖也遭到了入侵——暴乱分子饮用、掳走和打碎了三千瓶各式各样的葡萄酒。

有人提议带着法兰西国王路易-腓力一世的宝座进行游行并且在巴士底广场的七月柱脚下将其烧毁。这一提议得到了热烈回应。因此，法兰西国王路易-腓力一世的权杖、发言台和扶手椅都被抬出来堆在了马车

第29章 洗劫杜伊勒里宫 | 283

烧毁法兰西国王路易-腓力一世的宝座

上。庞大的队伍跟在马车后面。到达巴士底广场后,法兰西国王路易-腓力一世的宝座被烧毁了。

与此同时,暴乱分子对杜伊勒里宫的洗劫仍然没有结束。实际上,杜伊勒里宫里只剩下了小偷、旧衣商人、赃物商人、很多受好奇心驱使的老实人和一些一心一意想尽可能多地保存东西并且将其归还给王室的人。

然而,灾难中也存在一些让人备受感动的善举。玛丽·阿梅莉王后的房间旁还有一个房间,是玛丽·克里斯蒂娜·卡罗琳·阿德莱德·弗朗索瓦丝·莱奥波尔迪内·德·奥尔良公主的雕塑工作间。玛丽·克里斯蒂娜·卡罗琳·阿德莱德·弗朗索瓦丝·莱奥波尔迪内·德·奥尔良公主的雕塑工作间的窗户朝向杜伊勒里宫的庭院,以彩色玻璃装饰,像一个教堂。简朴的底座上立着早逝的玛丽·克里斯蒂娜·卡罗琳·阿德莱德·弗朗索瓦丝·莱奥波尔迪内·德·奥尔良公主雕刻的雕像模型,包括"凡尔赛的圣女贞德""圣女贞德离开村庄"和"天使的祈祷"。

这些雕像模型都是为圣斐迪南教堂雕刻的大理石雕像。虽然所有这些雕像都应受到尊重,但一个无赖开枪打碎了"天使的祈祷"。

人们向奥尔良公爵斐迪南·菲利普·路易·夏尔·埃里克·罗萨利诺·德·奥尔良表达了崇高的敬意。在广受欢迎的奥尔良公爵斐迪南·菲利普·路易·夏尔·埃里克·罗萨利诺·德·奥尔良的房间前,破坏性的活动停了下来。奥尔良公爵斐迪南·菲利普·路易·夏尔·埃里克·罗萨利诺·德·奥尔良的去世令法兰西民众印象深刻。或许,奥尔良公爵斐迪南·菲利普·路易·夏尔·埃里克·罗萨利诺·德·奥尔良可以阻止这场革命的爆发。

在《君主制的最后几个小时》一书中,费尔南德·蒙特利尔先生叙述了奥尔良公爵斐迪南·菲利普·路易·夏尔·埃里克·罗萨利诺·德·奥尔良和奥尔良公爵夫人海伦·路易丝·伊丽莎白的寓所是如何免遭洗劫的。一群准备与军队火拼的暴乱分子也来到了杜伊勒里宫。暴乱分子的领头人是一个身材魁梧的人。这个领头人有着掺着白色胡须的浓密的红胡子和被火药熏黑的手,戴着一顶没有帽舌的旧水獭皮帽子,裸露着手臂,握着一把步枪,可能是曾经参加过七月革命。奥尔良公爵夫人海伦·路易丝·伊丽莎白离开下议院后不久,这个领头人带领着暴乱分子去了马尔桑馆。虽然奥尔良公爵夫人海伦·路易丝·伊丽莎白的寓所仍然没有被废弃,但在1842年7月13日后,奥尔良公爵斐迪南·菲利普·路易·夏尔·埃里克·罗萨利诺·德·奥尔良的寓所就关闭了。试图打开奥尔良公爵斐迪南·菲利普·路易·夏尔·埃里克·罗萨利诺·德·奥尔良的寓所的大门时,这个领头人失败了。因此,这个领头人用枪托狠狠地撞击大门,并且朝一位坚守岗位的老用人说道:"开门!谁以前住这里?""这是已故的奥尔良公爵斐迪南·菲利普·路易·夏尔·埃里克·罗萨利诺·德·奥尔良的寓所——自他去世后,这个寓所就一直闲置着。"用人回答道。这个领头人向周围的人说道:"安静……保持尊重,你们这些人!不要碰任何东西!我们要进入奥尔良公爵斐迪南·菲利普·路易·夏尔·埃里克·罗萨利诺·德·奥尔良的寓所了。"

奥尔良公爵斐迪南·菲利普·路易·夏尔·埃里克·罗萨利诺·德·奥尔良的寓所的窗户、他的卧室和寓所前面的大房间都面对着杜伊勒里宫的庭院。奥尔良公爵斐迪南·菲利普·路易·夏尔·埃里克·罗萨利诺·德·奥尔良的卧室与一个沙龙相通,而这个沙龙里收藏着让-奥古斯特-多米尼克·安格尔的《安条克》、保罗·德拉罗什的《吉斯公爵被刺》、阿里·斯海弗的《弗朗索瓦丝·德·里米尼》和亚历山大-加布里埃尔·德康的《约瑟夫被兄弟出卖》。暴乱分子穿过所有的房间,却没有碰任何物品。经过奥尔良公爵斐迪南·菲利普·路

保罗·德拉罗什

亚历山大-加布里埃尔·德康

易·夏尔·埃里克·罗萨利诺·德·奥尔良的卧室时,暴乱分子感慨万分。虽然奥尔良公爵斐迪南·菲利普·路易·夏尔·埃里克·罗萨利诺·德·奥尔良因意外而去世了,但他的房间里的摆设仍然保持着他去世时的模样——甚至连他出发前洗手用的水都没有倒掉。两个白色大理石洗脸台旁放着一顶白帽子和一顶黑帽子,而两顶帽子旁是奥尔良公爵斐迪南·菲利普·路易·夏尔·埃里克·罗萨利诺·德·奥尔良的手套和一个装着葡萄的托盘。在壁炉台旁的一张大手扶椅上,1842年7月13日的《辩论杂志》仍然摊开着。办公桌上摆着钢笔和铅笔。休伊和柯罗制造的丝绸帷幔上嵌织着奥尔良公爵夫人海伦·路易丝·伊丽莎白和巴黎伯爵路易·菲利普·阿尔贝的肖像。没有整理的床铺旁边有几个小盒子和一个为旅行而准备的箱子。奥尔良公爵夫人海伦·路易丝·伊丽莎白的沙龙里的办公桌和壁炉台中间放置着一张铺满书和纸的圆桌,而纸上是巴黎伯爵路易·菲利普·阿尔贝和沙特尔公爵罗贝尔·菲利普·路易·欧仁·斐迪南做的练习题和奥尔良公爵夫人海伦·路易丝·伊丽莎白做的修改。

桌上的那堆书中有一卷阿方斯·玛利·路易·普拉·德·拉马丁先生的《吉伦特派的历史》,而奥尔良公爵夫人海伦·路易丝·伊丽莎白摆了一把象牙匕首在自己正准备看的那一章上面。注意到安格尔画的一幅与奥尔良公爵斐迪南·菲利普·路易·夏尔·埃里克·罗萨利诺真人大小相仿的肖像后,暴乱分子的领头人停了下来,扶了扶自己的水獭皮帽子,说道:"可怜的年轻人,走吧!"暴乱分子尊敬地参观完后,奥尔良公爵斐迪南·菲利普·路易·夏尔·埃里克·罗萨利诺·德·奥尔良的寓所的大门再一次被关上了。

杜伊勒里宫里的教堂也没有遭到洗劫。在教堂门口,入侵者停下来,摘下帽子,听从了一个理工学院学生的建议——他们默默走向祭坛,拆下十字架,取出神龛中的神圣器皿并把它们尊敬地护送到圣罗克的教堂交给了神父。显然,和1830年不同,这一次,入侵者没有亵渎神明。

然而,如果参与这场革命的人都尊重宗教,那么王室无论面对何种暴行,都不会被打倒!在杜伊勒里宫的其他地方,劫掠仍然持续着。怀着愤怒,人们洗劫了七月王朝的摇篮,即奥尔良家族的故居和曾经广受欢迎的皇家宫殿。1830年7月31日,在皇家宫殿,法兰西国王路易-腓力一世宣告了七月王朝的建立,而当时的人们欢呼雀跃,纷纷去了市政厅,想得到一官半职。

在过去的三十年里和从王子变成国王的过程中,法兰西国王路易-腓力一世用心装饰着自己喜爱的住宅,而他的住宅因此成为暴乱分子的目标。包括房间里的艺术品、照片和家具,以及马厩和酒窖在内的一切都遭到了洗劫。马克西姆·杜·康写道:"我们侵入了杜伊勒里宫的庭院。杜伊勒里宫的庭院位于奥尔良画廊和宫殿之间。人们到处掠夺和焚烧。多么愚蠢的举动啊！杜伊勒里宫里燃起了五堆大火。各种家具、镜子和陶瓷都在被焚烧——没有任何物品幸免于难。我看见了一只镶嵌着古董奖章的银杯。这只银杯绚烂夺目，价值非凡。我拾起这只银杯，要求豁免如此珍贵的艺术品。然而，其他人立刻看着我，导致我不得不将这只银杯扔进了火堆。我与一个理工学院的学生进行了谈话。其他人都穿着宽大的衬衫和破旧的上衣，而这个理工学院的学生穿着优雅的制服。我对这个理工学院的学生说，杜伊勒里宫里有珍贵的签有杰出艺术家的名字的画作，而我们应该努力去保护它们不受破坏。然而，这个理工学院的学生没有理解我的意思。最终，这个理工学院的学生以沮丧的姿势抬起了手臂，说道：'你想让我做什么？'"

这场灾难导致超过一百八十幅画作被损毁。这些画作中包括了欧仁·德拉克鲁瓦的《主持弥撒的黎塞留枢机主教》、热拉尔画的法兰

欧仁·德拉克鲁瓦

第 29 章 洗劫杜伊勒里宫 | 289

西国王路易·腓力一世和玛丽·阿梅莉王后的肖像画、弗朗索瓦-约瑟夫·埃姆的《奥尔良公爵宣誓》、米尼亚尔的《勃艮第公爵夫人和孩子》、帕卢什的《亨利四世》、埃米尔·让-奥拉斯·韦尔内的《圣哥达山上的敬老院》和《奥尔良公爵通过审查》。

入侵者不仅损毁了房间和各种物件，而且强行进入了地窖。喝完酒后，入侵者燃起了一堆火。随后，消防员跑来，抽水灭掉了火，甚至往酒徒身上也喷了水。一个醉醺醺的挽着袖子的入侵者破坏着水泵，而由于携带着武器，消防员没有使用很多武力就击退了这个入侵者。

然而，这个烂醉的入侵者对管道耿耿于怀，用军刀使劲地敲打着管子。然而，因被水浸泡而膨胀的皮管非常坚硬，导致军刀反弹回来并且击中了这个入侵者的前额。这个入侵者咆哮道："有刺客！"这个入侵者的一些同伴们同情他，把他安置在了一个角落里。在角落里，这个入侵者睡着了。奥尔良画廊里搭建起了一个救护站——王室沙发的垫子被充作床垫，而伤员都盖着红色的天鹅绒窗帘。

纳伊城堡遭受的洗劫甚至比杜伊勒里宫和皇宫花园街区更加严重——一场大火烧毁了纳伊城堡。从此，美丽迷人的纳伊城堡消失了。在纳伊城堡，王室成员曾有过一段美好的时光，在一首诗中，阿尔弗雷德·德·缪塞描述了那段时光：

> 纳伊！迷人的居留地，伤心和甜蜜的回忆！
> 孩子们的幻想，从未消失！
> 在城堡的入口，在绿色的小巷里，王后微笑着看着我们奔跑。
> 谁会告诉我们，有一天，我们不得不回来，去寻找死神和蒙面的头。
> 纳伊！迷人的居留地，伤心和甜蜜的回忆！

纳伊城堡

孩子们的幻想，永远飞翔！

在城堡的入口，在绿色的小巷里，女王微笑着看着我们奔跑。

谁会告诉我们，有一天，我们应该回来，找到死神，蒙起头。

第30章

1848年2月24日夜晚

1848年2月24日夜晚，黑暗笼罩了整个巴黎。1848年2月24日是如此动荡不堪，怪异得令人费解。经过一整天的折腾后，人们没有感到快乐或生气，而是感到惊讶。后来，临时政府成员之一，即路易-安托万·加尼耶-帕热斯先生写道："自有理智思考以来，我就渴望建立一个共和国。随着政府倒台、议会解散、选举和议会改革，不仅我，而且法兰西和共和党人应该感到非常满意。1848年2月24日早晨，我已经接受了国王退位和七月王朝崩塌的事实。"在1848年2月24日的晚刊上，共和党刊物《国民报》发表了声明，写道："从未有过一场如此难以预料的革命。1848年2月24日7时，国民自卫军的各处的武器库都遭到了损毁。结局会是什么？结局是一种难以预料的东西。"在《吉伦特派的历史》一书中，法兰西第二共和国的主要创建者阿方斯·玛利·路易·普拉·德·拉马丁先生写道："我虽然比任何人都更了解1848年的二月革命、其中的事件和牵涉的人物，但仍然认为不可能查证1848年2月22日、1848年2月23日和1848年2月24日的反抗七月王朝的统治的起因、行动和计划。在历史调查中，我没有发现关于反抗七月王朝的统治这件不可思议的事的计划或领导者。在没有人引导的情况下，这些突然发生的事件就像火山一样突然爆发了。这些突然发生的事件还像来自天边的流星——无人知晓它们来自何方,去向何处,会在何地消失。曾经最声名狼藉的共和党人对我说道:'我们上街游行——实际上,我的朋友们都在街上游行。然而,我们不知道谁点燃了火苗。'这场革命的玄机远比人们想象的要多。"

对自己在1848年2月24日取得的胜利,共和党人感到十分震惊,担心王室会进行报复。法兰西国王路易-腓力一世的支持者认为这场革命是梦和幻觉,根本无法适应这样的现实——短短几小时前,坚固的法兰西国王路易-腓力一世的宝座竟会如此简单又快速地化为碎片。实际上,不仅从未有任何场景能转换得如此之快,而且从未有任何灾难如此惊人。没有人知道在法兰西国王路易-腓力一世身上发生了什么事。人们只知道,法兰西国王路易-腓力一世去了圣克卢。然而,法兰西国王路易-腓力一世会在圣克卢停留,集结依旧忠于他的部队,甚至返回并且进攻巴黎吗?各省会接受七月王朝已经覆灭的事实吗?

后来,马克西姆·杜·康说道:"一时间,巴黎人不再理智和勤劳。很多人认为,经历了前所未闻的错误后,国民自卫军自发集结是为了去与国王会合。"

奥尔良公爵夫人海伦·路易丝·伊丽莎白的命运也蒙上了一层神秘的面纱。人们不知道,离开下议院后,奥尔良公爵夫人海伦·路易丝·伊丽莎白去了荣军院。奥尔良公爵夫人海伦·路易丝·伊丽莎白希望得到一个临时庇护所可供她审度自己的命运。在下议院门口,奥尔良公爵夫人海伦·路易丝·伊丽莎白找到了一辆马车,并且带着巴黎伯爵路易·菲利普·阿尔贝和两名国民自卫军士兵上了马车。朱尔·德·拉斯泰里先生从车夫手中接过缰绳,加速离开了下议院。随后,达尔马提亚公爵让-德-迪厄·苏尔特也到达了荣军院。

到达荣军院后,奥尔良公爵夫人海伦·路易丝·伊丽莎白匆忙上楼,来到了加布里埃尔-让-约瑟夫·莫利托元帅的房间。加布里埃尔-

加布里埃尔-让-约瑟夫·莫利托

让-约瑟夫·莫利托元帅生了病,无法离开房间。加布里埃尔-让-约瑟夫·莫利托元帅虽然可以调遣几个老兵,但担心这几个老兵拒绝忠于他们不认识的人。奥尔良公爵夫人海伦·路易丝·伊丽莎白说道:"以我的名义发布命令吧。"然而,加布里埃尔-让-约瑟夫·莫利托元帅表示自己无法继续保护奥尔良公爵夫人海伦·路易丝·伊丽莎白。奥尔良公爵夫人海伦·路易丝·伊丽莎白说道:"不要紧。如果我们注定看不到明天,那么这里是个葬身的好地方。如果我们无法自卫,那么这里是个可供逗留的好处所。"奥尔良公爵夫人海伦·路易丝·伊丽莎白虽然意识到混乱正在靠近自己,但没有表现出丝毫软弱。奥尔良公爵夫人海伦·路易丝·伊丽莎白说道:"这里有没有人建议我留下来?只要有人——哪怕只有一个人,想让我留下来,我就会留在这里。相比王位,我更在乎我的儿子的生命。然而,如果法兰西需要我九岁的儿子担任国王,那么他理应清楚如何为国牺牲。"

1848年2月24日16时,卡米耶·亚森特·奥迪隆·巴罗先生到达荣军院并且简短地向奥尔良公爵夫人海伦·路易丝·伊丽莎白描述了当时的情况。"所有结果都令人十分失望,"卡米耶·亚森特·奥迪隆·巴罗先生说道,"军队内部人心涣散、士气低落。国民自卫军四分五裂,而老兵们则怨声载道。在这种情况下,我们不应冒险与暴乱分子产生冲突。"

"很好,"奥尔良公爵夫人海伦·路易丝·伊丽莎白说道,"接下来,我们要做什么?"

卡米耶·亚森特·奥迪隆·巴罗先生说道:"我们要离开巴黎一段时间。我们不会走太远——至少要知道巴黎发生的事情。在我看来,冷静下来后,巴黎人民会审视自己陷入的困境——他们逃脱不了这样的反应。此外,今天的征服者内部分裂成了互相斗争的'民族派'和'论坛派'。明天,征服者也许还会卷土重来。"

内穆尔公爵路易·夏尔·菲利普·拉斐尔走近奥尔良公爵夫人海伦·路易丝·伊丽莎白,仔细听着卡米耶·亚森特·奥迪隆·巴罗先生的话,说道:"你的话很有道理。我们必须离开巴黎。"这场谈话结束后,有人建议奥尔良公爵夫人海伦·路易丝·伊丽莎白偷偷离开荣军院并且藏在附近,以便在任何防御手段生效的情况下可以于1848年2月25日早晨返回。奥尔良公爵夫人海伦·路易丝·伊丽莎白拒绝让老兵们为她冒险。"要留一起留,要走一起走。"奥尔良公爵夫人海伦·路易丝·伊丽莎白说道。虽然人们想说服奥尔良公爵夫人海伦·路易丝·伊丽莎白乔装打扮并且离开荣军院,但奥尔良公爵夫人海伦·路易丝·伊丽莎白义正词严地拒绝了乔装打扮的提议。"我就算被捕,"奥尔良公爵夫人海伦·路易丝·伊丽莎白喊道,"也要以奥尔良公爵夫人的身份被捕。"因此,奥尔良公爵夫人海伦·路易丝·伊丽莎白没有乔装打扮,只是扯掉了裙子上的蕾丝花边。

卡米耶·亚森特·奥迪隆·巴罗先生和奥尔良公爵夫人海伦·路易丝·伊丽莎白告了别。"以前,即奥尔良公爵夫人海伦·路易丝·伊丽莎白到达法兰西时,不仅我曾向她致敬,"卡米耶·亚森特·奥迪隆·巴罗先生说道,"而且人们热烈地鼓掌欢迎她。然而,现在,那些曾欢迎过奥尔良公爵夫人海伦·路易丝·伊丽莎白的人逼迫她逃离法兰西。"在从荣军院到绅士街那段路上,由于奥尔良公爵夫人海伦·路易丝·伊丽莎白步行并且倚着达尔马提亚公爵让-德-迪厄·苏尔特的手臂,人们没有认出她。巴黎伯爵路易·菲利普·阿尔贝牵着朱尔·德·拉斯泰里先生的手,走在奥尔良公爵夫人海伦·路易丝·伊

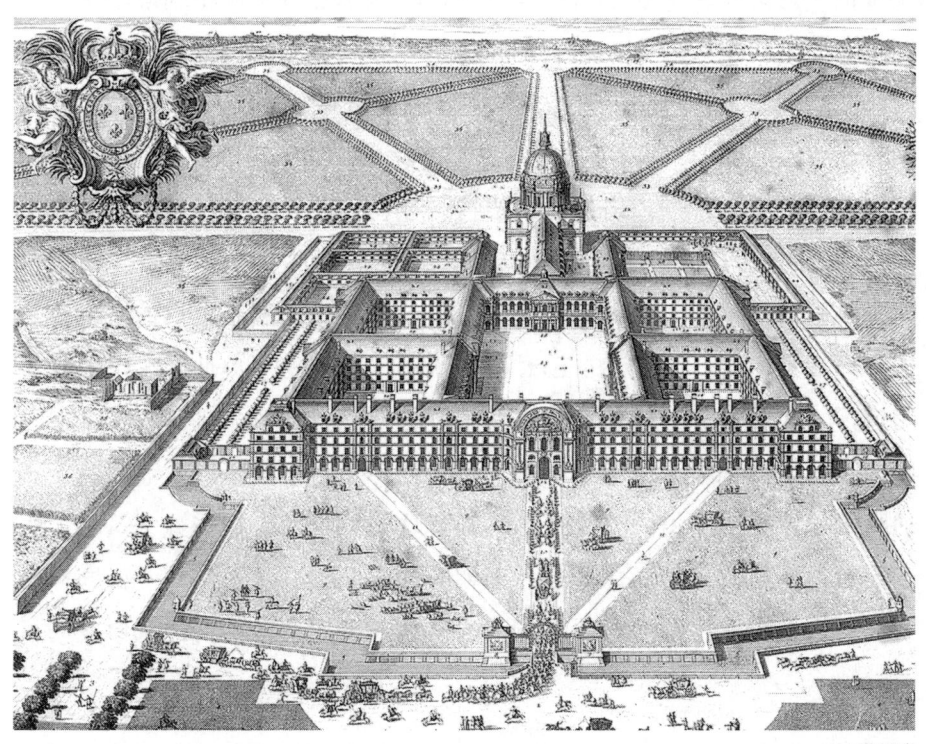

荣军院

丽莎白身后。内穆尔公爵路易·夏尔·菲利普·拉斐尔跟着奥尔良公爵夫人海伦·路易丝·伊丽莎白来到了位于绅士街的孟德斯鸠-弗藏萨克·德·马尔桑伯爵菲利普·安德烈·弗朗索瓦之子孟德斯鸠公爵雷蒙·艾默里克·菲利普·约瑟夫·德·孟德斯鸠-弗藏萨克的家。

迫于路易·查理·菲利普·拉斐尔的殷切请求,奥尔良公爵夫人海伦·路易丝·伊丽莎白只得同意离开孟德斯鸠公爵雷蒙·艾默里克·菲利普·约瑟夫·德·孟德斯鸠-弗藏萨克的家并且立刻动身离开巴黎。然而,奥尔良公爵夫人海伦·路易丝·伊丽莎白要求去邻近的一个城堡里暂住,看看是否还能在数日内返回巴黎。"简而言之,"奥尔良公爵夫人海伦·路易丝·伊丽莎白坐上马车,说道,"我迟早会回来的——无论是明天还是十年后,我迟早都会回来。"虽然由于怀疑奥尔良公爵夫人海伦·路易丝·伊丽莎白在马车里,一些暴乱分子用枪瞄准了车夫,要求他停下马车,但车夫勒紧了缰绳,一路疾驰到了归孟德斯鸠公爵雷蒙·艾默里克·菲利普·约瑟夫·德·孟德斯鸠-弗藏萨克所有、位于塞纳与瓦兹省①的利穆尔附近的布利尼堡。此外,达尔马提亚公爵让-德-迪厄·苏尔特受到了别斯塔的热情招待,住在了共和党人帕格纳雷先生于前一晚住的那间房间里。

终于,卡米耶·亚森特·奥迪隆·巴罗先生回到了自己的家。"我的身体疲惫不堪,"描述自己时,卡米耶·亚森特·奥迪隆·巴罗先生写道,"而我的内心愁苦万分。我十分担忧法兰西的未来。"在回忆录中谈及这场自己极不情愿又不得不参与的革命时,卡米耶·亚森特·奥迪隆·巴罗先生写道:"我该如何描述这些疯子呢?这些疯子认为,由于没有得到所有人的同意,七月王朝的政府并不合法。然而,在同样没有征得法兰西人民的同意的情况下,这些疯子完全按照自己意愿发动了

---

① 塞纳与瓦兹省,法国的一个省,撤销于1968年。塞纳与瓦兹省的省会是凡尔赛。

极端革命。我该如何描述这些疯子呢？这些疯子本拥有一栋早在十八年前就已经修建完并且如今最多只需要几次维修的好房子，却在不知道自己明天该藏身何处的情况下将它夷为平地。我该如何描述这些虚伪的自由主义者呢？策划了简单的改革后，这些自由主义者创造了一场暴力和激进的革命。我该如何评价这些假装信奉国家主权原则、手里拿着武器、侵犯了国家主权并且把一种这个国家排斥和厌恶的政府形式强加给这个国家的人呢？这样的狂欢会产生什么结果呢？参与这场狂欢的人都会被毁灭，而残酷的内战终将爆发——最终，这些事会造成军事独裁。推动了1848年的二月革命的人都对结果感到失望。1848年2月24日或许可以称作欺骗之日。"

夜晚的降临没有抚平人群的恐慌。1848年2月24日夜晚，在回忆录中，约瑟夫·德·埃斯图梅尔写道："从军校站岗回来时，我的侄子说我们正处于火山口上——他的说法毫不夸张。虽然我的侄子曾极力劝阻——或者说曾严厉阻止那些喝醉酒的暴乱分子，但他们仍然溜进弹药库，在那里吸烟并且给枪支装卸弹药。如果可怕的爆炸没有发生，那么这会是无比幸运的事。此外，据说，今晚会发生抢劫事件。因此，我去了撒丁王国的大使馆。撒丁王国的大使馆的主人为我的嫂子提供了庇护所。夜晚降临时，我冒险上街。街道没有我想象中那样令人紧张和害怕。在皇家大桥上，一个流浪汉对我说道：'我太冷了。把你的斗篷给我。'我回答道：'你如果感觉冷，那么去烤火暖和一下自己吧——杜伊勒里宫门口的熊熊大火可以温暖你。'实际上，暴乱分子正在焚烧杜伊勒里宫里的桌椅板凳。"

人们常常担心点燃的火盆会把火焰带入卢浮宫这座无与伦比的博物馆并且以亵渎神明的方式摧毁最优秀的艺术杰作。出于对王室的仇恨，暴乱分子想像焚毁法兰西国王路易-腓力一世的宝座一样焚毁杜伊勒里宫。然而，由于有人把写有"残疾人医院"字样的牌匾挂在了大门上，杜伊勒里宫这座历代国王的宫殿得以保存了下来。杜伊勒里宫如果没有被挂上"残疾人医院"的牌匾，那么会在1848年2月24日，而不是1871年被毁于一旦。

杜伊勒里宫的一部分宫殿被用作医院，而另一部分则变成了广受欢迎的舞厅。1848年2月24日夜晚的杜伊勒里宫无比怪异。超过一千二百人涌进了杜伊勒里宫的大厅，仿佛是来露营的。杜伊勒里宫的每个房间里的团体都有自己的组织。入侵者和衣而睡，全副武装，直接躺在沙发和地毯上。有些入侵者在大理石壁炉旁支撑的锅炉上熬汤，吃完了瓷盘里盛着的所有食物。从圣拉扎尔监狱逃出来的妇女加入入侵者并且成为入侵者的情妇。宫殿里的台灯和大吊灯全都被点亮了。在《巴黎资产阶级回忆录》一书中，路易-德赛尔·韦龙博士写道："一位穿着优雅、声名远扬的年轻人——在18世纪末至19世纪初的编年史中，他的名字经常出现——坐在钢琴前，和着醉汉们的掌声轮流演奏了《马赛曲》《快乐舞曲》和《波尔卡舞曲》。从广场和街道上跑来的女人们抢夺了公主和公爵夫人们——甚至是王后的睡袍，将睡袍上的胸花剪掉并且扔进火堆，把华丽的丝绸和天鹅绒裙子藏在她们出狱时穿的破衣服下面。"杜伊勒里宫里的情景让人感到滑稽又唏嘘。有一只被关在笼子里的长尾小鹦鹉异常清晰地说道："打倒弗朗索瓦·皮埃尔·纪尧姆·基佐！"这只反对派小鹦鹉非常成功——它的笼子里面被塞满了糖果等美味的食物。有人认为，茹安维尔亲王弗朗索瓦-斐迪南-腓力-路易-玛利·德·奥尔良曾担任这只反对派小鹦鹉的政治导师。

在喧闹的1848年2月24日夜晚，市政厅和杜伊勒里宫一样热闹。大量的民众涌进市政厅，冲上楼梯，聚集在门厅和大堂处。阿方斯·玛利·路易·普拉·德·拉马丁先生说道："洪水不仅在白天猛涨，而且在夜晚的市政厅留下了残渣，即巴黎的邪恶人群。这些'残渣'漂浮了好几天，直到重新沉入他们原本所在的下水道……到处都是狂热、谵

圣拉扎尔监狱

妄、发烧、酗酒和随意蹦出的阴险或荒唐的想法，以及混乱和喧闹。对这些'残渣'，人们的态度要么是蔑视，要么是恐惧。"

路易-安托万·加尼耶-帕热斯先生表示，在这样的情况下，临时政府成员甚至很难找到一点面包和奶酪，只能喝水。原本用来装糖的碎碗也被当成酒杯使用。然而，这些用餐都困难的人已经比法兰西国王路易-腓力一世拥有更多的朝臣了——众多律师紧紧跟在这些人身后。权力——诞生于仅仅几个小时前的权力已经引发了诸多不满。在市政厅里，哀叹声和指责声四起，而仇恨、不满等极端情绪则翻滚着，如同锅里沸腾的水。终于降临的夜幕给了巴黎人民喘息的机会。然而，法兰西第二共和国的缔造者们无暇休息，一直忙着约定日期、起草公告和组建政府等事宜。

第31章

路易-腓力一世逃到杜勒克斯

　　1848年2月24日13时左右,在协和广场,法兰西国王路易-腓力一世、玛丽·阿梅莉王后和部分王室成员正要坐上去圣克卢的马车离开巴黎时,法兰西国王路易-腓力一世被护卫队簇拥着,仍然有国王风范。骑兵旅的指挥官勒尼奥·德·圣-让·德·安热利伯爵奥古斯特·米歇尔·艾蒂安站在护卫队的最前头,密切关注着法兰西国王路易-腓力一世

勒尼奥·德·圣-让·德·安热利伯爵奥古斯特·米歇尔·艾蒂安

一行。组成护卫队的人一部分是鲁贝尔上校率领的胸甲骑兵中队,另一部分则是由法兰西国王路易-腓力一世的最忠诚的追随者蒙塔利维伯爵玛尔特·卡米耶·巴哈松率领的国民自卫军。法兰西国王路易-腓力一世的马车旁的人包括两名副官——迪马将军和弗里昂伯爵让-弗朗索瓦·弗里昂,两名勤务兵——佩罗·德·沙泽勒先生和德·宝利格上尉,以及蒙庞西耶公爵安托万·玛利·菲利普·路易·德·奥尔良的勤务兵菲耶克先生。

护卫队围住法兰西国王路易-腓力一世一行乘坐的三辆马车,沿着女王大道前进。荣军院前的桥上出现了一群暴乱分子。洗劫并且烧毁了一个警卫室后,暴乱分子作势要阻止护卫队前进。然而,护卫队毫不费力就解决了这群暴乱分子。1848年2月24日14时,法兰西国王路易-腓力一世一行到达了圣克卢。法兰西国王路易-腓力一世记得,1830年7月31日,查理十世正是从圣克卢的宫殿启程踏上流亡之路的。在永远放弃法兰西这片先辈打下的领土前,法兰西国王路易-腓力一世告别了护送自己的胸甲骑兵中队和国民自卫军,感谢了士兵们的善意。

法兰西国王路易-腓力一世不相信七月王朝的陨落和共和国的成立,仍然想象着自己可以在最心仪的行宫之一,即厄尔城堡享受宁静的生活,根本不认为自己是在逃亡或者被流放了。然而,前路困难重重。离开杜伊勒里宫时,由于太匆忙,法兰西国王路易-腓力一世没有带足够的钱。虽然玛丽·阿梅莉王后的钱包里的钱算是多的,但这些钱只包括几个二十法郎的硬币。此外,由于在圣克卢很可能会遭遇巴黎民众的攻击,法兰西国王路易-腓力一世不能留在圣克卢。瓦莱里安山堡垒原本是个易守难攻的避难所。然而,法兰西国王路易-腓力一世担心自己撤退到瓦莱里安山堡垒的行为会被巴黎民众视为挑衅。因此,1848年2月24日15时,法兰西国王路易-腓力一世一行换乘了迪马将军在圣克卢租用的两辆公共马车,开始向凡尔赛进发。经过大特里亚农宫时,法兰西国王路

大特里亚农宫

易-腓力一世一行第二次停了下来。大特里亚农宫曾是查理十世在去瑟堡的途中的第一个停驻地。据说，在大特里亚农宫逗留时，法兰西国王路易-腓力一世想起了查理十世，悲哀地反复喊道："和查理十世一样的下场！和查理十世一样的下场！"

然而，由于距离巴黎太近，大特里亚农宫并不安全。在大特里亚农宫，法兰西国王路易-腓力一世一行找到了萨克森-科堡-哥达亲王夫人玛丽·克莱芒蒂娜·莱奥波尔迪娜·卡罗琳·克洛蒂尔德·德·奥尔良。在协和广场，离开了其他王室成员后，萨克森-科堡-哥达亲王奥古斯特·维克托·路德维希和萨克森-科堡-哥达亲王夫人玛丽·克莱芒蒂娜·莱奥波尔迪娜·卡罗琳·克洛蒂尔德·德·奥尔良混入人群中，乘火车来到了凡尔赛。在凡尔赛，迪马将军向一个朋友借了一千二百法郎，租用了两辆马车，并且决定将所有人分为两队。萨克森-科堡-哥达亲王奥古斯特·维克托·路德维希、萨克森-科堡-哥达亲王夫人玛丽·克莱芒蒂娜·莱奥波尔迪娜·卡罗琳·克洛蒂尔德·德·奥尔良和她的三个孩子使用一辆马车。奥伯农先生带领萨克森-科堡-哥达亲王奥古斯特·维克托·路德维希一家安全抵达了厄尔城堡并且从厄尔城堡出发去了布洛涅。其余王室成员乘坐第二辆马车前往德勒过一夜，他们在晚上抵达德勒。

法兰西国王路易-腓力一世与玛丽·阿梅莉王后上次来到德勒是1848年1月5日，即出席奥尔良公主路易丝·玛丽·阿德莱德·欧仁妮·德·奥尔良的葬礼时。奥尔良公主路易丝·玛丽·阿德莱德·欧仁妮·德·奥尔良的遗体被安葬在奥尔良家族的圣但尼墓地中。奥尔良公主路易丝·玛丽·阿德莱德·欧仁妮·德·奥尔良如同法兰西国王路易-腓力一世的灵魂的一半。哀悼逝者时，法兰西国王路易-腓力一世心如刀绞。法兰西国王路易-腓力一世虽然沉浸在悲痛中，但仍然对时局非常满意——他坚信自己会成功阻止法兰西发生革命。然而，谁也不曾想到，短短几周内，法兰西会沧海桑田、物是人非！命运的车轮滚滚向前！

1848年2月24日夜晚，即抵达德勒时，法兰西国王路易-腓力一世仍然没有看清灾难的全貌，想象着自己可以顺利抵达厄尔城堡，认为没有人会干扰他宁静的隐居生活。

上床睡觉前，法兰西国王路易-腓力一世写了一封信给蒙塔利维伯爵玛尔特·卡米耶·巴哈松，而在《巴黎资产阶级回忆录》一书中，路易-德赛尔·韦龙博士将这封信还原如下：

> 亲爱的伯爵先生，由于离开杜伊勒里宫时身无分文，我需在凡尔赛为我们窘迫的行程筹借必要的资金。我们已经顺利抵达德勒——这真是再好不过了。现在，我们必须尽快安排好去厄尔城堡的行程。我们需要几辆马车。如果你能乘一辆马车并且带上我需要的资金来找我，那么我便可以和你齐心协力为我解围。现在的困境真是可怕又令人震惊。我希望你能来。晚安。
>
> 1848年2月24日，星期四，德勒

在这封写给蒙塔利维伯爵玛尔特·卡米耶·巴哈松的信后面，法兰西国王路易-腓力一世还附上了下列文件：

> 我授权蒙塔利维伯爵玛尔特·卡米耶·巴哈松将三万法郎汇记在我的私人账户之下。
>
> 我授权德·韦布瓦先生在德勒汇款三万法郎给我，以填补我授权蒙塔利维伯爵玛尔特·卡米耶·巴哈松记在我私人账户下的三万法郎。
>
> 1848年2月24日，星期四，德勒

从这封语气坚定的信来看，法兰西国王路易-腓力一世仍然很冷静。

与此同时，迪马将军也在给蒙塔利维伯爵玛尔特·卡米耶·巴哈松写信以佐证法兰西这个不幸的国家仍然存在着普遍的幻想。迪马将军写给蒙塔利维伯爵玛尔特·卡米耶·巴哈松的这封信的内容如下：

国王已经抵达德勒并且欲在此等待您的回复。随后，国王计划去厄尔城堡。

国王虽然今天能匿名赶路并且不暴露身份，但很快就难掩行踪了。为此，国王希望你与政府一起采取必要的措施以保证整个行程的安全和便利。

国王还命我请求你立即将马车护送到德勒。国王还需要三辆宽敞得能装下行李的马车。请将所有马车一起护送到厄尔城堡。

国王希望你能坐其中一辆马车来德勒。

你很清楚，及时执行国王的命令非常重要。国王依赖你来达到他的目的。

国王、王后、蒙庞西耶公爵安托万·玛利·菲利普·路易·德·奥尔良、内穆尔公爵夫人维多利亚·弗兰齐斯卡·安东尼娅·朱利安娜·路易丝和她的孩子们的健康状况都非常好。

阁下，请接受我崇高的敬意和深深的眷恋。

国王希望我再一次启封信函以便请求你将他的消息转达给阿斯林将军并且询问阿斯林将军的消息。

1848年2月24日23时，星期四，德勒

在德勒，法兰西国王路易-腓力一世相对平静地入睡了。在1848年

2月25日醒来时，法兰西国王路易-腓力一世发现情况仍然很残酷。法兰西国王路易-腓力一世虽然还没起床，但已经得知了1848年2月24日发生的可怕事件，包括摄政王权衰落，杜伊勒里宫遭到洗劫，以及共和国宣告成立。没有人知道在混乱中被带走的内穆尔公爵路易·夏尔·菲利普·拉斐尔、奥尔良公爵夫人海伦·路易丝·伊丽莎白、巴黎伯爵路易·菲利普·阿尔贝、沙特尔公爵罗伯尔·菲利普·路易·欧仁·斐迪南等人情况如何。

由于前途晦暗，不幸的法兰西国王路易-腓力一世神情恍惚，像遭到了雷击。由于没有法兰西国王路易-腓力一世的乐观，并且一直在被发生于法兰西的针对性事件所困扰，玛丽·阿梅莉王后反倒没有那么惊讶。玛丽·阿梅莉王后的痛苦之情不亚于法兰西国王路易-腓力一世。德勒这个不幸的地方见证了虔诚的玛丽·阿梅莉王后的所有伤感。在玛丽·阿梅莉王后的脑海中，德勒像一座阴郁的墓地，完美地呼应着虔诚的玛丽·阿梅莉王后的悲伤。玛丽·阿梅莉王后的脑海中总是会浮现伟大的传教士劝诫世人不可贪慕虚荣的场景。玛丽·阿梅莉王后祈祷着，不停地哭泣。法兰西国王路易-腓力一世不能继续待在德勒了。为了尽快抵达并且通过诺曼底海岸去英国，法兰西国王路易-腓力一世不得不放弃久居厄尔城堡的想法。大家一致同意蒙庞西耶公爵安托万·玛利·菲利普·路易·德·奥尔良、内穆尔公爵夫人维多利亚·弗兰齐斯卡·安东尼娅·朱利安娜·路易丝、欧尔伯爵路易·菲利普·玛利·斐迪南·加斯东、阿朗松公爵斐迪南·菲利普·玛利·德·奥尔良应该使用化名护照乘坐在德勒租的马车去格兰维尔并且在那里登上"泽西"号客船。在一个仆人和一个女佣的陪伴下，法兰西国王路易-腓力一世和玛丽·阿梅莉王后以"勒布伦先生及其夫人"的名义乘坐在圣克卢租的两辆马车启程去了翁弗勒尔。

离开德勒前，由于想着或许永远也不会回来了，玛丽·阿梅莉王后想最后一次去安葬着自己的两个孩子的德勒城堡的墓地看看。拂晓时分，玛丽·阿梅莉王后去了德勒城堡的墓地。与此同时，法兰西国王路易-腓力一世正与鲁米尼子爵玛利-泰奥多尔·古伊和迪马将军探讨行程安排。显然，这次行程没有终点，只有永恒的流亡。

在埋葬着许多希望的德勒城堡的墓地中，玛丽·阿梅莉王后先是虔诚鞠躬，后又跪倒在地，全心祈祷着。玛丽·阿梅莉王后对每一座墓的告别辞都各有不同。"可怜的玛丽！"在玛丽·克里斯蒂娜·卡罗琳·阿德莱德·弗朗索瓦丝·莱奥波尔迪内·德·奥尔良公主的墓前，玛丽·阿梅莉王后哭泣道，"可怜的玛丽！我应该更爱你，把你的孩子抚养成人——这是我必须做出的牺牲！"随后，玛丽·阿梅莉王后最后一次亲吻了自己的长子奥尔良公爵斐迪南·菲利普·路易·夏尔·埃里克·罗萨利诺·德·奥尔良的墓碑，说道："你的逝去导致了我们的毁灭。我肯定，你离开我们不仅是我们的不幸，而且是法兰西的不幸。"实际上，人们相信，如果奥尔良公爵斐迪南·菲利普·路易·夏尔·埃里克·罗萨利诺·德·奥尔良还活着，那么1848年的二月革命绝不可能发生。玛丽·阿梅莉王后待在已故的奥尔良公爵斐迪南·菲利普·路易·夏尔·埃里克·罗萨利诺·德·奥尔良的墓前，久久不愿离开。可惜的是，出发的时间已经到了，而悲惨的行程仍将继续。

第 32 章

路易-腓力一世逃到翁弗勒尔

离开巴黎时，法兰西国王路易-腓力一世仍然贵为君主。然而，1848年2月25日，即离开德勒后，法兰西国王路易-腓力一世只能隐姓埋名。自离开德勒并且登上去英国的船后，法兰西国王路易-腓力一世便沦为难民。面对一路的艰难险阻，法兰西国王路易-腓力一世只能以各种方式掩饰自己的真实身份。

迪马将军和德·宝利格上尉坐进一辆破败的敞篷马车，踏上了去鲁昂和卢维埃省的圣皮埃尔-德-卢维耶的路，拟搭乘火车去勒阿弗尔找一艘船以供离开翁弗勒尔的王室成员乘坐。

为了保护乘坐马车离开德勒的法兰西国王路易-腓力一世、玛丽·阿梅莉王后和鲁米尼子爵玛利-泰奥多尔·古伊，马雷查尔先生亲自驾驶着马车。大家猜测，法兰西国王路易-腓力一世一行应该是去了厄尔城堡。然而，从通往韦尔讷伊的大路上出发后，马车突然右转，沿着通往安奈和厄尔河河畔帕西的大路驶去，穿过了属于奥尔良家族的德勒森林。由于对王室成员想隐藏行踪一事一无所知，德勒的驿站站长已经派了人提前去安奈做后勤工作。法兰西国王路易-腓力一世一行行至黛安

黛安娜·德·普瓦捷

娜·德·普瓦捷①的故居时,人们高喊着"国王万岁",夹道欢迎他们的到来——由于害怕这一幕会在厄尔河河畔帕西再次出现,法兰西国王路易-腓力一世命令车夫驾车去另一个休息站,即拉罗什-圣安德烈休息站。在去拉罗什-圣安德烈休息站的路上,法兰西国王路易-腓力一世一行经过了伊夫里森林中的一个十字路口。伊夫里森林不仅是法兰西国王路易-腓力一世的私产,而且是亨利四世在1590年击败马耶纳公爵洛林的夏尔的战场。

沿途开始变得嘈杂起来。厄尔河是法兰西国王路易-腓力一世去英国的必经之路。毫无疑问,由于德勒的驿站站长一时口快,附近的一个

---

① 黛安娜·德·普瓦捷(1499—1566),法兰西贵妇,曾服务于法兰西国王弗朗索瓦一世,后来又成了法兰西国王亨利二世的情妇。

工厂的工人们已经得到了消息。工人们聚集在法兰西国王路易-腓力一世必经的道路上。过了厄尔河后，法兰西国王路易-腓力一世乘坐的马车还需翻过一个山头，而工人们则追赶着马车，一直叫喊着"改革万岁"和"国王下台"。马雷查尔先生驾驶着马车，继续向前。自从法兰西国王路易-腓力一世一行离开德勒后，智慧超群、忠诚无比的马雷查尔先生一直坚守在车夫的岗位上。

法兰西国王路易-腓力一世一行顺利到达了拉罗什-圣安德烈。由于恰逢集市，法兰西国王路易-腓力一世一行只能在一条非常狭窄的街道上进行中转。有个人朝马车里看去，而法兰西国王路易-腓力一世不得不戴上眼镜并且以丝巾蒙面。然而，这个人认出了法兰西国王路易-腓力一世，低声喊道："是国王！"因此，这个人找到了宪兵。然而，马雷查尔先生诱使赶来的宪兵离开了马车。马雷查尔先生迅速套上马，驾着马车疾驰而去，全然不顾身后的人的叫喊。

马车里的人们非常担心，不知道自己是否能通过埃夫勒，以及居民们会不会认出马车上的人。这时，马雷查尔先生心生一计——他看到城外近郊有座城堡，便向养路工人询问城堡的主人是谁。养路工人回答称这座城堡叫梅利西勒，而它的主人多维列尔先生和家人出门在外。多维列尔先生是负责帮法兰西国王路易-腓力一世管理布勒特伊的森林的人。马雷查尔先生提议大家稍做休息并且等夜幕降临、不太会被人认出后再上路。毗邻梅利西勒的地方有一幢房子。这幢房子属于一个叫勒纳尔的农夫。得知"勒布伦先生及其夫人"是多维列尔先生的朋友并且因旅途颠簸而想休息片刻后，心地善良、富有同情心的勒纳尔想在自己家里好好招待一下客人们。由于勒纳尔的言行举动显得他很值得信任，法兰西国王路易-腓力一世一行便表明了身份——他们不是别人，正是法兰西国王路易-腓力一世、玛丽·阿梅莉王后和鲁米尼子爵玛利-泰奥多尔·古伊。勒纳尔惊讶得几乎昏厥，只能尽心尽力侍奉左右并且立即启程去寻找多维列尔先生。多维列尔先生匆忙赶到勒纳尔的家中并且献上了一千法郎作为交给法兰西国王路易-腓力一世的收入的一部分。由于离开了自己的管辖区域,马雷查尔先生无法继续保护法兰西国王路易-腓力一世并且打算离开。离开法兰西国王路易-腓力一世前,马雷查尔先生召来了一位厄尔省的行政秘书。这位行政秘书急于侍奉法兰西国王路易-腓力一世左右并且任其差遣。停在勒纳尔的院子里的马车引得左邻右舍纷纷侧目,导致法兰西国王路易-腓力一世对接下来的旅途十分担忧。

法兰西国王路易-腓力一世曾亲身经历法国大革命并且深受其害。没有人比法兰西国王路易-腓力一世更了解法国大革命这段历史。法兰西国王路易-腓力一世不停地对比着自己和路易十六的命运。1848年2月23日,法兰西国王路易-腓力一世曾想起1792年8月10日的事——路易十六被捕的原因是他不仅行动不够迅速,而且不愿意和家人分开走。路易

路易十六一家被捕

十六一行如果当时可以兵分两路或三路，那么无疑会免遭灾祸。因此，法兰西国王路易-腓力一世接受了勒纳尔的建议，同意与玛丽·阿梅莉王后兵分两路。法兰西国王路易-腓力一世打算去瓦雷讷。法兰西国王路易-腓力一世一行在拉罗什-圣安德烈中转时使用的马匹已经被送了回来。勒纳尔买来了一辆篷式马车，承诺会将法兰西国王路易-腓力一世和男仆蒂雷送至距埃夫勒八十里格[①]，即约二百四十英里[②]的翁弗勒尔。玛丽·阿梅莉王后坐进拴着两匹耕马的马车，出发去了康曼德里驿站。康曼德里驿站是从埃夫勒到翁弗勒尔的路上的第一个驿站。分头行动前，法兰西国王路易-腓力一世和玛丽·阿梅莉王后约定在可以俯瞰翁弗勒尔的小山上的一间小屋中会合。这间小屋的主人是曾效命于法兰西国王路易-腓力一世的勤务兵德·佩尔蒂先生。

在鲁米尼子爵玛利-泰奥多尔·古伊和侍女穆塞尔小姐的陪同下，玛丽·阿梅莉王后上了马车。马车停在康曼德里驿站时，拉着马车的耕马被换成了驿马，而驾驶马车的农民帮工也被换成了驾驶驿马的邮差。有个人靠近鲁米尼子爵玛利-泰奥多尔·古伊，小声说道："先生，虽然用耕马来换驿马的马车会让人生疑，但现在，我们不仅不会问任何问题，而且不会看车里坐着的人是谁。"这个人是康曼德里驿站站长。康曼德里驿站站长提高了嗓门，命令车夫尽快驾车赶到下一站，即蓬托德梅尔。如果1791年6月21日，在圣默努尔德，路易十六的仆从和康曼德里驿站站长一样聪明，那么不仅路易十六不会在瓦雷讷被捕，而且欧洲的面貌可能会大不一样。

法兰西国王路易-腓力一世和蒂雷乘坐的马车没有更换马匹。勒纳尔给马车套的是几匹自己的马。在长达八十里格的路程中，除了于途中的几个酒馆停下让马喝水和稍做休憩，法兰西国王路易-腓力一世一行再没

---

① 一里格约合四点八千米。
② 一英里约合一点六千米。

有做其他停留。厄尔省省界处有一家叫马尔堡的客店。法兰西国王路易-腓力一世记得，1833年，在马尔堡，他曾受到盛情款待并且在穿过凯旋门时说道："阿谀奉承者们已经改变了他们奉承的对象——他们奉承的对象由人民变成了国王。然而，阿谀奉承者对社会和良好政府的危害没有任何改变。"

虽然寒风刺骨，但法兰西国王路易-腓力一世不得不彻夜赶路。大风连日地刮着，而疲惫不堪的法兰西国王路易-腓力一世思虑着自己和家族的命运，愁容满面。1848年2月26日3时30分，法兰西国王路易-腓力一世一行驾车经过了蓬托德梅尔。让马饮水时，勒纳尔看到了玛丽·阿梅莉王后一行乘坐的马车。法兰西国王路易-腓力一世和玛丽·阿梅莉王后虽然因这场重逢而备感欣慰，但进行了简单的交流后，又各自上了路。1848年2月26日6时，在能俯瞰翁弗勒尔的小山的山顶上，法兰西国王路易-腓力一世和玛丽·阿梅莉王后成功会合。

第 33 章

玛丽·阿梅莉王后

翁弗勒尔是卡尔瓦多斯的主要城镇，位于塞纳河河口左岸，是勒阿弗尔东南十一公里处的一个港口。有人如果坐船去勒阿弗尔，那么会看到一座树木繁茂的小山，而勤务兵德·佩尔蒂先生的小屋就在这座小山的山顶上。1848年2月26日6时，在这座小山的山顶上，法兰西国王路易-腓力一世和玛丽·阿梅莉王后成功会合。这座小山的山顶上有一个由水手们敬献给"我们优雅的夫人"的小礼拜堂。由于靠近这个小礼拜堂，勤务兵德·佩尔蒂先生的小屋被附近的人称作"雅阁"。拥有两个带有阁楼的房间的雅阁与大路中间隔着一道树篱和一条小径。作为避难所的雅阁虽然非常简陋，但靠近教堂——对玛丽·阿梅莉王后来说，这似乎是个好兆头。

勒纳尔虽然安全、迅速地护送法兰西国王路易-腓力一世从埃夫勒到达了翁弗勒尔，但拒绝接受任何报酬。"别跟我谈钱，"勒纳尔对鲁米尼子爵玛利-泰奥多尔·古伊说道，"感情不是用钱来衡量的。"在雅阁，一位叫拉辛的园丁也表现出了同样良好的情感。拉辛虽然起初不知道客人们的身份，但后来，即通过厨房里挂的石版画认出法兰西国王路易-腓力一世后，便对法兰西国王路易-腓力一世一行展现出了绝对的热情和忠诚。

看着眼前的茫茫大海，法兰西国王路易-腓力一世一行越发焦虑，都急于立刻离开法兰西。然而，临时政府颁布了严格的海岸监视令，让警察处于警备状态。巴黎充斥着最激进的革命分子，而各个省级行政官正蓄势待发，准备一展宏图。没有人知道，法兰西国王路易-腓力一世和玛丽·阿梅莉王后一旦被捕，会面临怎样的命运。由于想着玛丽·安托瓦内特王后被逮捕与杀害的命运，玛丽·阿梅莉王后一度陷入了沉思。然而，玛丽·阿梅莉王后非但没有气馁，反倒一直宽慰与安抚着法兰西国王路易-腓力一世。

由于天气十分恶劣，来往勒阿弗尔和翁弗勒尔的班轮都难以成行。因此，登船去英国的行动变得困难重重。此外，即使海面平静，企图在翁弗勒尔这样的重镇登船的做法也异常危险，很容易引起当地居民的注意。由于没有蒸汽船往返于翁弗勒尔和英国的海岸，可供法兰西国王路

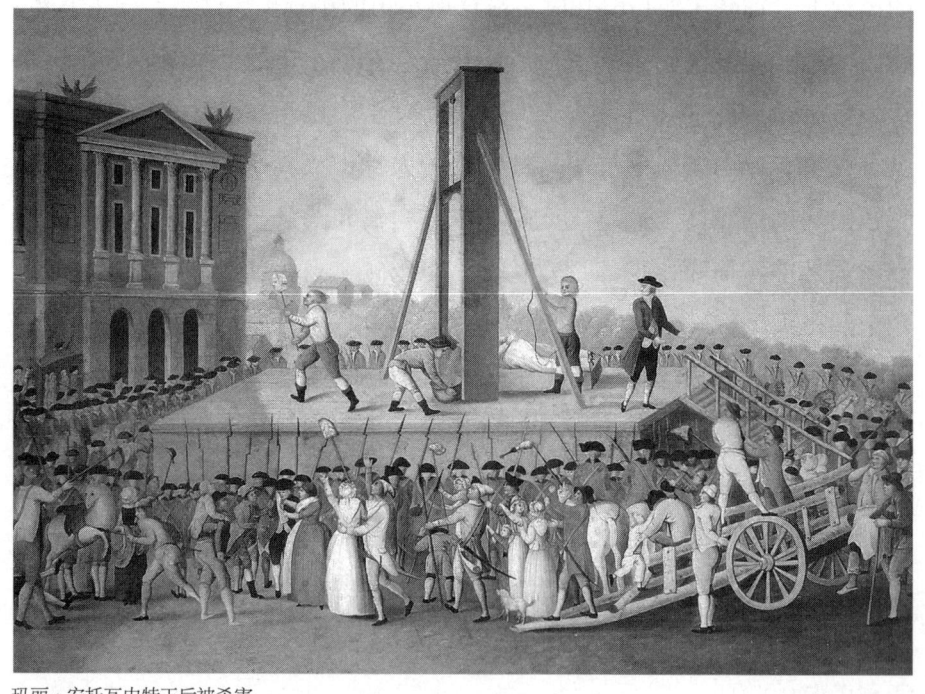

玛丽·安托瓦内特王后被杀害

易-腓力一世使用的只有一艘渔船。然而，在当时的季节和天气条件下，驾驶渔船出海绝非易事。

我们前面讲到，1848年2月25日，迪马将军和德·宝利格上尉打算去勒阿弗尔寻找一艘船让离开勤务兵德·佩尔蒂先生的小屋的法兰西国王路易-腓力一世和玛丽·阿梅莉王后使用。然而，迪马将军和德·宝利格上尉没有完成自己的使命。迪马将军和德·宝利格上尉虽然乘火车到达了鲁昂，但由于骚乱，被迫分头行动。1848年2月26日，在鲁昂，德·宝利格上尉渡过塞纳河并且进入了翁弗勒尔。迪马将军成功抵达勒阿弗尔，遇到了一位年轻的海军军官——埃德蒙·德·佩尔蒂先生。埃德蒙·德·佩尔蒂先生不仅是停靠在勒阿弗尔港外的小军舰"罗迪尔"号的指挥官，而且是勤务兵德·佩尔蒂先生的儿子。此外，埃德蒙·德·佩尔蒂先生的一个兄弟是迪马将军的女婿。很快，迪马将军将自己的使命告诉了同样忠于王室的埃德蒙·德·佩尔蒂先生。随后，迪马将军又将自己的使命告诉了前海军军官贝松先生。迪马将军、埃德蒙·德·佩尔蒂先生和贝松先生一起出发去寻找可用之船，却没有收获。1848年2月27日，迪马将军又回到了法兰西国王路易-腓力一世身边，想看看在翁弗勒尔或附近能不能找到其他出海的方法。在唐卡维尔和基耶伯夫中间，塞纳河开始变窄。几经波折，迪马将军和埃德蒙·德·佩尔蒂先生才渡过了塞纳河。1848年2月27日早晨，迪马将军和埃德蒙·德·佩尔蒂先生抵达了雅阁。加入迪马将军和埃德蒙·德·佩尔蒂先生后，贝松先生见到了法兰西国王路易-腓力一世并且解释称，由于在勒阿弗尔找不到船，法兰西国王路易-腓力一世一行只能登上去南安普敦的"捷运"号蒸汽班船——否则，他们只能坐渔船出海。贝松先生提出的计划不仅只是权宜之计，而且十分危险。"捷运"号正停泊在勒阿弗尔，即将驶向英国。然而，法兰西国王路易-腓力一世在勒阿弗尔登船的行动可能会引起别人的注意。因此，法兰西国王路易-腓力一世需要先去特鲁维尔，而贝松先生则会设法让"捷运"号与法兰西国王路易-腓力一世乘坐的小船并行。法兰西国王路易-腓力一世嘱咐贝松先生必须小心地试探"捷运"号的船长。然而，与此同时，法兰西国王路易-腓力一世想做第二手准备，即仰赖拉辛的朋友、一位名叫哈洛特的翁弗勒尔水手的斡旋能力。哈洛特曾侍奉茹安维尔亲王弗朗索瓦-斐迪南-腓力-路易-玛利·德·奥尔良，担任过"美丽少女"号护卫舰的舵手，对王室无比忠诚。哈洛特认为，法兰西国王路易-腓力一世虽然如果在翁弗勒尔上船，那么一定会被人发觉，但可能会在特鲁维尔找到一艘渔船并且通过这艘渔船去英国。法兰西国王路易-腓力一世采纳了哈洛特的建议。1848年2月27日夜晚，法兰西国王路易-腓力一世派哈洛特去了特鲁维尔。

这种安排最大的不便是法兰西国王路易-腓力一世必须离开玛丽·阿梅莉王后。面对波涛汹涌的海面和充满凶险的航行，法兰西国王路易-腓力一世虽然无所畏惧，但完全不愿让玛丽·阿梅莉王后和他一同涉险。在手稿中，就当时的情形，法兰西国王路易-腓力一世写道："我美丽的王后非常不安。然而，王后心中的一如既往的理性战胜了她的冒险精神。最重要的是，王后明白自己的离开可能会使我的处境更加危险，也意识到自己要继续单独留在雅阁以便在特鲁维尔登船前的我不会引人注意。因此，王后放弃了与我一起离开的机会。然而，王后坚决地提出了一个要求，即如果我被捕，那么无论我身在何处，她都要立刻出发去找我并且和我一起面对苦难。我答应了王后的要求。"

贝松先生出发去勒阿弗尔前，哈洛特从特鲁维尔回来了，表示自己刚刚在特鲁维尔找到了一艘可以于1848年2月28日去英国的渔船。迪马将军、鲁米尼子爵玛利-泰奥多尔·古伊·德·宝利格上尉、埃德蒙·德·佩尔蒂先生和贝松先生都建议法兰西国王路易-腓力一世登上这艘渔船。1848年2月28日，法兰西国王路易-腓力一世登船去了特鲁维尔。从1848年2月28日至1848年3月2日，玛丽·阿梅莉王后一直住在雅阁，没有收到任何消息。后来，玛丽·阿梅莉王后常对奥古斯特·特罗尼翁说，从1848年2月28日至1848年3月2日这几天是她一生中最饱受折磨的日子。记录下玛丽·阿梅莉王后的这番话后，奥古斯特·特罗尼翁写道："王后没有流露出痛苦的情绪。然而，从迪马将军和穆赛尔小姐那里，我了解到，身陷困境的王后焦虑又悲伤。面对狭窄透风的住处和从四面八方吹进来的寒冷的海风，王后没有半句怨言，一直保持着耐心与内心的宁静。"在政治方面，对重回后位，玛丽·阿梅莉王后已经不抱任何希望。鲁米尼子爵玛利-泰奥多尔·古伊试图让玛丽·阿梅莉王后重燃希望，重获富贵荣华。玛丽·阿梅莉王后说道："在这种时候，谁还能自欺欺人呢？"令玛丽·阿梅莉王后最难以承受的是不知道家人们的情况。"如果我再也见不到我的孩子，"玛丽·阿梅莉王后痛心地说道，"那么请告诉他们，我是多么地担心他们——尤其是我亲爱的内穆尔公爵路易·夏尔·菲利普·拉斐尔……也许我们会在天堂相见。"玛丽·阿梅莉王后知道内穆尔公爵路易·夏尔·菲利普·拉斐尔表现出了豪迈的自我牺牲精神，知道奥尔良公爵夫人海伦·路易丝·伊丽莎白是一位非常勇敢的母亲，知道可怜的巴黎伯爵路易·菲利普·阿尔贝和沙特尔公爵罗贝尔·菲利普·路易·欧仁·斐迪南不仅无辜遭到连累，而且已经被人群冲散了，音讯全无。巴黎伯爵路易·菲利普·阿尔贝和沙特尔公爵罗贝尔·菲利普·路易·欧仁·斐迪南会有怎样的遭遇呢？虽然民众或许能够放过一个女人和她的孩子，但内穆尔公爵路易·夏尔·菲利普·拉斐尔怎么办呢？怎样才能让位于非洲的军舰上的快乐无比的奥马勒公爵亨利·欧仁·菲利普·路易·德·奥尔良和茹安维尔亲王弗朗索瓦-斐迪南-腓力-路易-玛利·德·奥尔良得知这场灾难呢？这场灾难简直是晴空霹雳啊！沉默许久后，玛丽·阿梅莉王后又戚戚道："我刚刚回忆起了1830年7月那段时光，问自己现在是否比当时更加伤心和难过……我虽然想到我可怜的孩子们不仅即将结束军旅生涯，面临被流放的命运，而且仍不知道法兰西的这一切，但无法告诉他们……"玛丽·阿梅莉王后陷入了巨大的悲痛中，再也说不下去了。

　　通常，作为王后，玛丽·阿梅莉王后忙于慈善事业和履行王后职责，难得片刻闲暇。虽然孩子们不常在玛丽·阿梅莉王后身边，但玛丽·阿梅莉王后会一直与他们保持通信。然而，在雅阁，没有了往日的繁忙事务后，玛丽·阿梅莉王后备受折磨。玛丽·阿梅莉王后还能写信给谁呢？由于根本不知道家人们身在何方，玛丽·阿梅莉王后甚至可能连信都寄不出去。除了三本讲述宗教虔诚的书，玛丽·阿梅莉王后身边再没有其他读物。这三本书中包括是德·芬诺伊夫人的《祈祷集》，是玛丽·阿梅莉王后在离开杜伊勒里宫时放进口袋的。在穆塞尔小姐携带的包袱中，玛丽·阿梅莉王后找到了针线。和玛丽·安托瓦内特王后在监狱中一样，玛丽·阿梅莉王后也想试着做些针线活。然而，很快，由于不习惯，玛丽·阿梅莉王后放弃了做针线活的想法。每天，玛丽·阿梅莉王后需要做的唯一重要的事就是祈祷。玛丽·阿梅莉王后会爬上阁楼去穆塞尔小姐的房间，在桌上放一个小十字架，和穆塞尔小姐就地跪下并且进行祷告。

第 34 章

路易-腓力一世逃到特鲁维尔

玛丽·阿梅莉王后备尝苦楚时，在特鲁维尔，法兰西国王路易-腓力一世经历着重重危险和磨难。特鲁维尔位于英吉利海峡的图克斯河河口，没有和翁弗勒尔一样重要的地理位置。大家希望在特鲁维尔的法兰西国王路易-腓力一世可以更容易地摆脱监视并且悄无声息地登上哈洛特找来的渔船。

在雅阁时，大家已经决定，鲁米尼子爵玛利-泰奥多尔·古伊、埃德蒙·德·佩尔蒂先生和德·宝利格上尉必须先去特鲁维尔进行登船前的准备工作，再派一两个人去镇口处等候法兰西国王路易-腓力一世并且带他上船。

1848年2月28日早晨，德·宝利格上尉坐着驿站的马车出发去了特鲁维尔。与此同时，在哈洛特的带领下，鲁米尼子爵玛利-泰奥多尔·古伊和埃德蒙·德·佩尔蒂先生从乡间步行去了特鲁维尔。

悲伤地告别了玛丽·阿梅莉王后后，法兰西国王路易-腓力一世和蒂雷坐上拉辛驾驶的一匹马拉的破马车。看着马车渐行渐远，玛丽·阿梅莉王后不由得开始为法兰西国王路易-腓力一世祈祷。由于拉车的马骨瘦如柴、倔强执拗，法兰西国王路易-腓力一世前进的速度非常缓慢——他如果选择步行，那么或许早已到达了特鲁维尔。法兰西国王路易-腓力一世到达特鲁维尔的实际时间比原定时间晚了很多。然而，因为当时狂风大作、巨浪滔天，导致登船的可能性微乎其微，所以法兰西国王路易-腓力一世晚到特鲁维尔没有产生什么影响。到达特鲁维尔、走下马车时，法兰西国王路易-腓力一世感到非常失望。由于天气恶劣，潮水没有涨起来。或许再过二十四小时——甚至四十八小时，那艘停在码头尽头的渔船也浮不起来。

原计划已经成为泡影，而法兰西国王路易-腓力一世则只能暂时藏身于特鲁维尔，直到能够登船。在水手维克托·巴尔贝的家里，鲁米尼子爵玛利-泰奥多尔·古伊为法兰西国王路易-腓力一世准备了一处容身之所。这处容身之所非常简陋和偏僻。维克托·巴尔贝的兄弟亨利·巴尔贝是一位船长，曾接受法兰西国王路易-腓力一世的授勋，对法兰西国王路易-腓力一世非常忠诚。在德·宝利格上尉和蒂雷的陪同下，法兰西国王路易-腓力一世来到了维克托·巴尔贝的小房子。维克托·巴尔贝满怀敬意地接待了法兰西国王路易-腓力一世。看守房子的是维克托·巴尔贝的女儿。不久前，在一场暴雨中，维克托·巴尔贝的女婿被海浪卷走了。维克托·巴尔贝的女儿非常虔诚，十分敬重玛丽·阿梅莉王后。因此，不难理解，法兰西国王路易-腓力一世的到来使维克托·巴尔贝的女儿受宠若惊。维克托·巴尔贝的女儿亲自准备饭菜，招待了法兰西国王路易-腓力一世。

在维克托·巴尔贝的家里，法兰西国王路易-腓力一世发现了一群忠诚的臣民。虽然周围的人们十分忠诚，但法兰西国王路易-腓力一世仍然一直战战兢兢。法兰西国王路易-腓力一世应该如何保守自己的身份这个被这么多人所知的秘密呢？向一艘渔船的船主支付三千法郎不会引人怀疑吗？如此不寻常的航程不会引起当局和海关官员的注意吗？在翁弗勒尔或特鲁维尔，法兰西国王路易-腓力一世是不是有过一些骇人的轻率举动呢？留下任何蛛丝马迹都可能导致当局开始追捕法兰西国王路易-腓

19世纪40年代的玛丽·阿梅莉王后

力一世并且将法兰西国王路易-腓力一世周围的人的一切努力付之东流。相比法兰西国王路易-腓力一世，他的旅伴们更加焦虑。1848年2月28日至1848年2月29日，法兰西国王路易-腓力一世一直待在维克托·巴尔贝的家里。1848年3月1日，法兰西国王路易-腓力一世听到了一个让他心焦的消息——临时政府给海关下发了一份通知，命令海岸警卫队保持最高警惕，严防政治犯逃跑。因此，海关设置的岗哨的数量加倍了，而海岸地区的戒备则更加森严。法兰西国王路易-腓力一世可能会在任何一次住宅搜查行动中暴露。一件恼人的事导致危险又增加了许多。在没有询问法兰西国王路易-腓力一世的情况下，亨利·巴尔贝想放弃哈洛特和渔船船主之间的协议并且和另一艘似乎很快就能起航的船的船长重新达成协议。亨利·巴尔贝决定给那艘似乎很快就能起航的船的船长两千法郎，再给渔船船主一千法郎作为违约的补偿费。然而，由于不满意亨利·巴尔贝的安排，渔船船主随即向当局汇报称自己曾参与将一个可疑的陌生人送去英国一事。

得知此事后，亨利·巴尔贝急忙跑到维克托·巴尔贝的家里去通知法兰西国王路易-腓力一世。"陛下，"亨利·巴尔贝说道，"我们被出卖了。当局马上就会来搜查这里。您几乎没有时间逃跑了。"因此，亨利·巴尔贝立刻拉着法兰西国王路易-腓力一世进了一个小院子，而一个陌生人正站在那准备接应他们。随后，亨利·巴尔贝赶回维克托·巴尔贝的家里，等待着会如期而至的入户搜查。

和法兰西国王路易-腓力一世单独在一起后，这个陌生人压低了声音，说道："陛下，您忠诚的仆人将带您去一个安全的地方。"这个陌生人拿着一串大钥匙，接连打开几扇门，穿过院子和小巷，匆匆忙忙领着法兰西国王路易-腓力一世从后门进了一栋房子。实际上，这个陌生人是古斯提尔先生。不久前，古斯提尔先生还是特鲁维尔的市长。法兰西国王路易-腓力一世来到的这栋房子是古斯提尔先生的家。在房子里，法兰西国王路易-腓力一世接见了几位还没来得及被送走的客人。这几名客人都是保皇派人，声称特鲁维尔的三千名居民里和他们观点相反的只有五至六个人。然而，这几名客人又表示，和他们观点相反的这五至六个人足以唬住整个特鲁维尔。

显然，在特鲁维尔再作停留极不明智——由于渔船船主不仅向当局告密，而且和那艘似乎很快就能起航的船的船长之间可能也存在争执，法兰西国王路易-腓力一世登船出海的希望已经破灭了。法兰西国王路易-腓力一世必须等到街道空无一人，才能返回雅阁。或许，法兰西国王路易-腓力一世还能在其他沿海地带找到出海的方法。古斯提尔先生可以驾驶着自己的双轮马车载上法兰西国王路易-腓力一世和蒂雷。和古斯提尔先生一样，一家旅店的老板也是个保皇派人，而他的一辆四轮马车则可以载上迪马将军、德·宝利格上尉和埃德蒙·德·佩尔蒂先生。不幸的是，古斯提尔先生的马车的马具被送去农具店维修了。一时半会儿，古斯提尔先生也没法重买一套马具。正当古斯提尔先生家的那些保皇派人去农具店找马具时，在夜色掩护下，法兰西国王路易-腓力一世一行离开了古斯提尔先生的家，一直走到了图克斯河河边——两辆马车正等着他们。

想走出特鲁维尔必经三座岗哨。万幸的是，不仅前两座岗哨都没有哨兵，而且第三座岗哨只有一个哨兵。第三座岗哨的哨兵没有注意到五个单独通过岗哨的人和两驾空马车。两驾马车赶上时，法兰西国王路易-腓力一世、蒂雷、迪马将军、埃德蒙·德·佩尔蒂先生和德·宝利格上尉早已在等候了。法兰西国王路易-腓力一世和蒂雷坐上了古斯提尔先生的双轮马车，而迪马将军、埃德蒙·德·佩尔蒂先生和德·宝利格上尉则坐上旅店老板的四轮马车。法兰西国王路易-腓力一世一行开始全速向翁弗勒尔前进。

1848年3月2日距革命爆发正好过了一周。1848年3月2日5时左右，法兰西国王路易-腓力一世一行到达了雅阁所在的小山山脚下并且开始向上爬。古斯提尔先生驾着马车去了基耶伯夫，希望能在那里找到办法让法兰西国王路易-腓力一世登船去往英国。

在雅阁，玛丽·阿梅莉王后正等着和法兰西国王路易-腓力一世的重逢之日。法兰西国王路易-腓力一世一边爬山，一边想着，经历了四天四夜的痛苦和混乱后再返回原点真是令人沮丧，而玛丽·阿梅莉王后如果知道不仅一切又要重新来过，而且情况丝毫不可能好转，那么无疑会更受折磨。然而，法兰西国王路易-腓力一世转念又想，在如此糟糕的情况下，玛丽·阿梅莉王后不仅仍然保持着忠诚，目送他满怀悲伤和忧虑地离开，而且再见到他时，一定会很开心。法兰西国王路易-腓力一世想的没错——一见到法兰西国王路易-腓力一世，玛丽·阿梅莉王后就不禁颤抖着流了好多眼泪——那是喜悦的泪水。"终于！"玛丽·阿梅莉王后叫道："你平安无事地回来了——对我来说，这就够了！上帝是不会抛弃我们的！" 在雅阁的孤独的日子里，玛丽·阿梅莉王后曾无数次想到查理一世和路易十六的下场。玛丽·阿梅莉王后下定决心，决定再也不会因任何理由而离开法兰西国王路易-腓力一世。玛丽·阿梅莉王后无数次地祈祷，希望这一切能早点结束。

第 35 章

路易-腓力一世经勒阿弗尔流亡英国

　　1848年3月2日破晓时分，即法兰西国王路易-腓力一世刚返回不久，雅阁就拉响了警报。有人敲门——谁会这么早上门呢？是敌人吗？是临时政府派来搜查的特工吗？不，来者是英国驻勒阿弗尔的副领事琼斯先生。

　　我已经交代过，1848年2月27日，贝松先生曾来到雅阁，向法兰西国王路易-腓力一世讲起了去南安普敦的"捷运"号并且表示法兰西国王路易-腓力一世或许可以乘坐"捷运"号出海。我还交代过，法兰西国王路易-腓力一世已经授权贝松先生尽可能秘密地去探听"捷运"号的船长是怎么看待送法兰西国王路易-腓力一世去英国一事的。贝松先生问"捷运"号的船长是否同意在航行过程中让一艘法兰西国王路易-腓力一世乘坐的渔船和"捷运"号并行。然而，"捷运"号的船长表示，在没有接到命令的情况下，他无权改变固定的航线。此外，"捷运"号的船长还认为，改变航线这种反常举动不仅会遭人怀疑，而且会带来意外和风险。因此，"捷运"号的船长拒绝了贝松先生的提议并且驾驶"捷运"号穿过了英吉利海峡。到达英国后，"捷运"号的船长急忙上报情况并且很快得到了指令——"捷运"号立刻回航勒阿弗尔，听从法兰西国王路易-腓力一世差遣。以上便是琼斯先生给法兰西国王路易-腓力一世送来的消息。琼斯先生还告诉法兰西国王路易-腓力一世，内穆尔公爵路易·夏尔·菲利普·拉斐尔、玛格丽特·阿德莱德·玛丽公主、萨克森-科堡-哥达亲王奥古斯特·维克托·路德维希、萨克森-科堡-哥达亲王夫人玛丽·克莱芒蒂娜·莱奥波尔迪娜·卡罗琳·克洛蒂尔德·德·奥尔良和她的孩子们正安然无恙地待在英国。然而,不幸的是,琼斯先生仍然不知道王室的其他成员的情况。

  雅阁的人们像欢迎救世主一般欢迎了琼斯先生。然而,法兰西国王路易-腓力一世如果想实现琼斯先生的计划,那么仍然需要克服重重困难。在翁弗勒尔,法兰西国王路易-腓力一世怎样才能不被人认出来,以及该如何登上"捷运"号呢?法兰西国王路易-腓力一世越想越觉得这是件难事。"库里耶"号是一艘定期往返于翁弗勒尔和勒阿弗尔的班船。琼斯先生乘坐"库里耶"号从翁弗勒尔来到勒阿弗尔,又从勒阿弗尔返回翁弗勒尔,带去了法兰西国王路易-腓力一世对琼斯先生的长官费瑟斯通豪先生的感谢。费瑟斯通豪先生是英国驻勒阿弗尔的领事。法兰西国王路易-腓力一世还指示琼斯先生和贝松先生及费瑟斯通豪先生一起商议下一步的计划。因此,琼斯先生、贝松先生、费瑟斯通豪先生立即进行了会面,并且决定让"库里耶"号立刻返回翁弗勒尔等候法兰西国王路易-腓力一世和玛丽·阿梅莉王后。夜幕降临后,法兰西国王路易-腓力一世和玛丽·阿梅莉王后从雅阁启程,步行下山,登上"库里耶"号并且去了勒阿弗尔。与此同时,"捷运"号正等候在勒阿弗尔,准备载着法兰西国王路易-腓力一世和玛丽·阿梅莉王后去英国。费瑟斯通豪先生等人为法兰西国王路易-腓力一世和玛丽·阿梅莉王后提供了英国护照。法兰西国王路易-腓力一世拿着一本英国护照,假装是费瑟斯通豪先生的叔叔史密斯先生。玛丽·阿梅莉王后在护照上的名字是勒布伦夫人。

  当然,琼斯先生的计划本来就很危险。无论是在下山的路上还是从翁弗勒尔到勒阿弗尔途中,又或是登上"捷运"号时,法兰西国王路易-腓力一世都有可能被人识破身份——这难道不令人害怕吗?然而,无论如何，法兰西国王路易-腓力一世都没有其他办法能离开法兰西。

此外，法兰西国王路易-腓力一世必须分秒必争。法兰西国王路易-腓力一世刚刚离开特鲁维尔，带着宪兵的检察官们便开始追捕可疑的旅行者，而他们寻找的正是法兰西国王路易-腓力一世。临时政府的官员听说，在特鲁维尔，有人看见法兰西国王路易-腓力一世和埃德蒙·德·佩尔蒂先生正向着翁弗勒尔的方向前进。显然，法兰西国王路易-腓力一世的身份这个秘密再也保不住了。很快便有人会来搜查雅阁。

1848年3月2日，"库里耶"号在勒阿弗尔到翁弗勒尔之间已经往返了一次，本无须再由勒阿弗尔驶向翁弗勒尔。然而，费瑟斯通豪先生将琼斯先生的计划秘密告诉了塞萨尔·弗朗索瓦·阿道夫·德·乌德托先生。塞萨尔·弗朗索瓦·阿道夫·德·乌德托先生是勒阿弗尔的破产管理事务官，也是法兰西国王路易-腓力一世的副官夏尔-伊莱·德·弗朗斯·德·乌德托将军的弟弟。塞萨尔·弗朗索瓦·阿道夫·德·乌德托先生以公务为由，要求"库里耶"号再次开回翁弗勒尔。因此，"库里耶"号再次出发，驶向了翁弗勒尔。"库里耶"号一靠岸，琼斯先生和贝松先生就立刻赶到雅阁告诉法兰西国王路易-腓力一世和玛丽·阿梅莉王后，一切都已经准备就绪。

法兰西国王路易-腓力一世一行立刻出发，兵分两路——身裹一件厚大衣、戴着副遮脸的眼镜的法兰西国王路易-腓力一世，即"史密斯先生"，与鲁米尼子爵玛利-泰奥多尔·古伊和蒂雷走的是一条路，而玛丽·阿梅莉王后挽着埃德蒙·德·佩尔蒂先生的手臂走了另一条路。在有些游客和宪兵的翁弗勒尔的码头，法兰西国王路易-腓力一世和玛丽·阿梅莉王后会合了。所谓的"史密斯先生"走向琼斯先生，用英语道了声晚上好，挽着琼斯先生的手登上"库里耶"号并且坐在了一条给乘客准备的长凳上。玛丽·阿梅莉王后，即"勒布伦夫人"，和已经假扮成她的外甥的埃德蒙·德·佩尔蒂先生坐了下来。1848年3月2日18时

安德烈-埃内斯特-莫德斯特·格雷特里

左右,"库里耶"号起航了。在"库里耶"号上,几个巡回演出的歌手在唱歌,而他们演唱的作品正好包括法兰西国王路易-腓力一世最喜欢的作曲家安德烈-埃内斯特-莫德斯特·格雷特里的作品。歌手们唱道:"哦,理查,我的国王!宇宙抛弃了你!"法兰西国王路易-腓力一世想到,在他经历过的所有痛苦的审判中,几位不幸的朝臣也给予了他和布隆德尔·德·内勒对狮心王理查一样的忠诚。

现在,我们让法兰西国王路易-腓力一世来讲述接下来的故事。

"夜色沉沉,"法兰西国王路易-腓力一世写道,"我们是第一批上船的人。我走到右舷处,坐在琼斯先生和蒂雷之间的长凳上,靠着船边的防护网。王后坐在左舷处。我和王后被船两边散步的乘客彻底地隔了开来。有个人拿着灯笼走来走去,一边问乘客们要船票,一边帮船上的歌手们讨些钱。在'库里耶'号,乐队中的男男女女们唱着一张专辑。因此,讨些钱的做法也无可非议。然而,每当有人跟我说话时,我总是用英语告诉他们我不懂法语,并且示意他们去找琼斯先生交流——琼斯先生总能立马让来人满意。"

一到勒阿弗尔,法兰西国王路易-腓力一世一行立刻上了岸。勒阿弗尔的码头上有一些人。法兰西国王路易-腓力一世见到了费瑟斯通豪先生。"叔叔,"费瑟斯通豪先生对法兰西国王路易-腓力一世说道,"您还好吗?""很好。谢谢你。"法兰西国王路易-腓力一世回答道。法兰西国王路易-腓力一世继续写道:"我和费瑟斯通豪先生一边用英语继续交流,一边走向停在不远处的'捷运'号。虽然我们遇到了一个宪兵,但这个宪兵没有要求查验护照,也没有注意到我和跟在我身后的王后。我们走下一个小小的铺着地毯的楼梯,到了'捷运'号的船舱里。费瑟斯通豪先生立刻和我握了手,说道:'谢天谢地,您现在安全了。'我也向上帝和在过去的八天里帮助我走出残酷的困境的人表达了同样的感激。王后几乎和我同时进入船舱,百感交集,立刻扑进了我的怀里。贝松先生和塞萨尔·弗朗索瓦·阿道夫·德·乌德托先生跪在王后脚边——感谢上帝,我们终于重逢了。"然而,危险仍然没有过去。

勒阿弗尔的码头上有位专门引导旅客去不同的旅馆和住处的妇女。不知是凭借昏暗的灯笼还是反射灯,这个妇女认出了法兰西国王路易-腓力一世并且立刻通知了一名港口的军官。"捷运"号还未起航时,这名军官跑了过来,看见法兰西国王路易-腓力一世正要进入自己的船舱。这名军官盘问了"捷运"号的船长几个问题。"捷运"号的船长没有做任何解释,只说自己有任务在身。因此,这名军官要求查看船舱。"高兴之至,""捷运"号的船长说道,"不过,你愿意和我们一起走吗?你如果不愿意，那么只能等到下次航行时再检查了。由于钟声已经响了，我的船必须起航了。"

"捷运"号的船长发出信号，让水手们解开了缆绳。"捷运"号开走前，这名军官和费瑟斯通豪先生一起回到码头上并且交谈了几句。

"请告诉我，您刚送上'捷运'号的人是谁？"这名军官问道。

"是我叔叔。"费瑟斯通豪先生答道。

"您叔叔！天哪！领事先生，您究竟在做什么？"这名军官问道。

"先生，你如果是我，那么也会这么做的……"费瑟斯通豪先生答道。

与此同时，"捷运"号正全速驶出港口。

由于几天来肆虐英吉利海峡的风暴还没有过去，海面上仍然狂风大作。奥古斯特·特罗尼翁描述了玛丽·阿梅莉王后在超过十个小时的航行中的心态。奥古斯特·特罗尼翁写道："离开雅阁后，王后被冷雨淋得浑身湿透。王后虽然疲惫不堪，但仍然勇敢地开始了漫长而艰难的航程。以前乘船出海时，王后总是会晕船并且害怕。然而，当时的王后一点也不害怕，也没有晕船。王后的精神和灵魂主宰了她的身体。危险的局势成就了王后，让王后达到了英雄般的高度。王后表现出了一种因危险而被激发出的慷慨激昂的情绪。王后身上还有一种宗教的平静。这种平静是因对上帝的虔诚而产生的。"最终，正如法兰西国王路易-腓力一世所说，虽然"这是一段不可思议的几乎如《奥德赛》般艰难的旅程"，但八天来，他"深爱着的优雅的王后"与他一起经历了苦难、危险和折磨。一切都已经接近尾声。1848年3月3日7时，"捷运"号驶进了英国的纽黑文港。法兰西国王路易-腓力一世一行终于上了岸。码头上的人们喊着"欢迎来到英国"，纷纷向法兰西国王路易-腓力一世一行致敬。

第 36 章

奥尔良公爵夫人海伦·路易丝·伊丽莎白告别法兰西

　　在纽黑文港登陆时,法兰西国王路易-腓力一世和玛丽·阿梅莉王后对奥尔良公爵夫人海伦·路易丝·伊丽莎白和她的两个儿子的命运一无所知。现在,让我们来看看奥尔良公爵夫人海伦·路易丝·伊丽莎白和她的两个儿子的境况如何。

　　奥尔良公爵夫人海伦·路易丝·伊丽莎白和巴黎伯爵路易·菲利普·阿尔贝被托付给了奥尔赛附近的布利尼堡中的孟德斯鸠公爵雷蒙·艾默里克·菲利普·约瑟夫·德·孟德斯鸠-弗藏萨克。1848年2月24日夜晚,奥尔良公爵夫人海伦·路易丝·伊丽莎白和巴黎伯爵路易·菲利普·阿尔贝到达了布利尼堡。起初,奥尔良公爵夫人海伦·路易丝·伊丽莎白唯一的想法就是找些有营养的食物给巴黎伯爵路易·菲利普·阿尔贝。由于赶路造成的劳累和情感上的打击,巴黎伯爵路易·菲利普·阿尔贝已经身心俱疲。然而,做饭也非易事——生火起烟可能会引起周围的村民的注意。

　　相比其他王室成员,奥尔良公爵夫人海伦·路易丝·伊丽莎白可能会感到更加失望和懊恼。奥尔良公爵夫人海伦·路易丝·伊丽莎白曾希望巴黎伯爵路易·菲利普·阿尔贝的权利得到保障,曾听到"年轻的国王万岁!摄政王万岁"。然而,事到如今,一切转头皆成空。

奥尔良公爵夫人海伦·路易丝·伊丽莎白虽然在1848年2月24日白天无所畏惧，但到了1848年2月24日夜晚后，变得害怕了起来。奥尔良公爵夫人海伦·路易丝·伊丽莎白不是害怕自己，而是担心巴黎伯爵路易·菲利普·阿尔贝会遭遇不测。吹在杉树上沙沙作响的风被奥尔良公爵夫人海伦·路易丝·伊丽莎白听成了战鼓的鼓点。每一分，甚至每一秒，奥尔良公爵夫人海伦·路易丝·伊丽莎白都在担心有人会闯进巴黎伯爵路易·菲利普·阿尔贝安睡的房间。1848年2月24日的夜晚和1848年2月25日一整天，奥尔良公爵夫人海伦·路易丝·伊丽莎白经受着漫长的痛苦。然而，奥尔良公爵夫人海伦·路易丝·伊丽莎白充满力量、不屈不挠，并且仍然没有灰心丧气。在荣军院与奥尔良公爵夫人海伦·路易丝·伊丽莎白分别时，内穆尔公爵路易·夏尔·菲利普·拉斐尔承诺自己会去看是否还有补救灾难的方法和复辟王朝的可能。此后，奥尔良公爵夫人海伦·路易丝·伊丽莎白再也没有得到过内穆尔公爵路易·夏尔·菲利普·拉斐尔或法兰西国王路易-腓力一世的消息，也没有听人提及正规军、国民自卫军或民众有什么拥护王室的行为。奥尔良公爵夫人海伦·路易丝·伊丽莎白一直待在布利尼堡，始终期待着好消息，却没能如愿。

内穆尔公爵路易·夏尔·菲利普·拉斐尔认为，王室已经没有任何希望了。与此同时，警察正积极地搜索着内穆尔公爵路易·夏尔·菲利普·拉斐尔的踪迹。1848年2月25日夜晚，内穆尔公爵路易·夏尔·菲利普·拉斐尔持英国护照离开了巴黎，而与他同行的人是别斯塔和德·阿拉贡先生。内穆尔公爵路易·夏尔·菲利普·拉斐尔不仅伪装成了德·阿拉贡先生的秘书，而且乔装得很好——从巴黎到布洛涅，他一直没有被人识破。因此，在布洛涅，内穆尔公爵路易·夏尔·菲利普·拉斐尔毫不费力地登船去了英国。

1848年2月26日，奥尔良公爵夫人海伦·路易丝·伊丽莎白终于得到了一丝慰藉——沙特尔公爵罗贝尔·菲利普·路易·欧仁·斐迪南被带回了她的身边。在下议院的骚乱中，可怜的沙特尔公爵罗贝尔·菲利普·路易·欧仁·斐迪南几乎窒息而死。多亏莱斯佩男爵约瑟夫·弗朗索瓦·卡齐米尔施以援手，沙特尔公爵罗贝尔·菲利普·路易·欧仁·斐迪南才活了下来。在过去的两天中，奥尔良公爵夫人海伦·路易丝·伊丽莎白快快不乐，为沙特尔公爵罗贝尔·菲利普·路易·欧仁·斐迪南担惊受怕。因此，发现沙特尔公爵罗贝尔·菲利普·路易·欧仁·斐迪南安然无恙后，奥尔良公爵夫人海伦·路易丝·伊丽莎白的内心充满了对上帝的感激。虽然沙特尔公爵罗贝尔·菲利普·路易·欧仁·斐迪南得了流感，但病情不算严重。与母亲奥尔良公爵夫人海伦·路易丝·伊丽莎白和哥哥巴黎伯爵路易·菲利普·阿尔贝重逢后，沙特尔公爵罗贝尔·菲利普·路易·欧仁·斐迪南格外开心——实际上，他们三人的脸上都洋溢着喜悦。

与沙特尔公爵罗贝尔·菲利普·路易·欧仁·斐迪南同时到来的还有一个坏消息。费了很大工夫才买到一本护照后，莫尔奈-蒙谢弗勒伊侯爵奥古斯特-约瑟夫-克里斯托夫-朱尔带来消息称，和搜索内穆尔公爵路易·夏尔·菲利普·拉斐尔一样，警察也正在搜索着奥尔良公爵夫人海伦·路易丝·伊丽莎白和她两个儿子。莫尔奈-蒙谢弗勒伊侯爵奥古斯特-约瑟夫-克里斯托夫-朱尔还表示，如果奥尔良公爵夫人海伦·路易丝·伊丽莎白和她的两个儿子在布利尼堡久留，那么可能会面临更大的风险。因此，莫尔奈-蒙谢弗勒伊侯爵奥古斯特-约瑟夫-克里斯托夫-朱尔建议奥尔良公爵夫人海伦·路易丝·伊丽莎白和她的两个儿子立刻去边境。

1814年3月29日，玛丽·路易丝皇后告别并且永远离开了杜伊勒里宫。年幼的拿破仑二世紧紧抓住杜伊勒里宫的门和栏杆，哭喊道："我不想离开我的家。我不想走。"和拿破仑二世一样，巴黎伯爵路易·菲

玛丽·路易丝皇后

拿破仑二世

利普·阿尔贝也不想离开自己的家。巴黎伯爵路易·菲利普·阿尔贝这个九岁的孩子不停地重复道:"我不想离开我的国家。"虽然奥尔良公爵夫人海伦·路易丝·伊丽莎白仍然希望自己可以留在法兰西,但她的敌人如此坚决,导致她只能离开。孟德斯鸠公爵雷蒙·艾默里克·菲利普·约瑟夫·德·孟德斯鸠-弗藏萨克来接受最后的命令时,奥尔良公爵夫人海伦·路易丝·伊丽莎白正跪在她的两个儿子身旁大声祈祷。"上帝啊,"奥尔良公爵夫人海伦·路易丝·伊丽莎白祈祷道,"请保佑法兰西,保佑我可怜的孩子们,保佑那些在艰难的时刻仍然勇于款待我们的人——愿他们和家人可以因此而得到福报,愿我们的短暂停留不至于给他们招来杀身之祸!"大雨倾盆而下。不仅夜晚从未如此漆黑,而且离别从未如此令人沮丧。要上马车时,不幸的奥尔良公爵夫人海伦·路易丝·伊丽莎白不仅和孟德斯鸠公爵雷蒙·艾默里克·菲利普·约瑟夫·德·孟德斯鸠-弗藏萨克握了手,而且摘下手上的几个戒指戴在了孟德斯鸠公爵雷蒙·艾默里克·菲利普·约瑟夫·德·孟德斯鸠-弗藏萨克等城堡的主人们手上。1848年2月26日22时,在莫尔奈-蒙谢弗勒伊侯爵奥古斯特-约瑟夫-克里斯托夫-朱尔和家庭教师阿道夫·雷尼耶先生的陪同下,奥尔良公爵夫人海伦·路易丝·伊丽莎白、巴黎伯爵路易·菲利普·阿尔贝和沙特尔公爵罗贝尔·菲利普·路易·欧仁·斐迪南离开了布利尼堡。

  由于漆黑的天色和恶劣的天气,凡尔赛的街上空无一人。因此,奥尔良公爵夫人海伦·路易丝·伊丽莎白一行通过了凡尔赛并且没有被人识破身份。从蓬图瓦兹到博蒙,不仅铁路被切断了,而且桥梁都被烧毁了。走了一程又一程后,终于,奥尔良公爵夫人海伦·路易丝·伊丽莎白一行到达了亚眠。在亚眠,奥尔良公爵夫人海伦·路易丝·伊丽莎白一行度过了1848年2月27日的夜晚。1848年2月28日早晨,奥尔良公爵夫人海伦·路易丝·伊丽莎白一行坐上了去里尔的火车。

奥尔良公爵夫人海伦·路易丝·伊丽莎白只要仍然身处法兰西，就相信自己不是没可能再度交上好运。一个神秘的声音对奥尔良公爵夫人海伦·路易丝·伊丽莎白说，她如果跨过边境，那么会被永远放逐。在从亚眠去里尔的路上，奥尔良公爵夫人海伦·路易丝·伊丽莎白和她的两个儿子乘坐的车厢隔壁坐着临时政府的几个代理人。这些代理人正要去北方宣布共和国的成立，没有认出奥尔良公爵夫人海伦·路易丝·伊丽莎白和她的两个儿子。然而，四天前，即1848年2月23日，这些代理人还在向奥尔良公爵夫人海伦·路易丝·伊丽莎白和她的两个儿子行礼致敬。奥尔良公爵夫人海伦·路易丝·伊丽莎白认为自己一到里尔就立刻要和弗朗索瓦·玛利·卡齐米尔·德·内格里耶将军取得联系。弗朗索

弗朗索瓦·玛利·卡齐米尔·德·内格里耶

瓦·玛利·卡齐米尔·德·内格里耶将军是一位优秀的军官,并且是里尔驻军的统帅。

在里尔等了四个小时后,奥尔良公爵夫人海伦·路易丝·伊丽莎白一行才登上了去比利时的火车。读过《巴黎日报》后,奥尔良公爵夫人海伦·路易丝·伊丽莎白更加坚定了决心,即她必须仰赖弗朗索瓦·玛利·卡齐米尔·德·内格里耶将军的忠诚。巴黎伯爵路易·菲利普·阿尔贝对奥尔良公爵夫人海伦·路易丝·伊丽莎白说道:"不要离开里尔。让我去士兵中间吧——我相信,士兵们会把我当作自己的孩子来对待。"围在奥尔良公爵夫人海伦·路易丝·伊丽莎白身边的人都恳求她不要冒这么大的风险,也不要让巴黎伯爵路易·菲利普·阿尔贝暴露在公众面前。1848年2月24日,奥尔良公爵夫人海伦·路易丝·伊丽莎白原本要读《吉伦特派的历史》——她脑海里满是革命的混乱场面,而那些暴乱分子唤起了她的回忆。勇敢的奥尔良公爵夫人海伦·路易丝·伊丽莎白虽然原本毫不畏惧自己会遭遇和玛丽·安托瓦内特王后相同的命运,但在有人提及路易十六的下场时,不由得战栗起来。然而,奥尔良公爵夫人海伦·路易丝·伊丽莎白仍然坚持己见,拒绝了旁人的劝诫。"那有什么关系呢!"就那些反对的声音,奥尔良公爵夫人海伦·路易丝·伊丽莎白大声回应道,"上帝会保佑我们的。我们去城堡中的军事要塞里吧!"然而,随行者纷纷表示,如果奥尔良公爵夫人海伦·路易丝·伊丽莎白执意要去城堡中的军事要塞里,那么他们一定会拒绝跟随。无奈之下,奥尔良公爵夫人海伦·路易丝·伊丽莎白只能继续悲伤的旅程。穿越边境时,奥尔良公爵夫人海伦·路易丝·伊丽莎白看到莫尔奈-蒙谢弗勒伊侯爵奥古斯特-约瑟夫-克里斯托夫-朱尔的眼中涌动着泪水。因此,奥尔良公爵夫人海伦·路易丝·伊丽莎白也哭了起来。"我们流的泪不一样,"奥尔良公爵夫人海伦·路易丝·伊丽莎白说道,"你是因我们平安脱险而高兴落泪,而我则是因离开法兰西而悲伤落泪。这是我祈求上天庇佑的法兰西啊!无论我葬身何处,法兰西的福祉都牵动着我最后的心跳!"

在比利时的韦尔维耶,奥尔良公爵夫人海伦·路易丝·伊丽莎白度过了一个夜晚。终于,疲惫的奥尔良公爵夫人海伦·路易丝·伊丽莎白得到了几个小时的休息时间。在韦尔维耶,奥尔良公爵夫人海伦·路易丝·伊丽莎白写了一封信给自己的继母,即梅克伦堡-什未林大公夫人兰德格拉维恩·奥古斯特·弗雷德里卡。梅克伦堡-什未林大公夫人兰德格拉维恩·奥古斯特·弗雷德里卡一直温柔关怀着奥尔良公爵夫人海伦·路易丝·伊丽莎白。奥尔良公爵夫人海伦·路易丝·伊丽莎白请求

兰德格拉维恩·奥古斯特·弗雷德里卡

梅克伦堡-什未林大公夫人兰德格拉维恩·奥古斯特·弗雷德里卡来找她并且给予她些许宽慰。在信中，奥尔良公爵夫人海伦·路易丝·伊丽莎白借用了奥尔良家族的墓地所在地的名字，署名为德勒伯爵夫人。奥尔良公爵夫人海伦·路易丝·伊丽莎白和梅克伦堡-什未林大公夫人兰德格拉维恩·奥古斯特·弗雷德里卡约定的见面地点是埃姆斯。1848年3月1日，奥尔良公爵夫人海伦·路易丝·伊丽莎白和她的两个儿子来到了埃姆斯。奥尔良公爵夫人海伦·路易丝·伊丽莎白这位勇敢的母亲接受了神的旨意。"或许，"奥尔良公爵夫人海伦·路易丝·伊丽莎白说道，"我的孩子们不仅能在这场审判中受益，而且会在流亡之路上学到很多东西。对我的孩子们而言，在流亡之路上学到的这些东西说不定会比其他东西更有用呢？"

第 37 章

蒙庞西耶公爵夫人西班牙的玛丽亚·路易莎·费尔南达告别法兰西

离开法兰西时，蒙庞西耶公爵夫人西班牙的玛丽亚·路易莎·费尔南达痛苦万分。年轻的蒙庞西耶公爵夫人西班牙的玛丽亚·路易莎·费尔南达是西班牙女王伊莎贝拉二世的妹妹，嫁给了法兰西国王路易-腓力

西班牙女王伊莎贝拉二世

一世和玛丽·阿梅莉王后最小的儿子蒙庞西耶公爵安托万·玛利·菲利普·路易·德·奥尔良。1848年1月30日，蒙庞西耶公爵夫人西班牙的玛丽亚·路易莎·费尔南达才刚过十六周岁生日。在英国，蒙庞西耶公爵夫人西班牙的玛丽亚·路易莎·费尔南达的婚姻曾引发了愤怒和嫉妒。1848年2月24日，蒙庞西耶公爵安托万·玛利·菲利普·路易·德·奥尔良跟着法兰西国王路易-腓力一世离开了杜伊勒里宫。然而，考虑到

蒙庞西耶公爵夫人西班牙的玛丽亚·路易莎·费尔南达

蒙庞西耶公爵夫人西班牙的玛丽亚·路易莎·费尔南达的身体状况，蒙庞西耶公爵安托万·玛利·菲利普·路易·德·奥尔良把蒙庞西耶公爵夫人西班牙的玛丽亚·路易莎·费尔南达托付给了他的侍从武官蒂埃里将军和朱尔·德·拉斯泰里先生。蒙庞西耶公爵安托万·玛利·菲利普·路易·德·奥尔良命令蒂埃里将军和朱尔·德·拉斯泰里先生护送蒙庞西耶公爵夫人西班牙的玛丽亚·路易莎·费尔南达去厄尔。当时，蒙庞西耶公爵安托万·玛利·菲利普·路易·德·奥尔良和法兰西国王路易-腓力一世正打算去厄尔。蒙庞西耶公爵安托万·玛利·菲利普·路易·德·奥尔良表示，蒂埃里将军和朱尔·德·拉斯泰里先生如果在厄尔没找到他，那么必须护送蒙庞西耶公爵夫人西班牙的玛丽亚·路易莎·费尔南达去英国。

沦为流亡者的蒙庞西耶公爵夫人西班牙的玛丽亚·路易莎·费尔南达能向谁去求得一本可以为这段忧伤的路途所用的护照呢？蒙庞西耶公爵夫人西班牙的玛丽亚·路易莎·费尔南达只能找诺曼比侯爵康斯坦丁·亨利·菲普斯。诺曼比侯爵康斯坦丁·亨利·菲普斯曾恼怒于法兰西王室和西班牙王室的联姻，并且对法兰西国王路易-腓力一世表现出了诸多不满。

在《革命之年》一书中，诺曼比侯爵康斯坦丁·亨利·菲普斯记录下了自己在1848年2月25日的感想。诺曼比侯爵康斯坦丁·亨利·菲普斯的感想中夹杂着对年轻的蒙庞西耶公爵夫人西班牙的玛丽亚·路易莎·费尔南达的不幸遭遇的同情，以及对法兰西和西班牙的联姻政策的一丝怨愤。诺曼比侯爵康斯坦丁·亨利·菲普斯写道："一年前，蒙庞西耶公爵夫人西班牙的玛丽亚·路易莎·费尔南达来到了法兰西。如今，蒙庞西耶公爵夫人西班牙的玛丽亚·路易莎·费尔南达只能黯然离开法兰西。面对这种巨大的反差，人们不禁会认真进行反思。整个欧洲的外交大使都曾受邀来到杜伊勒里宫为蒙庞西耶公爵夫人西班牙的玛丽亚·路易莎·费尔南达送上新婚祝福。然而，由于英国政府对这桩联姻持反对态度，英国大使没有出席蒙庞西耶公爵夫人西班牙的玛丽亚·路易莎·费尔南达的婚礼。然而，实际上，英国大使很快抓住了机会，以个人名义向尊贵的蒙庞西耶公爵夫人西班牙的玛丽亚·路易莎·费尔南达表达了敬意。现在，蒙庞西耶公爵夫人西班牙的玛丽亚·路易莎·费尔南达借用假名要找的正是这位大使，希望能得到这位大使的帮助去英国。在英国，所有被放逐的人都能找到容身之所！愿上帝一路保佑蒙庞西耶公爵夫人西班牙的玛丽亚·路易莎·费尔南达！蒙庞西耶公爵夫人西班牙的玛丽亚·路易莎·费尔南达的婚姻给她带来了厄运。我希望蒙庞西耶公爵夫人西班牙的玛丽亚·路易莎·费尔南达能在不被国家或气候影响的家庭幸福中得到些许补偿。乌云遮蔽了那些野心和欲望。蒙庞西耶公爵夫人西班牙的玛丽亚·路易莎·费尔南达只是被动的受害者，不是主动参与的同谋。"

英国大使馆给蒂埃里将军、蒙庞西耶公爵夫人西班牙的玛丽亚·路易莎·费尔南达及其随行人员发放了护照。在护照上，蒙庞西耶公爵夫人西班牙的玛丽亚·路易莎·费尔南达一行用的是马丁上尉及其家人的名字。

1848年2月25日8时，一辆火车即将从巴黎驶向鲁昂。候车室里满是惊慌逃窜的人。一个戴着蓝色眼镜、身穿绿色外套的人引起了人们的注意。有人喊道："有位先生正在乔装打扮——他想逃跑！那位先生一副着急忙慌的样子。"这个"着急忙慌"的人身旁的女人穿着一件非常简单的黑白格子花呢衣服，披着黑色的大披肩，头戴着帽子，被一层厚蕾丝遮着脸。

让我们来听听候车室里的一位年轻人讲述的故事。虽然没有人料到这位年轻人的出现，但在整个旅程中，这位年轻人将表现出最令人钦佩的奉献精神。这位年轻人是埃斯唐瑟兰先生，已婚，年仅二十四岁，是

法兰克福

法兰西驻法兰克福公使馆的一名专员。埃斯唐瑟兰先生的叙述被记录在费尔南德·蒙特利尔先生的《君主制的最后几个小时》一书中,非常吸引人。

埃斯唐瑟兰先生说道:"透过那层厚厚的蕾丝,我看到了一双美丽的闪烁着光辉的眼睛。我像一个孩子一样起了好奇心,便靠近了些,想一睹这个女子的美貌。我看见那双美丽的眼睛含着满满的笑意。虽然面纱很厚,但我仍然认出了她——蒙庞西耶公爵夫人西班牙的玛丽亚·路易莎·费尔南达!我装作不认识蒙庞西耶公爵夫人西班牙的玛丽亚·路易莎·费尔南达。穿着绿色外套的人是朱尔·德·拉斯泰里先生……我钻进了第一节车厢。碰巧的是,在第一节车厢里,坐在我对面的人是蒙庞西耶公爵夫人西班牙的玛丽亚·路易莎·费尔南达的侍女。这位侍女是西班牙人,嫁给了一位叫勒博的法兰西人。"

在芒特,火车停留了十分钟。蒂埃里将军走到埃斯唐瑟兰先生身边,说道:"你认出了蒙庞西耶公爵夫人西班牙的玛丽亚·路易莎·费尔南达。我们要去厄尔。然而,这列火车只能到鲁昂。作为一个鲁昂人,你应该有办法在鲁昂找一辆马车和几匹驿马。我们会坐马车去厄尔。还有一件事,再找些钱来——我们缺钱。"埃斯唐瑟兰先生回复称,这些事都不是什么问题。

到达鲁昂后,在一栋房子旁,蒙庞西耶公爵夫人西班牙的玛丽亚·路易莎·费尔南达一行找到埃斯唐瑟兰先生准备的四轮马车和驿马。一大群工人看到了蒙庞西耶公爵夫人西班牙的玛丽亚·路易莎·费尔南达一行。有人喊道:"那个人非常着急,想离开这里,或许是王室成员。"蒂埃里将军、朱尔·德·拉斯泰里先生、蒙庞西耶公爵夫人西班牙的玛丽亚·路易莎·费尔南达和她的侍女一起上了马车,而埃斯唐瑟兰先生则跳上了车夫的位子。

1848年2月25日午夜,蒙庞西耶公爵夫人西班牙的玛丽亚·路易莎·费尔南达一行到达了厄尔。在厄尔,蒙庞西耶公爵夫人西班牙的玛丽亚·路易莎·费尔南达没有发现萨克森-科堡-哥达亲王夫人玛丽·克莱芒蒂娜·莱奥波尔迪娜·卡罗琳·克洛蒂尔德·德·奥尔良,也没有收到关于法兰西国王路易-腓力一世的消息。在这种情况下,留在厄尔可能是一种不太明智的做法。随后,蒙庞西耶公爵夫人西班牙的玛丽亚·路易莎·费尔南达一行开始商量下一步的计划。

蒂埃里将军问道:"埃斯唐瑟兰先生,你在附近有住所吗?"

埃斯唐瑟兰先生回答道:"有,在十公里开外。我任凭吩咐。"

蒙庞西耶公爵夫人西班牙的玛丽亚·路易莎·费尔南达说道:"那就带我们去你家吧!"

埃斯唐瑟兰先生说道:"我已经一年没回过我的房子了——您可能会住得很不舒服!"

蒙庞西耶公爵夫人西班牙的玛丽亚·路易莎·费尔南达回答道："然而，在那里，我们至少能安然无恙。"

埃斯唐瑟兰先生喊道："出发吧，车夫！去巴洛梅斯尼！"

1848年2月26日1时，蒙庞西耶公爵夫人西班牙的玛丽亚·路易莎·费尔南达一行到达了巴洛梅斯尼。埃斯唐瑟兰先生的房子里有一个男仆和他的妻子，以及一个园丁。

埃斯唐瑟兰先生对男仆说道："去生火，再做点吃的，赶紧！"

男仆回答道："我们什么都没有啊，先生。"

埃斯唐瑟兰先生质问道："什么叫'什么都没有'！你肯定有鸡蛋、蜜饯和葡萄酒吧？赶紧去做个煎蛋卷来！"

因此，仆人匆匆忙忙做了个煎蛋卷。

正在火堆旁的桌边服侍蒙庞西耶公爵夫人西班牙的玛丽亚·路易莎·费尔南达的埃斯唐瑟兰先生说道："我因让尊贵的殿下您在我这吃煎蛋卷和农家粗制滥造的面包而感到十分羞愧！"

蒙庞西耶公爵夫人西班牙的玛丽亚·路易莎·费尔南达回答道："然而，我敢保证一点，即你很幸运——你有自己的容身之所，而我已经一无所有了。我连穿的长袍都是朱尔·德·拉斯泰里先生的妻子的。我的命运多么坎坷啊！在西班牙，人们于我的前厅打斗。在巴黎，子弹射进了我的房间。结局会是什么样呢？其他人都去了哪里呢？我的丈夫在哪？国王在哪？奥尔良公爵夫人海伦·路易丝·伊丽莎白和她的孩子们又在哪？其他人都和我一样是平安的吗？"

蒙庞西耶公爵夫人西班牙的玛丽亚·路易莎·费尔南达的眼里噙满了泪水。

1848年2月26日，在巴洛梅斯尼，蒙庞西耶公爵夫人西班牙的玛丽亚·路易莎·费尔南达度过了白天。1848年2月26日19时，蒙庞西耶公爵夫人西班牙的玛丽亚·路易莎·费尔南达一行又踏上了旅途。为了在

1848年2月27日黎明时分到达布洛涅并且从那里登船去英国，蒙庞西耶公爵夫人西班牙的玛丽亚·路易莎·费尔南达一行打算彻夜赶路。离开巴洛梅斯尼前，蒙庞西耶公爵夫人西班牙的玛丽亚·路易莎·费尔南达去了巴洛梅斯尼的小教堂，为王室和自己祈求上帝和圣母玛丽亚的保护。

阿布维尔是蒙庞西耶公爵夫人西班牙的玛丽亚·路易莎·费尔南达一行去布洛涅的必经之路。阿布维尔的工匠们对法兰西国王路易-腓力一世怀有敌意。1848年2月26日21时30分，蒙庞西耶公爵夫人西班牙的玛丽亚·路易莎·费尔南达一行到达了阿布维尔，听到从杜皮尔里大街的酒馆里跑出来的人们叫喊道："是国王！还有王子们！停下！快停下！你们不能就这样跑掉！"人们抓着埃斯唐瑟兰先生的头，拦下了马车。埃斯唐瑟兰先生的叔叔曾是一位颇受民众欢迎的议员。因此，埃斯唐瑟兰先生报上了自己的名字，并且称马车里坐的都是他的家人。人们呼喊道："埃斯唐瑟兰先生万岁！"蒙庞西耶公爵夫人西班牙的玛丽亚·路

阿布维尔

易莎·费尔南达一行驾车来到了阿布维尔的一栋房子里,希望能歇上几小时。突然,有人造访并且对蒂埃里将军说道:"现在,你们不安全。我建议你们马上启程,继续赶路。"

埃斯唐瑟兰先生对蒂埃里将军说道:"您听到了吗?眼下,我们只有一件事要做——蒙庞西耶公爵夫人西班牙的玛丽亚·路易莎·费尔南达不能在这儿被捕,必须和您一起走。我会和女仆留下来。到了1848年2月26日午夜后,我如果仍然没有乘马车到达布洛涅,那么必定已经被捕。然而,即使被捕,我也会尽可能派女仆去提醒你们!在前面第一条街左转后直行——那就是去布洛涅的路。阿布维尔旁边有一座小山。你能看到马车上的灯笼。到了1848年2月26日午夜后,我如果仍然是自由的,那么会把马车停在那座小山的半山腰——我如果不幸被捕,那么希望上帝能怜悯我们所有人!"

在整个旅程中,蒙庞西耶公爵夫人西班牙的玛丽亚·路易莎·费尔南达都表现得镇定自若,没有丝毫迟疑。蒙庞西耶公爵夫人西班牙的玛丽亚·路易莎·费尔南达挽着蒂埃里将军的胳膊,重新上路了。

天气很差。弥漫在蒙庞西耶公爵夫人西班牙的玛丽亚·路易莎·费尔南达一行眼前的是一片漆黑。在天地之间,狂风暴雨肆虐着。

到了1848年2月26日午夜后,埃斯唐瑟兰先生坐着马车,如约抵达了那座小山的半山腰。就当时的场景,埃斯唐瑟兰先生描述道:"我到了那座小山的半山腰,呼喊着……然而,没有回应我……在空无一人的山路上,我跑来跑去,大声叫喊着……回应我的只有一片死寂。凛冽的风吹得灯笼忽明忽暗。灯笼里的那一丝微光似乎随时都会消失。等待的那一刻钟里的焦虑真是不可名状啊!其他人如果迷路了怎么办?被捕了怎么办?我无谓地叫喊和奔跑着,担心着在黑暗中充当唯一的信号的灯笼会被吹灭,并且想到了种种可怕的结果。终于!在一阵阵风的怒吼声中,我听见了一声呼喊。有人喊道:'我们在这!我们在这!'"呼喊的人是全身湿透、沾满了泥巴的蒙庞西耶公爵夫人西班牙的玛丽亚·路易莎·费尔南达。蒙庞西耶公爵夫人西班牙的玛丽亚·路易莎·费尔南达一行彻夜赶路,并且在1848年2月27日早晨到达了布洛涅。1848年2月27日中午,在布洛涅,蒙庞西耶公爵夫人西班牙的玛丽亚·路易莎·费尔南达一行登上了开往英国的船——1848年2月27日和1846年11月4日的光景简直是天差地别。年轻的蒙庞西耶公爵夫人西班牙的玛丽亚·路易莎·费尔南达嫁入法兰西王室曾被视作法兰西国王路易-腓力一世成功的巅峰。1846年11月4日,蒙庞西耶公爵夫人西班牙的玛丽亚·路易莎·费尔南达满心欢喜地迈入圣克卢宫,受到了整个法兰西王室的欢迎!蒙庞西耶公爵夫人西班牙的玛丽亚·路易莎·费尔南达虽然是在欢呼声中来到法兰西的,但最终沦为流亡者,仓皇逃离了法兰西。

第 38 章

二月革命与七月革命的异同

1850年2月23日，站在讲坛上评价1848年的二月革命时，阿方斯·玛利·路易·普拉·德·拉马丁先生和玛利·约瑟夫·路易·阿道夫·梯也尔先生将其定性为一场可怕的、灾难性的革命。无论是对发起者还是受害者来说，1848年的二月革命都无异于石破天惊。无论后人如何评说，是否同意法兰西第二共和国或法兰西第三共和国的建立者所持的观点，反思1848年的二月革命时，所有人都会感受到忧郁和阴暗。在三天时间里，这场导致七十二名士兵牺牲、二百八十九名暴乱分子死亡却未起战火的革命极大地改变了世界。1848年的二月革命有力说明了人类无论如何精心算计都难以做到分毫不差，证明了最优秀政治家也有可能盲目行事。当然，没有人比法兰西国王路易-腓力一世更了解七月革命的历史。在统治期间，法兰西国王路易-腓力一世可能会对自己说道："我见证了查理十世的错误，绝不会摔和他一样的跟头。我肯定不会像查理十世那样失败。"然而，无论是法兰西路易-腓力一世和他的大臣们还是反对派成员，所有人都没有从七月革命的历史中吸取教训。1848年的二月革命仿佛是一种命运的嘲弄——无论资质颇深的议员们有何种看法，1848年的二月革命都像是对七月革命的一次拙劣的模仿。

1830年3月2日，在自己执政期间的最后一次会议上，查理十世谈到了给他的政府制造障碍的罪恶策略。1847年12月28日，同样是在自己执政期间的最后一次会议上，法兰西国王路易-腓力一世同样指出，"盲目或敌意的激情"煽动了骚乱。诸如"应受谴责的花招"和"盲目或有害的激情"这些直白又轻率的言辞就是国王与反对派之间的战争的信号。

德·夏多布里昂先生引导朋友们为1848年2月22日的演讲投票，而卡米耶·亚森特·奥迪隆·巴罗先生则组织了十二区的宴会。当时，德·夏多布里昂先生和卡米耶·亚森特·奥迪隆·巴罗先生都以为自己的做法只是会为各个政府部门带来某些改变，没有想到会引发一场革命。

查理十世和法兰西国王路易-腓力一世虽然收到了同样的警示信号，但都视若无睹，就像水手只有在遇上海难后才会意识到暴风雨已经降临。

和七月革命一样，1848年的二月革命也分为三个阶段。

疾病如果在一开始就得到控制，那么不会继续发展下去。然而，实际上，法兰西的"疾病"一直在自由地发展。

拉古萨公爵奥古斯特·弗雷德里克·路易·维耶斯·德·马尔蒙和伊斯利公爵托马·罗贝尔·比若虽然非常不受欢迎，但与共和党人和正统主义者臭味相投。直到最后一刻，拉古萨公爵奥古斯特·弗雷德里克·路易·维耶斯·德·马尔蒙和伊斯利公爵托马·罗贝尔·比若才得到军队的领导权。拉古萨公爵奥古斯特·弗雷德里克·路易·维耶斯·德·马尔蒙和伊斯利公爵托马·罗贝尔·比若如果事先知情，那么很容易便能组织防御和抵抗行动。可惜的是，拉古萨公爵奥古斯特·弗雷德里克·路易·维耶斯·德·马尔蒙和伊斯利公爵托马·罗贝尔·比若受命太迟，而等待他们的只有败局。

伊斯利公爵托马·罗贝尔·比若采用的正是拉古萨公爵奥古斯特·弗雷德里克·路易·维耶斯·德·马尔蒙成功使用的那一套方案，即让军队排成纵队穿越城市，再回到起点——对法兰西国王路易-腓力一世和查理十世来说，这种排兵布阵的方式都十分致命。

拉古萨公爵奥古斯特·弗雷德里克·路易·维耶斯·德·马尔蒙

1795年10月5日，即葡月暴动时，拿破仑一世展示了如何在街头进行斗殴。然而，伊斯利公爵托马·罗贝尔·比若和拉古萨公爵奥古斯特·弗雷德里克·路易·维耶斯·德·马尔蒙都没有从拿破仑一世身上吸取教训。出于人道主义或其他动机，拉古萨公爵奥古斯特·弗雷德里克·路易·维耶斯·德·马尔蒙犹豫是否应该让士兵们使用火炮，禁止士兵们向民众开火，使军事行动陷入了瘫痪。此外，伊斯利公爵托马·罗贝尔·比若允许玛利·阿方斯·贝多将军和国民自卫军谈判并且命令停火的做法导致军队的士气严重受挫。

摆在伊斯利公爵托马·罗贝尔·比若和拉古萨公爵奥古斯特·弗雷德里克·路易·维耶斯·德·马尔蒙的面前有两条路，即和平之路和战争之路。伊斯利公爵托马·罗贝尔·比若和拉古萨公爵奥古斯特·弗雷德里克·路易·维耶斯·德·马尔蒙选择和平和战争两条路一块走,却没有成功走上任何一条路。在巴黎,伊斯利公爵托马·罗贝尔·比若和拉古萨公爵奥古斯特·弗雷德里克·路易·维耶斯·德·马尔蒙架满却未使用枪炮,造成威势却未发动袭击。伊斯利公爵托马·罗贝尔·比若和拉古萨公爵奥古斯特·弗雷德里克·路易·维耶斯·德·马尔蒙被自己的失败弄得不知所措——一旦倒下,他们甚至都不会试图站起来。

拿破仑一世让位给拿破仑二世的愚蠢行为没有让查理十世和法兰西国王路易-腓力一世得到任何启示。巧合的是,查理十世和法兰西国王路易-腓力一世要传位的孩子都是九岁——尚博尔伯爵亨利·夏尔·斐迪南·玛利·迪厄多内·德·阿图瓦出生于1820年9月29日,而巴黎伯爵路

八岁时的尚博尔伯爵亨利·夏尔·斐迪南·玛利·迪厄多内·德·阿图瓦

易·菲利普·德·阿尔贝则出生于1838年8月24日。和七月革命一样，1848年的二月革命对老人和妇孺毫无怜悯之情。

七月革命与1848年的二月革命还有一个相似点，即这两场革命所处年代的女性比男性更有判断力。查理十世和法兰西国王路易-腓力一世如果能听从女性的建议，那么或许可以保住他们的王位。

1830年7月28日，贝里公爵夫人玛丽-卡罗琳·德·波旁-西西勒恳求查理十世让她从圣克卢骑马去巴黎面对巴黎人民和军队。查理十世唯一的回应是让贝里公爵夫人保持沉默，并且禁止任何人向她提供马匹。贝里公爵夫人玛丽-卡罗琳·德·波旁-西西勒流下了愤怒的泪水，大声喊道："天哪！成为女人真是不幸啊！"

1848年2月24日早晨，在狂风肆虐、雷声隆隆和法兰西这艘大船搁浅的情况下，是谁稳住了船长并且让他冷静下来重新掌舵？是一个女人——玛丽·阿梅莉王后。又是谁建议法兰西国王路易-腓力一世穿上制服去检阅正规军和国民自卫军？还是玛丽·阿梅莉王后。不幸的法兰西国王路易-腓力一世被胆小的顾问欺骗，决定退位并且放弃王位和七月王朝时，又是谁哭喊道"虽然敌人想夺走你的权杖，但除了你，没有人能拥有它！英勇赴死都好过退位！骑上马去迎战！军队会追随你的"？是玛丽·阿梅莉王后——总是玛丽·阿梅莉王后。玛丽·阿梅莉王后这位杰出的女性是伟大的玛丽亚·特蕾西娅·沃尔布加·阿马利娅·克里斯蒂娜的后代。

勇敢的奥尔良公爵夫人海伦·路易丝·伊丽莎白丝毫不逊于玛丽·阿梅莉王后。奥尔良公爵夫人海伦·路易丝·伊丽莎白在杜伊勒里宫的住所曾属于贝里公爵夫人玛丽-卡罗琳·德·波旁-西西勒。作为一位母亲，奥尔良公爵夫人海伦·路易丝·伊丽莎白展示了因恐惧被放逐和想为巴黎伯爵路易·菲利普·阿尔贝争取王位的野心而被激发出的勇气与智慧。和贝里公爵夫人玛丽-卡罗琳·德·波旁-西西勒为尚博尔伯爵亨利·夏尔·斐迪南·玛利·迪厄多内·德·阿图瓦做的事一样，奥尔良公爵夫人海伦·路易丝·伊丽莎白也勇敢地维护了巴黎伯爵路易·菲利普·阿尔贝的权利。1848年2月24日，在下议院，奥尔良公爵夫人海伦·路易丝·伊丽莎白的勇敢行为完全配得上安德烈·玛利·让·雅克·迪潘先生写给她的悼词。安德烈·玛利·让·雅克·迪潘先生写道："虽然1848年2月24日的结局不像支持君主制的人期待的那样，但作为母亲和英勇的奥尔良公爵斐迪南·菲利普·路易·夏尔·埃里克·罗萨利诺·德·奥尔良的遗孀，奥尔良公爵夫人海伦·路易丝·伊丽莎白勇敢地履行了自己的职责，而后人则会将她的行为视为一种荣耀。在君主制存在的最后一天，我紧紧抓住上天赋予我的巨大荣誉，即支持奥尔良公爵夫人海伦·路易丝·伊丽莎白——这是我此生最勇敢的行动！"

1830年8月16日，在瑟堡，贝里公爵夫人玛丽-卡罗琳·德·波旁-西西勒戴着一顶帽子，和查理十世登上了船。贝里公爵夫人玛丽-卡罗琳·德·波旁-西西勒的表情透露着些许坚毅和无所畏惧。贝里公爵夫人玛丽-卡罗琳·德·波旁-西西勒眺望着法兰西的地平线，似乎说道："我还会回来的。"

被流放的奥尔良公爵夫人海伦·路易丝·伊丽莎白也没有气馁。有一天，奥尔良公爵夫人海伦·路易丝·伊丽莎白大声喊道："一想到可能永远无法再见到法兰西，我的心就似乎被撕裂了。"

我已经指出了七月革命和1848年的二月革命的许多相似之处。最后，让我们来看一看七月革命和1848年的二月革命之间的区别——和七月革命相比，1848年的二月革命似乎对宗教怀有敬畏。

在1830年的法兰西，任何僧侣都不能穿多米尼克修道服。1848年2月27日，即1848年二月革命后的第一个周日，让-巴蒂斯特·亨利-多米尼克·拉科代尔神父身披多米尼克修道服，走上了巴黎圣母院的讲坛，说道:"啊,制造这一切可怕打击的上帝啊,能够审判国王和仲裁世界的上帝啊,请慈悲地对待法兰西人民吧。法兰西人民是您遵守律法和虔诚的长子啊!请想想法兰西人民以前对您的侍奉,想想您第一次赐福给法兰西人民的情景。请再次让法兰西人民得到您的庇护吧!请与法兰西人民再续古老的盟约吧,让古老的盟约再放光,让人民的内心再次全部属于您吧!公正又神圣的上帝啊!从被亵渎的国王的宫殿到一尘不染的王后的宫殿,您的子民双手捧着十字架。请您通过这个十字架照看、保护和启迪我们吧!请再一次昭示世人'敬重您的民族,终能获得拯救'吧!"说这些话时,让-巴蒂斯特·亨利-多米尼克·拉科代尔神父要压下的不是人们的低语声,而是赞许的欢呼声。

1830年,巴黎大主教亚森特-路易·德·凯朗被迫东躲西藏。1848年,在两位代理主教的陪同下,巴黎大主教德尼-奥古斯特·阿弗乐

巴黎大主教德尼-奥古斯特·阿弗乐

拜访了临时政府的总统雅克-夏尔·杜邦·德·厄尔。雅克-夏尔·杜邦·德·厄尔对巴黎大主教德尼-奥古斯特·阿弗乐说道："自由和宗教是一对姐妹，都对友好共存感兴趣。"

在七月革命时期，从政治的角度来看，神职人员沦为了被征服者。在1848年的二月革命时期，共和党人、英烈总统玛利·弗朗索瓦·萨迪·卡诺之父拉扎尔·伊波利特·卡诺对着一众法兰西大主教和主教们发表了讲话。在讲话的结尾，拉扎尔·伊波利特·卡诺说道："不要让你们教区里的神父忘记，作为公民，他们享有参与各种政治活动的权利，是伟大的法兰西家庭的孩子。不要让你们的教区里的神父忘记，在选举大会或国民大会上，他们可以获得同胞们对他们的信任。神职人员需要捍卫的只有一种利益，即国家利益，与宗教紧密相连的国家利益。"

拉扎尔·伊波利特·卡诺

七月革命爆发时，神父们不敢穿教士袍走上街头。1848年二月革命时，神父们庄严地祝福自由之树。

简而言之，七月革命是基督教性质的革命，而1848年的二月革命则具有民主启蒙意义。可以肯定的一点是，在七月革命和1848年的二月革命的间隔期里，巴黎人民对宗教的态度悄然发生了转变，而流亡生涯令玛丽·阿梅莉王后接受了这样的改变。正是因为感受到了巴黎民众对宗教的态度的改变，玛丽·阿梅莉王后才从未停止对法兰西国王路易-腓力一世施加个人影响。虽然对法兰西国王路易-腓力一世施加个人影响时，玛丽·阿梅莉王后做得谨慎又矜持，但这种影响非常真实，甚至贯穿于整个七月王朝存续期间。虔诚的玛丽·阿梅莉王后习惯于将宗教的利益置于首位。圣日耳曼教堂遭到洗劫和破坏时，玛丽·阿梅莉王后备受折

圣日耳曼教堂

磨。得知1848年的二月革命没造成和圣日耳曼教堂遭到洗劫类似的惨剧时,玛丽·阿梅莉王后由衷地感谢了上帝。人们虽然洗劫了杜伊勒里宫,将整个纳伊城堡付之一炬,但没有亵渎教堂。人们烧毁王座,却尊重祭坛。经历了1848年的二月革命后的法兰西人仍然信仰着天主教——虽然王冠已碎,但十字架犹存。

译名对照表

Moneteur	《通报》
Louise Marie Adélaïde Eugénie d'Orléans	路易丝·玛丽·阿德莱德·欧仁妮·德·奥尔良
Duke of Orléans	奥尔良公爵
Louis Philippe II	路易-菲利普二世
Louise Marie Adélaïde de Bourbon-Penthièvre	路易丝·玛丽·阿德莱德·德·波旁-彭蒂埃
Tuileries	杜伊勒里宫
Marie Amelie	玛丽·阿梅莉
Duke of Aumale	奥马勒公爵
Henri Eugène Philippe Louis d'Orléans	亨利·欧仁·菲利普·路易·德·奥尔良
Charles-Marie-Napoléon de Beaufort d'Hautpoul	夏尔-玛利-拿破仑·德·德波弗特·德·豪特布尔
Algeria	阿尔及利亚
Emir	埃米尔
Abdelkader ibn Muhieddine	阿卜杜卡迪尔·伊本·穆希丁
Christophe Léon Louis Juchault de Lamoricière	克里斯托夫·莱昂·路易·朱绍·德·拉摩里西尔
Vieux Souvenirs	《旧时记忆》
Prince of Joinville	茹安维尔亲王
François-Ferdinand-Philippe-Louis-Marie d'Orléans	弗朗索瓦-斐迪南-腓力-路易-玛利·德·奥尔良

Journal des débats	《辩论杂志》
Guy-Victor Duperré	盖伊-维克托·迪佩雷
Charles X	查理十世
Louis-Eugène Cavaignac	路易-欧仁·卡芬雅克
Duc de Broglie	布罗伊公爵
Achille-Léonce-Victor-Charles	阿希尔-莱昂斯-维克托-夏尔
François Pierre Guillaume Guizot	弗朗索瓦·皮埃尔·纪尧姆·基佐
Charles Marie Tanneguy Duchâtel	夏尔·玛利·塔内吉·迪沙泰尔
Dreux	德勒
Saint Germain Auxerrois	圣日耳曼奥塞尔教堂
Duc de Nemours	内穆尔公爵
Louis Charles Philippe Raphael	路易·夏尔·菲利普·拉斐尔
Duke of Montpensier	蒙庞西耶公爵
Antoine Marie Philippe Louis d'Orléans	安托万·玛利·菲利普·路易·德·奥尔良
Helene Luise Elisabeth	海伦·路易丝·伊丽莎白
Victoria Franziska Antonia Juliane Luise	维多利亚·弗兰齐斯卡·安东妮娅·朱利安·路易丝
Marie Clémentine Léopoldine Caroline Clotilde d'Orléans	萨克森-科堡-哥达亲王夫人玛丽·克莱芒蒂娜·莱奥波尔迪娜·卡罗琳·克洛蒂尔德·德·奥尔良
August Viktor Ludwig	奥古斯特·维克托·路德维希
Louise-Marie	路易丝-玛丽
Duke of Penthièvre	彭蒂埃公爵
Louis Jean Marie de Bourbon	路易·让·玛利·德·波旁
Rambouillet	朗布依埃
Comte de Toulouse	图卢兹伯爵
Louis Alexandre de Bourbon	路易·亚历山大·德·波旁
Jacques-Bénigne Bossuet	雅克-贝尼涅·波舒哀
Louis XVIII	路易十八
Chartres	沙特尔
Evreux	埃夫勒

Chalcédoine	迦克墩
De Profundis	《哀悼经》
Marie Christine Caroline Adélaïde Françoise Léopoldine d'Orléans	玛丽·克里斯蒂娜·卡罗琳·阿德莱德·弗朗索瓦·莱奥波尔迪内·德·奥尔良
Ferdinand Philippe Louis Charles Éric Rosalino d'Orléans	斐迪南·菲利普·路易·夏尔·埃里克·罗萨利诺·德·奥尔良
Count of Montalembert	蒙塔朗贝尔伯爵
Charles Forbes René de Montalembert	夏尔·福布斯·勒内·德·蒙塔朗贝尔
Catholic Party	天主教党
Sonderbund War	独立联盟战争
Fribourg	弗里堡
Lucerne	卢塞恩
Schwitz	施维茨
Unterwalden	翁特瓦尔登
Uri	乌里
Zug	楚格
Valais	瓦莱
Helvetian Confederation	海尔维第共和国
Jura	汝拉州
Saint Vincent de Paul	圣文森特·德·保罗
Louis Charles Antoine Desaix	路易·夏尔·安托万·德塞
Saint Bernard	圣贝尔纳
National	《国民报》
Presse	《新闻报》
Palais du Luxembourg	卢森堡宫
Comte d'Alton-Shée de Lignières	奥尔顿-谢伊·德·利涅尔伯爵
Edmond	埃德蒙
Baron Byron	拜伦男爵
George Gordon Byron	乔治·戈登·拜伦
Teresa Contessa Guiccioli	圭乔利伯爵夫人特蕾莎

Marquis de Boissy	布瓦西侯爵
Hilaire Étienne Octave Rouillé du Coudray	伊莱尔·艾蒂安·奥克塔夫·鲁耶·杜库德雷
Duc de Pasquier	帕基耶公爵
Étienne-Denis	埃蒂安－丹尼斯
Carlo Alberto	卡洛·阿尔贝托
Voltairians	伏尔泰主义者
Ulrich Ochsenbein	乌尔里克·奥克辛本
Victor Marie Hugo	维克托·玛利·雨果
Palazzo del Quirinale	奎里纳莱宫
Piedmontese	皮埃蒙特人
Macedonians	马其顿人
Comte de Saint-Aulaire	圣奥莱尔伯爵
Louis-Clair de Beaupoil	路易－克莱尔·德·博普瓦尔
Gregory XVI	格列高利十六世
Baron de Barante	巴朗特男爵
Amable Guillaume Prosper Brugière	阿马布勒·纪尧姆·普罗斯珀·布鲁日
The Charter	《七月王朝宪章》
Marsan Pavilion	马尔桑馆
Palais-Bourbon	波旁宫
Marie Joseph Louis Adolphe Thiers	玛利·约瑟夫·路易·阿道夫·梯也尔
André Marie Jean Jacques Dupin	安德烈·玛利·让·雅克·迪潘
Louis-Mathieu Molé	路易－马蒂厄·莫莱
Camille Hyacinthe Odilon Barrot	卡米耶·亚森特·奥迪隆·巴罗
Prosper Duvergier de Hauranne	普罗斯珀·迪韦吉耶·德·豪兰
Viscount of Palmerston	帕默斯顿子爵
Henry John Temple	亨利·约翰·坦普尔
Viscount Melgund	梅尔贡德子爵
William Hugh Elliot-Murray-Kynynmound	威廉·休·埃利奥特－默里－基宁蒙德

Naples	那不勒斯
House of Bourbon	波旁家族
Count of Montalivet	蒙塔利维伯爵
Marthe Camille Bachasson	玛尔特·卡米耶·巴哈松
Civita Vecchia	奇维塔韦基亚
General Aupick	奥皮克将军
Charles-Jean Sallandrouze de Lamornaix	夏尔·让·萨兰德鲁兹·德·拉莫尼克斯
Pierre-Antoine Berryer	皮埃尔-安托万·贝里耶
Comte de Falloux	法卢伯爵
Frédéric-Alfred-Pierre	弗雷德里克-阿尔弗雷德-皮埃尔
Jules Armand Stanislas Dufaure	朱尔·阿曼德·斯坦尼斯拉斯·杜弗尔
Viscount of Tocqueville	托克维尔子爵
Alexis Charles-Henri-Maurice Clérel	亚历克西斯·夏尔-亨利-莫里斯·克莱尔
Victor Ambroise Lanjuinais	维克托·安布罗斯·朗瑞奈
Léon Faucher	莱昂·福谢
Charles-Louis-Napoléon Bonaparte	夏尔-路易-拿破仑·波拿巴
Comte de Morny	莫尔尼伯爵
Charles Auguste Louis Joseph Demorny de Morny	夏尔·奥古斯特·路易·约瑟夫·迪莫里·德·莫尔尼
Achille Fould	阿希尔·富尔德
Jacques Pierre Abbatucci	雅克·皮埃尔·阿巴图奇
Adolphe Augustin Marie Billault	阿道夫·奥古斯丁·玛利·比罗特
Édouard Drouyn de Lhuys	爱德华·德鲁安·德·吕
Ducos	迪科
Baroche	巴罗什
Magne	马涅
Béhie	贝希
Napoléon III	拿破仑三世
Alexandre Auguste Ledru-Rollin	亚历山大·奥古斯特·勒德律-洛兰

Lille	里尔
Chalon-sur-Saône	索恩河河畔沙隆
Dijon	第戎
Carnot	卡诺
Garnier-Pagès	加尔涅-帕热斯
Jacques-Charles Dupont de l'Eure	雅克-夏尔·杜邦·德·厄尔
Alphonse Marie Louise Prat de Lamartine	阿方斯·玛利·路易·普拉·德·拉马丁
Viscount of Ham	哈姆子爵
Jean-François Jacqueminot	让-弗朗索瓦·雅克米诺
Seine	塞纳河
National Guard	国民自卫军
Grand-Cross of the Legion of Honor	大十字荣誉军团勋章
Rue de Varenne	瓦雷讷街
The Bourse	交易所
Revue des Deux-Mondes	《两个世界》
Fortnight	《半月刊》
Verneuil	韦尔讷伊
Guillaume-Chrétien de Lamoignon de Malesherbes	纪尧姆-克雷蒂安·德·拉穆瓦尼翁·德·马勒泽布
Versailles	凡尔赛
Gustave Auguste Bonnin de la Bonninière de Beaumont	古斯塔夫·奥古斯特·博南·德·拉·博尼尼埃·德·博蒙
Democracy in America	《论美国的民主》
Royer-Collard	鲁瓦耶-科拉尔
Academy of Moral and Political Sciences	道德与政治科学学院
French Academy	法兰西学院
Valognes	瓦洛涅
Cassandra	卡桑德拉
Janvier	让维耶
St. Vitus Dance	圣维特斯舞蹈症
Jérôme Paturots	杰罗姆·帕托罗斯

Spezzia	斯佩齐亚港
Souverain	"君主"号
François Thomas Tréhouart	弗朗索瓦·托马斯·特雷瓦尔
Moniteur	《箴言报》
Prince Leopold of Two Sicilies	两西西里的利奥波德王子
Prince Paul of Würtemberg	符腾堡的保罗王子
Marquess of Normanby	诺曼比侯爵
Constantine Henry Phipps	康斯坦丁·亨利·菲普斯
Maria Liddell	玛丽亚·利德尔
Marchioness of Brignole-Sale	布里尼奥莱–萨莱侯爵夫人
Nikolai Dmitrievich Kiselev	尼古拉·德米特里耶维奇·基谢廖夫
Count Carl Löwenhielm	卡尔·洛文希姆伯爵
Madame Peruzzi	佩鲁齐夫人
Duchess of Dalmatia	达尔马提亚公爵夫人
Johanna Louise Elisabeth Berg	约翰娜·路易丝·伊丽莎白·贝格
Duchess de Decazes	德卡兹公爵夫人
Wilhelmine-Egidia-Octavie de Beaupoil	威廉明妮–埃吉迪亚–奥克塔维·德·博普瓦尔
Formin Rogier	福明·罗吉尔
Margarethe Stockhausen	玛格丽特·斯托克豪森
Mesdames Delessert	德莱塞尔小姐
Mesdames Bocher	博谢小姐
Mesdames Odier	奥迪耶小姐
Sheridan	谢里登
Mathilde Laetitia Wilhelmine Bonaparte	玛蒂尔德·利蒂希娅·威廉明妮·波拿巴
Port-Vendres	旺德尔港
Cacique	"卡奇克"号
Ghibelline	吉伯林派
Berne	伯尔尼
Piedmont	皮埃蒙特
Kraków	克拉科夫

François Jean Léon de Maleville	弗朗索瓦·让·莱昂·德·马勒维尔
Under-Secretary of State	副国务卿
Michel Pierre Alexis Hébert	米歇尔·皮埃尔·亚历克西斯·埃贝尔
Count of Polignac	波利尼亚克伯爵
Jules de Polignac	朱尔·德·波利尼亚克
Comte de Peyronnet	佩罗内伯爵
Pierre-Denis	皮埃尔－德尼
Paul Jean Pierre Sauzet	保罗·让·皮埃尔·索泽
Desmousseaux de Gioré	德穆索·德·乔雷
Bernard Adolphe Granier de Cassagnac	贝尔纳·阿道夫·格拉涅尔·德·卡萨尼亚克
Comte de Rémusat	雷米萨伯爵
Charles François Marie	夏尔·弗朗索瓦·玛利
Place de la Madeleine	马德莱娜广场
Durand Café	迪朗咖啡馆
Montagnards	山岳派人
Saint-Marceau	圣马尔索
Nitot	尼托特
Chemin-de-Versailles	凡尔赛舍曼街
Rue du Banquet	宴会大街
Orleanists	奥尔良主义者
Meditations Poetiques	《沉思集》
Jocelyn	《若瑟兰》
Duc d'Isly	伊斯利公爵
Thomas Robert Bugeaud	托马·罗贝尔·比若
History of the Revolution of 1848	《1848年革命史》
Ludovic Vitet	卢多维克·维泰
Camille Alphonse Trézel	卡米耶·阿方斯·特雷泽尔
Puy-de-Dome	多姆山省
the Revue des Deux-Mondes	《两个世界》
François Jean Léon de Maleville	弗朗索瓦·让·莱昂·德·马勒维尔
Berger	贝尔热

Boissel	布瓦塞尔
Debats	《辩论报》
Comervateur	《保守报》
Constitutionnel	《立宪报》
Siecle	《世纪报》
La Chambre des deputes et la Revolution de Fevrier	《二月革命中的议会代表》
Gamier-Pagès	加米尔－帕热斯
Souvenirs de Vannee 1848	《1848年的印记》
Maxime du Camp	马克西姆·杜·康
Aeolus	埃俄罗斯
Guivard	吉瓦德
Amand Marrast	阿曼德·阿芒·马拉斯特
Histoire de la Revolution de 1848	《1848年革命史》
Jacobinism	雅各宾主义
Saint-Gaudens	圣戈当
Landes	朗德省
College of Saint-Sever	圣瑟韦大学
Jean Maximilien Lamarque	让·马克西米利安·拉马克
Perre	佩雷
Merruau	梅儒欧
Pagnerre	帕格纳雷
Biesta	别斯塔
Léonor-Joseph Havin	莱昂诺尔－约瑟夫·哈温
d'Alton	埃尔顿
Eglise de la Madeleine	马德莱娜教堂
Place de la Concorde	协和广场
Champs-Elysees	香榭丽舍大街
Reforme	《改革报》
Democratie Pacifique	《民主和平报》
Comte de Pontécoulant	蓬泰库朗伯爵
Louis Gustave le Doulcet	路易·古斯塔夫·勒·杜尔塞

Souvenirs historiques	《历史的印记》
Narcisse-Achille de Salvandy	纳西斯-阿希尔·德·萨尔瓦迪
Gabriel Delessert	加布里埃尔·德里泽特
Jean-François Jacqueminot	让-弗朗索瓦·雅克米诺
Comte de Gérard	热拉尔伯爵
Étienne Maurice Gérard	艾蒂安·莫里斯·热拉尔
Ferme-des-Mathurins	费米德姆马图林街
Rue Vignon	维尼翁街
Eugène Bethmont	欧仁·贝特蒙
Ary Scheffer	阿里·斯海弗
Convention Nationale	国民公会
Mountain	山岳派
Georges Jacques Danton	乔治·雅克·丹顿
Ferdinand Flocon	斐迪南·弗洛孔
Marc Caussidière	马克·科西迪埃
Louis André Lagrange	路易·安德烈·拉格朗日
Louis Jean Joseph Charles Blanc	路易·让·约瑟夫·夏尔·布朗
Le Comte Ory	《奥里伯爵》
Louis-Désiré Véron	路易-德赛尔·韦龙
Patrie	《故乡报》
Auguste Trognon	奥古斯特·特罗尼翁
Auguste Laurent François Baudin	奥古斯特·洛朗·弗朗索瓦·博丹
Duchess d'Estissac	艾斯蒂萨克公爵夫人
Marie-Françoise de Tott	玛丽-弗朗索瓦丝·德·托特
Mazurka	玛祖卡舞
Rue d'Angouleme	昂古莱姆街
Rue de la Boetie	伯蒂街
Artillery of Vincennes	文森斯炮兵队
Vicomte Sébastiani de La Porta	塞巴斯蒂亚尼·德·拉·波尔塔子爵
Jean André Tiburce	让·安德烈·蒂比尔斯
Place du Pantheon	万神殿广场
Marseillaise	《马赛曲》

Chant du Depart	《出征曲》
Chorus of the Girondins	《吉伦特合唱》
Hippolyte Paul Jayr	伊波利特·保罗·贾尔
Rue Royale	皇家街
Rue Saint-Honore	圣奥诺雷街
Rue de Rivoli	里沃利街
Jacques-Pierre Charles Abbatucci	雅克-皮埃尔·夏尔·阿巴图奇
Edouard Drouyn de Lhuys	爱德华·德律安·德·吕
Rue d'Alger	阿尔杰街
Rue de la Sourdire	瑟迪尔街
Rue Saint-Hyacinthe	圣亚森特街
Colonel Bilfeldt	比尔费尔特上校
Place Louis XV	路易十五广场
Avenue Marigny	马里尼大道
Place du Carrousel	卡鲁索广场
Joseph d'Estourmel	约瑟夫·德·埃斯图梅尔
Souvenirs	《历史的印记》
Christoph Heinrich von Lieven	克里斯托夫·海因里希斯·冯·利文
Katharina Alexandra Dorothea von Lieven	卡塔琳娜·亚历山德拉·多罗西娅·冯·利文
Rue Bourg-l'Abbe	布尔格-阿贝街
Rue Mauconsei	莫康塞尔街
Rue Saint-Denis	圣但尼街
Rue Saint-Martin	圣马丁街
Jérôme Pétion de Villeneuve	热罗姆·佩蒂翁·德·维尔纳夫
Rue Montmartre	蒙马特尔街
Rue du Temple	唐普勒街
Souvenirs	《历史的印记》
Derniers Samedis	《最后的星期六》
Place Vendome	旺多姆广场
Poissoniere	泊索尼埃尔
Bonne-Nouvelle	博讷-努韦勒

Temple quarter	圣殿区
Saint-Germain	圣日耳曼
Vincennes	万塞讷
Alexis Vavin	亚历克西斯·瓦万
Boulevard des Italiens	意大利大道
Grand-Balcon café	格朗·巴尔孔咖啡馆
Count of Paris	巴黎伯爵
Louis Philippe Albert	路易·菲利普·阿尔贝
Liberals	自由党人
Jules de Lasteyrie	朱尔·德·拉斯泰里
Boulevard des Capucines	嘉布遣大道
Courand	库朗
Talabot	塔拉波
Giacomon	贾科莫尼
Corsican	科西嘉
Rue Basse-du-Rempart	城墙根街
Captain de Ventiny	德·温蒂尼上尉
Rouen	鲁昂
Histoire des Girondins	《吉伦特派的历史》
Pierre Sylvain Dumon	皮埃尔·西尔万·迪蒙
Henri Amédée Le Lorgne d'Ideville	亨利·阿梅代·勒·洛尔涅·德·艾德维尔
Legitimists	正统主义者
Duchesse de Berry	贝里公爵夫人
Marie-Caroline de Bourbon-Sicile	玛丽-卡罗琳·德·波旁-西西勒
Citadel of Blaye	布莱城堡
Hippolyte Philibert Passy	伊波利特·菲利贝尔·帕西
Place Saint-Georges	圣乔治广场
Royal Decree	王室命令
Léonce Guilhaud de Lavergne	莱昂斯·德·吉约德·拉韦涅
Pantheon	万神殿
Marie Alphonse Bedeau	玛利·阿方斯·贝多

Pierre Hippolyte Publius Renault	皮埃尔·伊波利特·普布利乌斯·雷诺
Colonel Brunet	布吕内上校
Rues Neuve-des-Petits-Champs	小场街
Vivienne	薇薇安街区
Boulevard Bonne-Nouvelle	博讷-努韦勒大道
Fauvelle-Delabarre	福韦勒-德拉巴尔
Louis-Antoine Garnier-Pagès	路易-安托万·加尼耶-帕热斯
Captain Fabar	法巴尔队长
Louis-Jules Trochu	路易-朱尔·特罗许
Émile Jean-Horace Vernet	埃米尔·让-奥拉斯·韦尔内
Théâtre-Français	法兰西剧院
Jean Louis Edgar Quinet	让·路易·埃德加·基内
François-Adolphe Chambolle	弗朗索瓦-阿道夫·尚博勒
Street of the Father of the People	国民之父大街
Avenue Gabriel	加百列大街
Du Pont-Tournant	平旋桥
Thomas Jollivet	托马·若利韦
Maria Theresia Walburga Amalia Christina	玛丽亚·特蕾西娅·沃尔布加·阿马利娅·克里斯蒂娜
de Laubespin	德·洛贝潘
Queen Marie Antoinette	玛丽·安托瓦内特王后
María Luisa Fernanda of Spain	西班牙的玛丽亚·路易莎·费尔南达
Robert Philippe Louis Eugène Ferdinand	罗贝尔·菲利普·路易·欧仁·斐迪南
Isaac-Jacob Adolphe Crémieux	伊萨克-雅各布·阿道夫·克雷米厄
Baron Fain	费恩男爵
Émile de Girardin	埃米尔·德·吉拉尔丹
Théobald Émile Arcambal-Piscatory	特奥巴尔德·埃米尔·阿康巴尔-皮斯卡托里
Fort du MontValérien	蒙特瓦勒里昂堡垒
Duke of Dalmatia	达尔马提亚公爵
Jean-de-Dieu Soult	让-德-迪厄·苏尔特
Rue Saint-Thomas-du-Louvre	圣托马大街

Château d'Eu	厄尔城堡
Count of Eu	欧尔伯爵
Louis Philippe Marie Ferdinand Gaston Duc d'Alençon	路易·菲利普·玛利·斐迪南·加斯东 阿朗松公爵
Ferdinand Philippe Marie d'Orléans	斐迪南·菲利普·玛利·德·奥尔良
Marguerite Adélaïde Marie	玛格丽特·阿德莱德·玛丽
Ferdinand Philipp Maria August Raphael	斐迪南·菲利普·玛利·奥古斯特·拉斐尔
Ludwig August Maria Eudes	路德维希·奥古斯特·玛利·厄德
Marie Adelheid Amalie Clotilde	玛丽·阿德尔海德·阿马莉·克洛蒂尔德
Ary Scheffer	阿里·斯海弗
General Dumas	迪马将军
legislative assembly	立法议会
Broughams	布鲁厄姆
Louis Philippe II	路易-菲利普二世
Basire	巴希尔
Colonel Rewbell	罗贝尔上校
Jean-Auguste-Dominique Ingres	让-奥古斯特-多米尼克·安格尔
Pavillion Sully	叙利阁
Wion de Peysac	维昂·德·佩萨科
Duke of Chartres	沙特尔公爵
Robert Philippe Louis Eugène Ferdinand Blache	罗贝尔·菲利普·路易·欧仁·斐迪南 布拉什
Great Octagonal Reservoir	大八角形水库
Pont de la Concorde	协和桥
Paul Thureau-Dangin	保罗·蒂罗-丹然
General Ruhlieries	儒利雷将军
Historie de la monarchie de Julillet	《七月王朝史》
Victor du Bled	维克托·杜布
Bertrand Théobald Joseph de Lacrosse	贝特朗·特奥巴尔德·约瑟夫·拉克罗斯

Jules Bastide	朱尔·巴斯蒂德
Pierre-Jules Hetzel	皮埃尔-朱尔·埃策尔
Pierre François Touzé	皮埃尔·弗朗索瓦·图泽
Sir Anthony van Dyck	安东尼·范·戴克爵士
Armand Lherbette	阿曼德·勒波特
Duc de Reggio	雷焦公爵
Nicolas-Charles-Victor Oudinot	尼古拉-夏尔-维克托·乌迪诺
Genoud	热努
Laurent-Antoine Pagnerre	洛朗-安托万·佩尔尔格尼
Degouve-Denuncques	德古夫-德南克
Dominique François Jean Arago	多米尼克·弗朗索瓦·让·阿拉戈
Jacques Leon Clément-Thomas	雅克·莱昂·克莱门特-托马
Marquis de La Rochejacquelein	拉·罗什雅克兰侯爵
Henri-Auguste-Georges du Vergier	亨利-奥古斯特-乔治·杜韦吉尔
Usher Desportes	厄舍尔·德波特
Committee on the budget	预算委员会
Jacques-Charles Dupont de l'Eure	雅克-夏尔·杜邦·德·厄尔
Alexandre Dumas	亚历山大·仲马
Raucourt	罗古
Polytechnic School	理工学院
Théodore	泰奥多尔
Gangulphe-Philippe-François-Alexandre	甘古夫-菲利普-弗朗索瓦-亚历山大·安德里亚尼
Andryane	
Rue de Bourgogne	勃艮第街
Place du Palais-Bourbon	波旁宫广场
Marquis de Saint-Blancard	圣布朗卡尔侯爵
Armand II de Gontaut	阿曼德二世·德·贡托
Quay d'Orsay	奥尔赛码头
Gustave Flaubert	古斯塔夫·福楼拜
Quay du Carrousel	卡鲁索码头
Column of July	七月柱
Jeanne d'Arc of Versailles	凡尔赛的圣女贞德

Jeanne d'Arc Quitting Her Village	圣女贞德离开村庄
Angels Praying	天使的祈祷
Saint-Ferdinand Chapel	圣斐迪南教堂
Dernieres Heures d'une Monarchie	《君主制的最后几个小时》
Aniochus	《安条克》
Paul Delaroche	保罗·德拉罗什
Meurtre du Duc de Guise	《吉斯公爵被刺》
Francoise de Rimini	《弗朗索瓦丝·德·里米尼》
Alexandre-Gabriel Decamps	亚历山大-加布里埃尔·德康
Joseph vendu par ses frères	《约瑟夫被兄弟出卖》
Huet	休伊
Corot	柯罗
Church of Saint-Roch	圣罗克的教堂
Eugene Delacroix	欧仁·德拉克鲁瓦
Le Cardinal Richelieu disant la messe	《主持弥撒的黎塞留枢机主教》
Gerard	热拉尔
François-Joseph Heim	弗朗索瓦-约瑟夫·埃姆
Duc d'Orleans proclame roi	《奥尔良公爵宣誓》
Mignard	米尼亚尔
Duchesse de Bourgogne et ses Enfants	《勃艮第公爵夫人和孩子》
Parlus	帕卢什
Henri IV	《亨利四世》
Émile Jean-Horace Vernet	埃米尔·让-奥拉斯·韦尔内
L'Hospice du Mont Saint-Gothard	《圣哥达山上的敬老院》
Le Duc d'Orleans passant une revue	《奥尔良公爵通过审查》
Chateau of Nueilly	纳伊城堡
Alfred de Musset	阿尔弗雷德·德·缪塞
Gabriel-Jean-Joseph Molitor	加布里埃尔-让-约瑟夫·莫利托
National Faction	民族派
Tribune Faction	论坛派
Rue de Monsieur	绅士街
Comte de Montesquiou-	孟德斯鸠-弗藏萨

Fezensac de Marsan	克·德·马尔桑伯爵
Philippe André François	菲利普·安德烈·弗朗索瓦
Duc de Montesquiou	孟德斯鸠公爵
Raymond Aymeric Philippe Joseph de Montesquiou-Fezensac	雷蒙·艾默里克·菲利普·约瑟夫·德·孟德斯鸠-弗藏萨克
Seine and Oise	塞纳与瓦兹省
Limours	利穆尔
Chateau de Bligny	布利尼堡
Pont Royal	皇家大桥
Prison Saint-Lazare	圣拉扎尔监狱
Memoires d'un Bourgeois de Paris	《巴黎资产阶级回忆录》
Galops	《快乐舞曲》
Polkas	《波尔卡舞曲》
Colonel Rewbell	鲁贝尔上校
Comte de Friant	弗里昂伯爵
Jean-François Friant	让-弗朗索瓦·弗里昂
Perrot de Chazelles	佩罗·德·沙泽勒
Captain de Pauligue	德·宝利格上尉
Fiereck	菲耶克
Fortress of Mont-Valerien	瓦莱里安山堡垒
Grand Trianon	大特里亚农宫
Cherbourg	瑟堡
Aubernon	奥伯农
Boulogne	布洛涅
Verbois	韦布瓦
General Athelin	阿斯林将军
Normandy coast	诺曼底海岸
Granveille	格兰维尔
Jersey	"泽西"号
Vicomte de Rumigny	鲁米尼子爵
Marie-Théodore Gueilly	玛利-泰奥多尔·古伊
Saint-Pierre-de-Louviers	圣皮埃尔-德-卢维耶

Havre	勒阿弗尔
Marechal	马雷查尔
Verneuil	韦尔讷伊
Anet	安奈
Pacy-sur-Eure	厄尔河河畔帕西
Diane de Poitiers	戴安娜·德·普瓦捷
La Roche-Saint-Andre	拉罗什－圣安德烈
Ivry	伊夫里
Duke of Mayenne	马耶纳公爵
Charles of Lorraine	洛林的夏尔
Mellesille	梅利西勒
Dorvilliers	多维列尔
Breteuil	布勒特伊
Renard	勒纳尔
Varennes	瓦雷讷
Commandery	康曼德里驿站
Mademoiselle Muser	穆塞尔小姐
Pont-Audemer	蓬托德梅尔
Triumphal arch	凯旋门
Calvados	卡尔瓦多斯
Racine	拉辛
Edmond de Perthuis	埃德蒙·德·佩尔蒂
Besson	贝松
Tancarville	唐卡维尔
Quillebeuf	基耶伯夫
Express	"捷运"号
Trouville	特鲁维尔
Hallot	哈洛特
Belle-Poule	"美丽少女"号
Madame de Fenoil	德·芬诺伊夫人
Recueil de prieres	《祈祷集》
Toucques	图克斯河

Victor Barbet	维克托·巴尔贝
Henri Barbet	亨利·巴尔贝
Coast-Guards	海岸警卫队
Guesteir	古斯提尔
Jones	琼斯
Courrier	"库里耶"号
Featherstonhaugh	费瑟斯通豪
César François Adolphe d'Houdetot	塞萨尔·弗朗索瓦·阿道夫·德·乌德托
Charles-Ile de France d'Houdetot	夏尔-伊莱·德·弗朗斯·德·乌德托
André-Ernest-Modeste Grétry	安德烈-埃内斯特-莫德斯特·格雷特里
Blondel de Nesle	布隆德尔·德·内勒
Richard the Lionheart	狮心王理查
Odyssey	《奥德赛》
Newhaven	纽黑文港
Baron de l'Espé	莱斯佩男爵
Joseph François Casimir	约瑟夫·弗朗索瓦·卡齐米尔
Marquis de Mornay-Montchevreuil	莫尔奈-蒙谢弗勒伊侯爵
Auguste-Joseph-Christophe-Jules	奥古斯特-约瑟夫-克里斯托夫-朱尔
Empress Marie Louise	玛丽·路易丝皇后
Napoleon II	拿破仑二世
Adolphe Régnier	阿道夫·雷尼耶
Pontoise	蓬图瓦兹
Beaumont	博蒙
Amiens	亚眠
François Marie Casimir de Négrier	弗朗索瓦·玛利·卡齐米尔·德·内格里耶
Paris journals	《巴黎日报》
Histoire des Girondins	《吉伦特派的历史》
Verviers	韦尔维耶

Grand Duchess of Mecklenburg-Schwerin	梅克伦堡－什未林大公夫人
Landgravine Auguste Fredericka	兰德格拉维恩·奥古斯特·弗雷德里卡
Countess de Dreux	德勒伯爵夫人
Ems	埃姆斯
Queen of Spain	西班牙女王
Isabella II	伊莎贝拉二世
General Thierry	蒂埃里将军
A Year of Revolutio	《革命之年》
Captain Martyn	马丁上尉
Estancelin	埃斯唐瑟兰
Lebeau	勒博
Mantes	芒特
Baromesnil	巴洛梅斯尼
Abbeville	阿布维尔
Chateaubriand	夏多布里昂
Duke of Ragusa	拉古萨公爵
Auguste Frédéric Louis Viesse de Marmont	奥古斯特·弗雷德里克·路易·维耶斯·德·马尔蒙
Count of Chambord	尚博尔伯爵
Henri Charles Ferdinand Marie Dieudonné d'Artois	亨利·夏尔·斐迪南·玛利·迪厄多内·德·阿图瓦
Jean-Baptiste Henri-Dominique Lacordaire	让－巴蒂斯特·亨利－多米尼克·拉科代尔
Hyacinthe-Louis de Quélen	亚森特－路易·德·凯朗
Denis-Auguste Affre	德尼－奥古斯特·阿弗乐
Marie François Sadi Carnot	玛利·弗朗索瓦·萨迪·卡诺
Lazare Hippolyte Carnot	拉扎尔·伊波利特·卡诺